U0651145

清听法缘

清华大学法学院院史访谈录

主编　申卫星
执行主编　陈新宇　杨同宇

九州出版社
JIUZHOUPRESS

图书在版编目（CIP）数据

清听法缘 ： 清华大学法学院院史访谈录 / 申卫星主编. -- 北京 ： 九州出版社, 2019.12（2021.3重印）
ISBN 978-7-5108-8732-1

Ⅰ. ①清… Ⅱ. ①申… Ⅲ. ①清华大学－法学教育－教育史 Ⅳ. ①D90

中国版本图书馆CIP数据核字(2019)第286203号

清听法缘：清华大学法学院院史访谈录

作　　者	申卫星　主编
出版发行	九州出版社
地　　址	北京市西城区阜外大街甲 35 号（100037）
发行电话	（010）68992190/3/5/6
网　　址	www.jiuzhoupress.com
电子信箱	jiuzhou@jiuzhoupress.com
印　　刷	三河市兴博印务有限公司
开　　本	635 毫米 ×965 毫米　16 开
印　　张	26.25
字　　数	327 千字
版　　次	2020 年 12 月第 1 版
印　　次	2021 年 3 月第 2 次印刷
书　　号	ISBN 978-7-5108-8732-1
定　　价	88.00 元

本书受清华大学“学科院系部门发展史编纂工程”资助

主　　编　申卫星

执行主编　陈新宇　杨同宇

编 委 会　申卫星　陈新宇　杨同宇

　　　　　翟家骏　常　悦　尹子玉

清华法学的老传统与新气象（代序）

历时一年半的《清听法缘》编写工作告一段落。在下着雨安静的北京夏夜，我再一次通读了五十三位清华法学历史见证者的访谈稿，眼前展现一幅关于清华法学的历史画卷，心情亦随着清华法学院的建立、复建到当前的故事而此起彼伏，仿佛亲历了清华法学的每一个历史时刻，与每一位为清华法学做出贡献的师生对话，深刻感受着他们身上清华法律人的气质。

清华法学的老传统在一代代师生身上展现得淋漓尽致。

那是深厚家国情怀的传统。在“法政传统出英杰”篇，我们看到忠于国家深入骨髓的向哲濬先生、深受清华精神熏陶的远东国际军事法庭法官梅汝璈先生、将国家的解放与改造视为己之重任的曾炳钧先生、竭诚报效国家和热诚实际问题的楼邦彦先生、在坎坷和不顺中仍坚定为国贡献的陈体强先生、为新中国法政事业贡献力量的端木正先生。清华法政人是在国家苦难、条件艰苦中成长起来的知识青年，不平凡的岁月镌刻在他们骨子里的是坚定的家国情怀，爱国报国的理想早已融入他们的生命轨迹。从 1952 至 1995 年，尽管清华法学院的建制不复存在，但是弦歌不辍，这一期间的清华大学毕业生仍有一些相当杰出的校友长期从事法律工作，并取得了突出的成绩，他们以一种特殊的方式延续着清华法学的传统，一脉相承，源远流长。

那是卓越学术追求的传统。在“师者风范立基业”篇，我们一起通过清华法学师者的视角回顾了不平凡的复建轨迹，追求卓越是其中最闪亮的标签。报效国家的使命感给了清华法律人无穷的动力，一代代清华师者用行动演绎着孜孜向学、潜心问学的师者风范。我们的研究注重与实践相结合，积极回应国家发展的需要；我们的学术拥抱开放创新，不断接纳新的思想理论，师生团结奋进，保有学术的活力和力争上游的斗志；我们的研究凸显国际水平，不断在国际的舞台上彰显中国智慧，贡献清华力量。

那是深厚人文关怀的传统。在“桃李芬芳谱新篇”中，我们感受到清华学子的风采，欣喜地看到一代代清华法律人在关怀中成长，在爱护中蜕变，在教育中提升。那些法律之外的“法学”素养、人品德性、人文底蕴、处事方式深深影响了他们，欣慰的是，遍布五湖四海的清华法律人在回想起园子里的时光时，不仅视其为一个接受法学教育的地方，更视其为一个人生定位与价值塑造的所在。

合上这部访谈录，在属于清华法学院的新坐标——法律图书馆楼中望向窗外，远处闪烁的灯光将我拉回现实。这是一个机遇与挑战并存的新时代，清华法律人正在努力奔跑，显现着欣欣向荣的新面貌。

清华法学的新气象与一个个时代特征遥相呼应。

凸显新技术发展的法学教育。当前，大数据、区块链、云计算、物联网、人工智能等等，层出不穷的技术进步给我们带来了一个千年未有的大变局。以生命科技、信息科技为代表的新兴技术对法学人才培养提出了更高的要求，社会对法学人才培养有了更多的期待。清华法学教育不断回应社会需求，增强法学回应社会问题的能力，促进法学学科与现代科技及司法实践深度融合，深度参与创新驱动发展战略的实施，推进原始创新和协同创新，加快成果转化，实现法学学科转变发展模式，在若干重要研究领域取得重大突破。

凸显新时代使命的人才培养。习近平总书记在中国政法大学考察时的重要讲话中提到，法学学科是一个实践性很强的学科，法学教育要处理好知识教学和实践教学的关系，要打破高校和社会之间的体制壁垒，将实际工作部门的优质实践教学资源引进高校，加强法学教育、法学研究工作者和法治实际工作者之间的交流。这对中国法学教育的改革发展提出了殷切期望，提供了基本遵循。为此，清华法学院积极推进人才培养改革创新，充分利用各种新兴技术和手段，提升理论的水平和层次，增强学生回应和解决实践问题的能力培养，培养既精通法律规则又熟悉信息技术的高端复合型人才，在全国率先创设了“计算法学”新学科，为社会发展创新和人工智能技术的运用法治化提供坚实的智力保障。

凸显新全球格局的一流建设。当前，国家统筹推进世界一流大学和一流学科建设，以中国特色、世界一流为核心，全面提升我国高等教育整体水平。清华法学院加强国际合作，创办“世界法治论坛”；聚集世界一流人才，建设世界一流师资团队，努力建构引领法学发展的高水平学术共同体；追求世界一流的科研成果，打造世界一流的学术影响力，培养世界一流的毕业生；不断抢占国际学术制高点的重要战略创新力量，增强在新兴学科领域与世界顶尖法学院平等对话和竞争的能力。

《清听法缘》是清华法学院院史编纂工作的一个重要部分，这是一个很好的契机，既总结过去，又展望未来。这本访谈录是一项院史研究，借助编纂工作使学院历史得以收集整理，作为第一手资料得以保存，是一项意义非凡的基础性工作。这本访谈录同时也是一项院史教育，借助这本书的出版能向更多的人提供一个认识清华法学的完整视角，讲述清华法学故事，传播清华法学文化，传承清华法学精神。

感谢在这项工作中付出辛劳的新宇老师和各位同学们，书中一张张采访现场的照片，不仅记录下了被采访者的风采，也记录下了同学们可爱的面庞。

为清华法学发展做出贡献的人们，不论您是否接受了采访，不论过去，还是现在，更期待着未来，我们一起谱写清华法学新的华章！

申卫星

2020 年 7 月 20 日于清华园

目　录

第一篇 法政传统出英杰

清华法政教育的历史依托于校史而展开，法政教育在清华有着悠久的传统。1909年，清华的前身游美学务处开始派遣留美学生，其中即有学生出国学习法政，这是清华法政教育的起点。1925年清华设立大学部，1926年大学部设立政治学系，这代表着清华专门的法政教育之开端。1929年，清华大学法学院成立，下设法律、政治与经济三系，其中法律学系两次短暂设立。从1909—1952年，清华法政教育培养了大批杰出的法政学人。本篇的访谈对象是向哲濬、梅汝璈、曾炳钧、楼邦彦、陈体强、端木正六位先生的亲属，访谈稿以诸位先生入学清华的时间先后为序。让我们倾听亲属们的深情讲述，感受清华的法政传统与清华法政学人的家国情怀。

向隆万：身负时代使命，砥砺家国情怀

——我的父亲向哲濬

采访者：1910年，向哲濬先生考进清华学堂的前身游美肄业馆，后在此处学习七年，向先生是否曾与家人谈起过早年在清华的学习与生活？

向隆万先生：这方面的内容我父亲很少讲，印象中他提起过清华的体育老师马约翰先生和清华的体育教育。清华对学生的体育锻炼很重视，我父亲可能因为是湖南农村出来的，体格比较好，他在双杠上做双臂屈伸打破了蒋廷黻的记录。还有他回忆过去北京上学时的交通状况，当时交通很落后，他需要先坐火车到车站，再坐马车到西直门，最后要坐骆驼才能到清华，他那时就是这么过去的，很不容易。再有，当时我们有几个亲戚在北京做官，所以我父亲在北京读书期间有机会到城里听一些京剧，欣赏过余叔岩、杨小楼、梅兰芳等等老一辈名角的演出。其他有关在清华学习方面的事情，我还是通过苏州大学范庭卫老师和清华大学陈新宇老师的著作才知道的。比如说范老师写过，我父亲在清华学习期间加入学生社团"达德学会"，担任会长的工作。他还参与演剧，为创办贫民小学筹款，该剧由洪深、汤用彤编剧，闻一多总务，我父亲布景，在北京市连演数场，影响深远。他也参加过辩论赛，曾任高三级长、学报总经理，还担任过"高等科代表团"科长兼四年级级长，"高四级会"会长。在1917年毕业仪式上，我父亲还代表同学发表了《丁巳级毕业生别母校书》。另外，我母亲的回忆录里写过我父亲入学考试的经过。1910 年，我父亲在长沙的修业中学读二年级的时候，游美肄业馆首次向全国招生，他抱着尝试的心态报名，但当时所在中学的校规不允许学生报考外校，一经发现将被取消学籍。所以我父亲只好把原来的名字“向哲文”改为“向哲濬”，背着校方参考，结果在长沙的初试和复试中都名列榜首。修业中学知道后，不仅没有取消他的学籍，反而以培养出这样的学生为荣。后来他在北京参加复试，考卷有两个作文题目，任选其一：一个题目是“述旅途经过”，另一个是“谈中国文学渊源”。他本来选了第一题，写了一段后，听到监考老师说不要选容易的题目做，他觉得也许选难题做分数要高些，所以马上改做第二题。这次在京复试中，我父亲又排名第一。他那篇作文得到很高的评价，学校认为他入学后可免修中文，这样就有了较多时间学习其他科目。

采访者：您认为清华对向哲濬先生的司法实践、人生选择等产生了哪些影响？

向隆万先生：这方面我不太了解。我觉得他们那一代人主要还是由时代背景造就的。那时候的中国积贫积弱，处于列强环视之中，所以他们具备一种责任感，思考怎样才能救国。我父亲那时在清华并不知道是学法律，他们实际上念的是留美预科，学习中文、英文、算术等等，为留学打基础。他后来被派到耶鲁大学去学法律，跟他一起考过来的一个湖南老乡叫朱彬元，到哥伦比亚大学学经济，回国后成为清华大学经济学系第一任主任。还有一个湖南老乡叫孙克基，他去霍普金斯大学读医学，后来成为上海最好的产科医生，陈毅将军夫人的接生就是由他负责的。所以说那时候他们在清华读书不是专门学什么，而是打基础，后来被派到美国去，不同的学习方向成就了不同学科的人才，我觉得是这样的。

采访者：向哲濬先生在离开清华后与学校还有哪些方面的联系？

向隆万先生：父亲和清华一直保持着联系，直到改革开放以后，清华还会定期给父亲寄一些关于校友的刊物，好像叫《校友之声》或者《清华校友》，其中有几篇记载了他或他同学的事迹，这些我都看到过，但时间太久了，现在身边没有了。

采访者：向哲濬先生从清华毕业后赴国外留学，回国后曾于多校任教，并在东京审判中出任检察官，可谓那个时代中国最优秀的法律人之一。您是向先生的家人，多年来也一直致力于搜集东京审判的资料，在您看来向先生是怎样的人？有哪些值得我们继承和发扬的优良品质和崇高精神？

向隆万先生：我不敢说崇高精神什么的，我感觉我父亲，还有梅汝璈先生，他也是清华毕业的，比我父亲晚入学，以及整个东京审判中国代表团这十七个人，应该说都是那个时代的精英。在我看来，他们身上具备的品质最首要的是一种正义感，一种时代赋予的使命感，要去伸张正义。我看母亲的回忆录中写到，父亲在读中学的时候，他的代数老师是徐特立老先生，徐特立老先生也是毛主席的老师，他在一次爱国群众大会上慷慨激昂，断指上血书。他们那时候虽然都是小孩，也学着写血书，父亲和同学陶峙岳在衣襟上写“匈奴未灭，何以家为”。我觉得他们这种要通过自己的努力去改变国家命运的信念是骨子里面的，他们这些人接受了东方和西方都比较好的教育，从小读四书五经，骨子里忠于国家的爱国思想是深入骨髓的。

就西方教育而言，像我父亲到耶鲁大学去学习，一开始也是不分专业的，获得的是文学学士学位，之后进入耶鲁大学法学院，读了一年以后拿了国会图书馆的奖学金，到国会图书馆研究比较法律等，因为国会图书馆在华盛顿，他就转到乔治·华盛顿大学，在那边读完了法学学位，耶鲁大学也是承认的。这样一来，他把东西方的法律都研究得相当精深，英语也学得非常地道。1921 年或 1922

年，他还在乔治·华盛顿大学学习的时候，美国考虑要不要把第二批庚子赔款也用于培养人才，当时众议院举行听证会，很多美国的官员和学者出席，其中唯一的一个中国学者，实际上当时还是留学生，就是我父亲。我父亲认为这笔钱对培养人才非常好，而且没有用在培养人才以外的地方。后来第二批庚子赔款还是发下来了，梅汝璈先生就是第二批庚子赔款资助的留学生，在这中间我父亲也是起到了一些作用。综合来看，这批人在德、才方面都有赖于时代环境的培养，而且确实他们也是千挑万选的精英。像英语，我父亲在耶鲁读书的时候，同时也是国际学生会的会长，1921 年在华盛顿举行九国会议，处理第一次世界大战的一些善后问题，王宠惠作为中国政府的代表出席，我父亲去做他的秘书和翻译。我父亲字明思，王宠惠评价说，明思的文章我都不用改的，就是说他英文好，后来也是王宠惠推荐我父亲参加东京审判的。我父亲在东京审判期间有二十次讲话，还有一些即时的辩论，从语言上来讲是非常地道的。因为法律是非常严格的，不能信口胡说，每一句话都是要记在历史上的，但是他们就讲得非常得体。中国代表团在准备非常匆促的情况下，还是尽量找到了很多证据并被法庭采纳。最后 25 个甲级战犯中有 7 个人被判处绞刑，这 7 个人绝大多数都与侵略中国有关，这就说明中国检察官准备的材料比较充分。为什么其他国家很多人就没有被判处死刑，当然与日本侵略者在中国作恶多端有关，但在一定程度上也反映出他们的材料准备得不够。

采访者: 最后，请您谈谈对清华法学院的展望。

向隆万先生: 我参与了很多次清华大学的活动，包括清华百年校庆，还有 2018 年清华法学院廖凯原楼的启用仪式等等。我觉得清华法学院进步非常快，而且发展非常喜人。这是因为中国全面推进依法治国，清华又是中国最好的学校，在这方面能够起到旗帜的作用。希望你们这些年轻人将来能够比他们老一辈更加出色。

访谈整理：尹子玉　乞雨宁

访谈形式：电话访谈

向哲濬先生简介：

向哲濬（1892—1987），字明思，湖南宁乡人。1910 年考入清华学堂的前身游美肄业馆，1917 年从清华学校毕业后，赴美国耶鲁大学攻读文学和法学，并获得文学和法学两个学士学位，随后入乔治·华盛顿大学学习国际法，获法学博士学位。1925 年秋回到中国，担任北京大学、北京交通大学、河北大学法律系以及北京法政大学教授。从 1927 年起，向哲濬先生又先后出任司法部和外交部秘书，最高法院检察署首席检察官和最高法院湘粤分庭首席检察官、苏州地方法院院长，上海第一特区地方高等法院首席检察官。在东京审判中，向哲濬先生出任远东国际军事法庭中国检察官，在组建富有战斗力的中国检察组、广泛收集各个战犯的罪证方面做出了巨大贡献，出色地完成了自己的历史使命。1948 年底，向哲濬先生回到祖国大陆，先后在上海大夏大学、东吴大学担任大学教授。1952 年院系调整后，又先后在复旦大学法律系、上海社会科学院从事法律教学和研究工作。1960 年担任上海财经学院教授兼外语教研室主任。

向隆万，系向哲濬先生之子。

梅小璈：维护人道正义，捍卫民族尊严

——我的父亲梅汝璈

采访者：梅汝璈先生早年在清华留学预备班学习，是否曾和您提及过其在清华读书期间的经历及印象深刻的事情？

梅小璈先生：父亲在南昌上的小学，清华当时在全国各地招生，有一个说法是按照每个省负担庚子赔款的比例来分配招生名额，江西的名额不是很多。我的祖父比较开明，那时农村人对于清华这种洋学堂并不是很了解。洋学堂在很多地方被排斥，但是祖父就主张父亲考清华，父亲当时就考取了。父亲有一个本家叔叔叫梅旸春，也一起考取了清华。祖父很喜欢这个远房小弟弟，他非常聪明，后来成为著名的桥梁工程师，曾做过茅以升先生的助理，1962 年在南京长江大桥总工程师任上去世。梅旸春、梅汝璈两人刚进清华读书的时候，英语程度都很低，甚至连说官话（普通话）都不是很流利，他们经常在早晨三四点钟起床恶补英语。父亲的同班同学中有周培源，他们“24 级”还出了很多著名的人物，在新旧文化交替的时代有开创之功。

父亲在清华求学的时候，学校管理体制非常严格，是半军事化的风格。每个学生在早晨和下午一定要参加体育锻炼，各门课程的要求也比较高。学校的淘汰制度很严，每年都会有人留级，入学的时候四十多人，毕业的时候往往只剩下二十多人。同学们的年龄不是非常整齐，有些人在家乡已经读过初中，然后才来到清华学习，因为有一点基础，这些同学在清华学习课程时感到的压力可能会稍

◀ 采访者与梅小璈先生（右）合影

微小一些。清华当时由北洋政府外交部管理，相当一部分学生都会出国留学。当时外籍教师很多，有不少用英语讲授的课程。父亲的年龄相对比较小，小时候生活在农村，十二岁从江西南昌来，英语和数理化的基础都不如其他同学，所以他非常刻苦，决心要追上清华的平均水平，那就只能起早贪黑。在同学们集中晨练的时候，他往往早已提前起床，读了一个多小时书。

父亲上学的时候，清华没有划分专业，也没有法律系。那时候，求学者小学毕业后到这里读八年，毕业时文化程度比高中毕业高一些，老师会在学生毕业时向他们建议专业方向。父亲大概是出国之后才开始学习法律，先是在斯坦福大学，后来在芝加哥大学获得法学博士学位。虽然专业不是在清华学习的，但是他认真、刻苦的作风与清华精神是有关系的。

采访者：梅汝璈先生曾赴美留学，归国之后在多所大学任教，这段经历给他带来了哪些影响？

梅小璈先生：父亲回国后，一开始到山西大学任教，可能和一位山西籍的教育界老前辈冀贡泉先生有关。冀老先生是他的同学冀朝鼎之父，德高望重。父亲当时非常年轻，他从清华到美国的一系列经历也许奠定了知识分子型的人生态度和价值观，他走的大概是一种比较本分的知识分子的道路，这与他早年的求学经历是连贯的。

采访者：关于梅汝璈先生出任远东国际军事法庭法官的这段经历，可否从您的角度谈谈对父亲这段经历的了解与感受？

梅小璈先生：我想父亲在接到这个任命时会感到有些突然，因为父亲虽然也曾在政府中任职，但他将很大一部分精力用在教学和编译上，他可能觉得自己不一定符合要求。然而，出任这个职务能够为维护民族尊严做一些工作，父亲也勇于担当，这表明他具备知识分子的家国情怀，他所做的工作后来得到了广泛肯定。无论国家的情况好坏，知识分子总要维护国家的利益。当时国内既有饥荒，又有内战，满目疮痍，百废待兴。书生报国，能不能把事情做好自己也不知道，“但行好事，莫问前程”。如今，回过头去看，我认为他当时接受这个任务体现了勇于担当的精神。

曾执导电影《东京审判》的一位著名导演对我讲，他过去导演了电视剧《闻一多》，看了很多材料，后来又看到梅汝璈先生的材料，觉得民国那个时候的知识分子身上有一种共同的东西，觉得这两个人很像，这也激发了拍摄《东京审判》的冲动。无论是闻一多，还是梅汝璈，他们的气质不能说与清华的教育毫无关联。清华的办学经费有一部分来自庚子赔款，这些经费是父老兄弟的血汗。按照中国人知恩图报的观念，清华学生一定要努力为民众、为国家做事情。清华培养出了众多自然科学家，他们具备服务社会的直接本领。同时，人文社科领域的清华学子在精神气质方面也是奋发昂扬、坚韧端庄的。也许可以认为，父亲梅汝璈法官的人生抉择与清华精神的熏陶息息相关。

采访者：您认为清华对于梅汝璈先生产生了怎样的影响？在他身上有哪些清华的烙印？

梅小璈先生：我认为最大的影响是做事严谨，这与他早期求学时清华的学业要求严格关系很大，因为经常会感到压力，清华的教育会让求学者养成一种习惯，遇见什么事情都会恭恭敬敬地做好，这是一个很重要的影响。从他写的文章里，从他给自己的文章做的注释、引证里，都可以看出清华教育对他的影响。清华的学生对国家命运比较关心，这对他也产生了影响。他曾和几个同学组成一个团体，名为“超桃”，其中有很多杰出人物。例如冀朝鼎先生，他在国民政府做了很重要的官，但是他其实早就加入了中国共产党，为新中国的建立、发展贡献了很大的力量；还有徐永煐先生，在新中国的外交事业上、在《毛泽东选集》的翻译出版工作中，都做出了无可替代的成绩。“超桃”的核心人物是施滉烈士。父亲在“超桃”成员中年龄较小，大哥哥们对他的影响是不言而喻的。时至今日，尽管存在各种各样的复杂情况，应当说清华在一定程度上还是保持着严谨的学风，学术气息比较浓厚。这大概是一脉相承的，不会轻易改变。

采访者：您曾经评价道：“综观父亲行迹，与众多经历着社会巨变的知识分子一样，他始终处于时代和历史生成的矛盾中。在传统家国情怀和英美法治理念之间，在作为受害国代表的复仇意愿和法官必须不偏不倚的身份要求之间，这种精神困境，生活在相对平稳状态下的人们，未必能够体会。”您认为父亲面对这种精神困境是持怎样一种心态？

梅小璈先生：我觉得这种矛盾的产生是与传统的家国情怀联系在一起的。英美法系要求的是无罪推定、疑罪从无、法官中立乃至于有利被告，这些原则对远东国际军事法庭影响很大。作为法官，一开始不能表现出倾向性，但父亲是中国人，不可能没有情感，他只能努力平衡心理，耐着性子参加全部八百多次开庭。实际上，法庭在很大程度上照顾了被告，为他们指派了很多辩护律师，也没有严格限制辩护时间，这就等于给审判进程设置了障碍。

两年多的时间审判了二十五个被告，辩论的过程非常复杂，最后起草的判决书写了很多，像一部历史著作。起草判决书用了四五个月，中国部分是由父亲起草的。在此之前，梅汝璈先生需要不动声色，一句不落地听完法庭辩论。如果依照他个人的情感来说，他肯定希望早点结案，但是遵守程序是非常重要的，英美法在这方面非常讲究，这个过程颇为艰难。在这个过程中，他经历了一种煎熬，但还是以法律工作者的理性恰当地应对着。现在发现了他当年给国民政府的电报，他表示了很坚定的决心，“德薄能鲜，然定将克尽绵薄”。但是，在量刑结果没有出来之前，他也不能直接透露判决结果。他在这个过程中需要与其他法官协商，比如来自印度的那个法官认为，在押的日本前军政领导人都应该无罪释放。所以说，这个过程比一般人想象的要困难得多。父亲在这个过程中尽量理性地解决问题。当时中国有人认为审判时间拖得太长，很多民众都不能理解。父亲说，一般人不理解没有关系，但是自己一定要努力实现中国的合理诉求。当时批评的舆论也有很多，有人建议他加速进程，但是英美程序的规定就是这样，法庭的宪章里面也没有量刑的规定，只有几个简单的罪名，并没有说如果犯这个罪就要判什么刑，如果犯那个罪就要判什么刑，所以在量刑阶段争议很多。有的国家已经废除了死刑。当时澳大利亚法官认为应该流放，而印度法官认为英美的领导人也是战犯，这又涉及法庭管辖权问题。印度法官帕尔认为，日本、英国、美国、法国都在弄殖民，而日本支持印度独立，通过战争“解放”殖民地国家，同时根据旧观点，个人不负国家责任，所以主张无罪释放。但是，中国是主权国家，不需要日本来“解放”，帕尔的主张是完全无视中国人的利益，为日本战犯开脱。在这个过程中，每个国家角度不同，立场不同。梅汝璈先生代表中国，主张把几个最主要的战争责任者全部判处死刑，他的目标就是要说服其他法官同意。这二十五个战争责任者每一个如何判处都非常复杂，如何有效地与其他法官协商，同时又让中国老百姓满意是非常困难的，最后的结果虽然不见得特别理想，但也差强人意。这次审判奠定了战后国际关系的基础，明确了战争罪行的新概念，其积极意义是非常明显的。

父亲当时只有四十多岁，当时更多是用自己的理性来说服其他的法官。除了荷兰法官，其他九名法官都比他年龄大。其他法官的学历大多比较高，实践经验也非常丰富，要和他们达成一致，要维护中国人的利益，需要克服很多的困难。在这个过程中，专业知识和理性非常重要，不能感情用事。因为不管有多大分歧，这些法官所代表的国家都是反法西斯盟国。如果冲动，理想的结果不仅不能实现，也许会适得其反。所以我认为，理性和知识也是极其重要的，当然，爱国情怀是一个支撑。一个书生型的知识分子，面对一些经验比较丰富的司法人员，需要用自己的理性说服他们，从而争取达到理想的效果。

采访者：梅汝璈先生对后辈有哪些寄托？

梅小璈先生：他对文化知识的作用始终是坚信不疑的。“文革”时期，城市中学生上山下乡，大家学业都中断了。父亲曾经说过，文化知识对于将来的发展非常重要。他希望子女受到更多、更好的教育，但如果没有机会在院校中学习，在工作中自己也可以学习。他认为不用特别担心子女，只要他们自己努力就行了，不一定非要上很好的大学。父亲对此表现得不是特别耿耿于怀，也许是一种无奈的豁达。同时他认为，不管有没有机会求学，知识本身总能用得上。后来北京慢慢恢复了一些高中，1977 年底恢复高考的时候已经有一些应届高中毕业生了。我上大学的时候，班里年龄最大的和年龄最小的学生相差十五岁，大家如饥似渴地学习，这种情况好像印证了父亲对科学文化的看法——知识总是有用的。父亲没有来得及表达一些期望，他在 1973 年去世的时候也预料不到自己从事的法学也会有复兴的一天。他早年学习的就是西方法律，但这并没有妨碍他维护中华民族的利益。

采访者：您对清华法学院的同学有哪些希望和建议？

梅小璈先生：希望法学院的毕业生能够坚持基本的公平正义价值观。将来无论是从事教学还是实务，同学们会碰到大量的和书本上讲的不一样的情况，但是自己一定要保持内心的定力，不能因为社会上的一些情况就动摇公平正义的理念。自己学习法律，不应当只把它当成一个谋生的饭碗，也应该在学习中塑造出一个公平正义的人格。如果在进入社会的时候遇到一些谋生的问题，自己要坚持这些价值观。我希望随着学习法律的同学越来越多，能够有更多人倡导公平正义。法治不只是一种技术，还是一种理想和品格。当然，从专业上讲，要精益求精，不能排斥细微的、技术性的知识。清华校训中的“厚德载物”要求同学们要有德。我很乐于见到，清华人能够保持一些过去的优良传统。法学院的学生也应多了解其他方面的知识，要开阔自己的眼界，升华自己的心灵。过去有成就的人从事的不见得是自己早期研习的行当，法学院的学生也应该有广阔的视野。

访谈整理：连芮桦　乞雨宁

访谈时间：2019 年 3 月 31 日

访谈地点：北京市西单大厦咖啡馆

梅汝璈先生简介：

梅汝璈（1904—1973），字亚轩，江西南昌人。1916 年考入清华学校，1924 年从清华学校毕业后赴美国留学，1926 年在斯坦福大学获得文科学士学位，并被选入“怀·白塔·卡帕”荣誉学会。1926 至

1928 年，在芝加哥大学攻读法律，并获得法学博士学位。1929 年春回国后，先后在山西大学、南开大学、武汉大学、复旦大学等校任教，还担任过内政部、立法院等政府机关法律方面的职务。在东京审判中，梅汝璈先生代表中国出任远东国际军事法庭法官，参与了对日本战争罪犯的审判，在“法官席位之争”“起草判决书”和“坚决死刑处罚”等关键时刻维护了祖国的尊严和人民的利益，赢得了世界的赞赏和尊重，促成了大体公正的审判结果。1949 年后，梅汝璈先生长期担任中华人民共和国外交部顾问、专门委员兼条约委员会委员，并历任第一届全国人大代表、法案委员会委员，第三、四届全国政协委员，以及世界和平理事会理事，中国人民外交学会常务理事，中国政法学会理事等职。主要作品有《现代法学》《最近法律学》《法律哲学概论》《中国人民走向宪治》《远东国际军事法庭》《东京大审判：远东国际军事法庭中国法官梅汝璈日记》《关于谷寿夫、松井石根和南京大屠杀事件》等。

梅小璈，系梅汝璈先生之子。

曾尔恕：士者弘毅，任重道远

——我的父亲曾炳钧

采访者：您所知道的曾炳钧先生在清华政治学系的学习生活情况是怎样的？

曾尔恕女士：1924 年清华学校决定成立大学部，1925 年公开招考 150 名学生，21 个省 996 名考生报名，录取 132 人，1925 年 9 月开学时实际报到的只有不到 100 人。我的父亲曾炳钧即是被清华大学部录取的第一届新生中的一员。1926 年 4 月大学部设立包括政治学系在内的 17 个系，政治学系主任是余日宣，首届学生 29 人是由进入二年级的学生自愿选系构成的。

当时远离家乡的曾炳钧为什么会选择政治系呢？1985 年《法学杂志》记者周恩惠曾经在采访时向他提出过这一问题。父亲的回答是："人各有志，我看到当时的祖国正处在风雨飘摇之中，想立志用政治和法律来救中国。"始自立校的清华大学的教育宗旨和理念就是培养学生具有为中国人民服务的远大理想、视创新精神为己之重责。《清华年刊》1929 年"第一级史"记载了政治学系第一级学生的情况：他们"九月入校，十月组织级会；服务精神，团结能力，皆于此可见；运动游艺，级歌级旗，三年之间，粲然大备。于时向外发展，更不后人，校中自学生会以下各团体各会社，殆无往而无吾级之记录。又如演说比赛，论文比赛，均衡计之，亦率以吾级居首位。至于校外，则报章杂志之投稿，著译书籍之印行，更在多有"。对此，"第一级史"不无骄傲地评价："虽然，吾级之工作，固不仅在乎个人之荣誉；吾级之使命，固有远重乎个人荣誉者在也。语其内，则清华生命之创新，吾级应负重责；语其外，则中国独立教育之得失，亦将取征于吾人。”

1925—1929年在清华读书期间，为砥砺学行、丰富专业知识，父亲积极组织与参加了青年励志会、弘毅学会等学生社团活动；他在青年励志会曾任大会主席，在弘毅学会曾任《弘毅（北京）》刊物编辑。青年励志会的主要活动是开展读书报告、研究心得报告、学术讨论等活动。父亲参加发起了1928年12月7日在清华科学馆212教室召开的“边疆研究会”。刊载于1928年《国立清华大学校刊》第18期上的《边疆研究会缘起》中写道：“我国自鸦片战争已还，门户洞开，藩篱尽撤。帝国主义者挟土地侵略之野心，四面八方，步步进逼：如日之于南端，英之于西藏，俄之于新疆、外蒙；彼此之间密约之协定，势力范围之划分；或煽惑土人，反抗政府，或用武力，攫取权利。吾国若尚不早为固国之计，则唇亡齿寒，内地亦行见有沦亡之祸。同人等凛国势之颠危，知挽救之不容或缓，固有边疆研究会之发起。目的在切实研究边地之地理形势，社会状况，天产富源，外人势力，政治现象及其他与边地有关之各种重要问题，期得确切之知识及妥善之挽救方法。”在《清华周刊》1926年第25卷第10期刊载了弘毅学会会章，其中写道：“本学会以砥砺人格，讨究学术，交换思想，以谋中国之解放与改造为宗旨，本学会以左列信条为会员公共修养之标准：一、平心研究不肯盲从。二、坚忍耐劳不怕牺牲。三、见义勇为不畏强暴。四、洁己奉公不徇私情。”

在以中国的解放与改造为己之重任的清华园里，被浓厚的学术氛围所浸染，青年时代的曾炳钧充满朝气，善于独立思考，勤奋笔耕。在读期间的1928年，《国闻周报》上连载了他的《印度问题之鸟瞰》。这篇文章对于英国的对印政策及印度的自治运动做出了详尽阐述，提出“民族自决为欧战后国际间一致承认之原则”，“盖民族自决之要求，为人类本能所具有之愿望”。他与同学傅任敢、徐士瑚等创办了《认识周报》。他在该刊物上发表过的文章有《最近世界政治大势》《德国复兴与英法关系》《阿富汗内乱与英俄》《法比密约》《胡佛就职与美国外交》《战后欧洲各国的高税政策》《德国海军秘密文件与东疆问题》《新近南斯拉夫的独裁与联治》《高纳的“政治学与政府”》《废止强制军役与我国军备》《战后国际裁兵问题》等。这些文章以独到的视角观察世界，大胆地评论世界政治的趋势，以确凿的事实与丰富的资料揭示其成因，初步显示出清华学子的锋芒。

父亲在读期间发表文章较多的一个原因还有经济上的窘困，他三岁丧父，家境不宽裕，在清华大学读书时除得到他的老家四川泸县的学业补贴外，每天下午 4—6 点他都要到清华大学图书馆参考书出纳处做助学工作。正因为如此，他才更加珍视读书的机会。他喜欢读书是老师和同学人所共知的。遇有想读而作为学生尚不能在图书馆借阅的图书，他就向老师求助。对此，清华的老师们总是循循善诱、耐心指导、提供方便。清华著名教授吴宓曾在 1927 年 6 月 10 日的日记里记录道：“下午，学生曾炳钧又来托代借书。宓虽厌其繁，而仍不能不为之代借也。”

采访者：清华的教育对曾炳钧先生日后的成长和发展产生了哪些影响？

曾尔恕女士：我认为，清华的教育给父亲的影响主要有三：读书以博闻，实践以积累，忠诚以报国。在清华养成的读书习惯对父亲有着终生的影响。1941 年他在美国修完学业时，正值世界反法西斯战争进入白热化阶段，日寇疯狂轰炸重庆。出于抗战爱国的民族感情，父亲放弃了在美国供职的机会，冒着被日机轰炸的危险，作为唯一的中国押运员乘挪威货船 S.S.Gunny 号（挪威与纳粹德国是交战国），从纽约取道大西洋经非洲好望角航行两个多月，将一船美国支援中国的新型战斗机押运回国。他自己随身所带的物品主要就是满满两大木箱书，后来这些书伴随着他辗转仰光、昆明、重庆、武汉直到北京。父亲喜欢逛书店，院系调整后我家从清华搬到东城黄米胡同，那里离隆福寺很近，其中有一家中国书店旧书门市部是父亲常去的地方，几乎每次他从那里回家都会买回一两本心仪的书。“文革”期间教育荒废、学校停课、图书馆关闭，图书资料几乎被毁坏殆尽，许多知识分子的私人藏书遭到厄运，或被抄家毁弃丢失，或不得已把书籍当作废纸卖掉。“文革”结束后学校补发工资，父亲马上带我去了琉璃厂的中国书店。我们在那里流连忘返，走的时候买了摞起来足足有一米高的几大捆书，真是感到从未有过的痛快！我1970年大学毕业后在张家口农村锻炼，父亲几次从北京寄字典、书籍给我，这在那个视读书为无用的年代是不多见的。我在1984—1985年间曾到美国进修，临行前父亲叮嘱我在纽约的城里有几家旧书店，可以去那里找找有没有需要的书。后来看到在父亲写给胡适的信里说“嘱购 John William Burgers: *The Reconciliation of Government with Liberty*（政府与自由的和解），New York，Scribner, 1915, 一书，曾两度赴下城，迄未买得，已托 Barns and Noble Co. 代觅，至今亦尚无消息，一俟觅得，当即奉寄也。”可见，留学期间书店是父亲经常光顾的地方。

清华政治系教育学生海纳百川、独立思考、勤学敏行的训导极大地影响了她的学子，成就了他们的未来。父亲毕业于1929年，在那一年英国政治哲学家霍布斯（Thomas Hobbes，1588—1679）逝世250周年纪念日之时，父亲在《国闻周报》上发表了《霍布斯的政治哲学》一文。文中对霍布斯的契约理论作出了详细介绍与分析，他的结论是：“主契约说的人在政治思想史上自有其不朽的贡献：主张民权的如洛克、卢梭之流不用说，即以霍布斯论，他虽主张专制主义，然而归根结底在他的契约说的假定后面，他亦是承认治者的权力是由人民赋予这个基本原则的。因为要不是从这一点出发，契约说更无从说起。故霍布斯的学说，虽然在当时与洛克、卢梭等说对待看算是巧背时代思潮，而与非莫（Filmer）等王权神授直不认有民权一类的说法相较究竟是很有进步。他的契约与自然权等的解释，虽然是错误的，而以人民的承认为政府正当权力的来源却是民主政治历世不易的金科玉律。以主张专制主义的霍布斯对此前题尚不能不承认，亦可见当时民治主义的高潮了。”

也是在 1929 年，陶孟和先生倡导建立的北平社会调查所成立。由于父亲在清华学习期间的出色表现，经多位老师推荐，父亲和他在清华的同学汤象龙被社会调查所录用。1930—1934 年社会调查所即由陶孟和与曾炳钧共同主编《社会科学杂志》（由陶孟和与汤象龙主编《中国近代经济史研究集刊》）。社会调查所的工作进一步开阔了父亲的学术视野，也可以看作是对清华政治系教育学生放眼世界、立足社会实践的检验。父亲在《社会科学杂志》上陆续发表了《“农业理论的发展”之两种译本》《日本的农业恐慌》《日本侵略中国外交秘史》《英国社会与经济政策未来十年展望》《产业革命》等多篇书评，深入社会，纵观世界。更让父亲关注的问题是中国劳工组织及国际劳工运动，他认为，“溯自工业革命后，劳动者与生产工具之所有权分离，生产工具为资本家所专有；工人除身体以外无财产，不得不以本身之劳力为货，因劳力与身体之不可分，于是货其劳力遂不得不并其身体而暂时付诸资本家管辖之下；且机器日益改良，人工大部为机器所代替，技巧益失其前此之重要，在供求原则下劳工常有过剩之势而陷于贱价求售地位；迫于生计更不得不延颈企踵竞相承奉资本家之整个条件，在污浊、紧张、疲乏、机械而单调的状况之下，终日劳瘁，不遑宁息，所谓休假时日，几仅能于老病失业时之穷愁中得之。因此工人心境的全部，遂完全为目前生活的需要与前途的渺茫两重恐惧所占据。此种事实自 19 世纪以来殆为一般工业国家内显著而可悲的社会病态”。有鉴于如此深刻观察，他于 1923 年完成了《国际劳工组织》一书，作为“社会研究丛刊”第十种由社会调查所出版。这本书开篇即点明主题：“劳动立法随国际工商业之发展而成为一个国际问题。在国家主权观念几于无法打破的国际无政府状态 (international anarchy) 之下，应用何种方式可使超国家的力量去有效地影响各国国内的劳动立法，此属于国际合作的技术问题或设计问题。”这本书详细论述了劳工运动与产生国际劳工组织的环境、战前国际保工运动的历史、保工原则与会员国、国际劳工大会等内容，对于国际劳工组织及其立法进行了考察和比较分析，因此一经出版就成为当时中国人研究国际劳工问题重要的参考书。在这本书出版之前，与之配伍发表的文章有 1930 年发表在《武汉大学社会科学季刊》上的《欧战前国际保工运动概观》。

作为社会调查所的研究员，父亲于 1934 年在《国闻周报》的经济时评专栏上发表了《危机日迫之中国经济现状》的文章。这篇文章提出两次世界大战之间世界各国的经济关系发生变化，“各国由十九世纪的世界经济主义转向于经济国家主义”为其显著倾向。在这种经济形势之下，中国的经济现状及前景是怎样的呢？在洋洋一万三千多字详尽的考察报告后，文章对于中国政府的经济职能提出异议，极其尖锐地指出“纵观中国经济各方面形势，实渐近水尽山穷之地。照此下去，将立见有总崩溃之一日。读者但看各种事实，当知非作者个人之故作危言。至何者是中国经济的出路，最近‘计划经济’或‘统制经济’之说曾盛极一时，政府对此方面之全盘计划与执行力如何，迄未十分明白。惟从大体言之，吾人所敢断定者，中国倘不能以政府力量经营对外贸易，指挥国内经济活动，则一切统制委员会之工作终必失败无疑”。这篇文章即使在今天看来仍是那样具有前瞻性和预见性。

如果说走出校园初出茅庐时的曾炳钧在社会调查所的工作给他提供了充分接触社会的平台，在实践中进一步积累了经验，培养了科学精神和务实作风，1933 年清华恢复公费资助留美的制度就又给他提供了海外学习深造、开阔视野的机会。根据清华的规定，为做好留学准备，考取公费留学后的学生要先在国内学习进修一年，我父亲的指导老师是政治学系的沈乃正教授，1935 年父亲踏上了赴美留学之路，于 1936 年在伊利诺伊大学教授 John A.Fairlie 的指导下完成了“英美预算制度”的硕士论文，获经济学硕士学位；在哥伦比亚大学 L.Rogers 教授指导下，于 1941 年以“中日冲突在英国议会中的反映”的博士论文结业，获博士学位。

虽然身在海外，父亲的心却时刻系念着祖国。他与中国同学往来密切，参加了清华留美同学组织的“沐社”、中国留美学生组织的“建社”。1936 年世界反法西斯战争已经全面爆发。是年年底，全国各界救国联合会的七位负责人沈钧儒等在上海被捕，史称“七君子事件”。父亲与其他留美同学以及旅美华人随即发起签署《旅美华侨告海外同胞书》（1936 年 12 月），要求政府立即释放沈、章、王、邹、史、李、沙七先生；请求政府确认日本为全国之公敌，救国为国民之权利及义务；请政府立刻对日抗战，切实保障人民救国运动。留学期间父亲与学界前辈胡适逐渐熟悉，胡适在 1938 年 4 月 17 日的日记中曾记录道：“四川学生曾炳钧来谈，他是学政治的，今年专致财政。与他同吃饭。”当时恰值世界反法西斯战争全面爆发，胡适被任命为驻美大使。父亲听闻即给胡适去信祝贺，信中写道：“读报得悉先生已受命出任我国驻美大使，并已行抵纽约，极端庆幸！际此时危势亟，先生以学者出任艰巨，实行救国抱负；牺牲的精神，至深敬佩。除竭诚欢迎外，为默祷先生外交运用的成功，因先生之出山为的是救国，先生政策的胜利，便是中华民国的胜利！”

1942 年，学成回国的父亲在清华时代的同学和老师的推荐和邀请下到国民政府的经济部任参事。在一年的工作期间，他研究和整理了经济部制定的抗战时期的经济管制法规，1943 年在当时外交部主办的英文《中国年鉴》上发表了《战时中国的工业与商品统制》；在《新经济半月刊》上发表了《学术与政治》《人治与法治》。1943 年 9 月，他接受了武汉大学政治学系的邀请到武汉大学任教。1943—1944 年间，他接受武汉大学学校及学生社团的邀请做过两次全校性的公开演讲，题目为“宪政与图强”“二十年后的中国”。这两次报告的基本内容是“宣扬中国在抗战后必须吸取历史教训，以宪政民主的方法来进行和平统一，进行励精图治的建设，变弱国为强国，以期能掌握自己的命运，在二十年后有能力应付世界上可能发生的任何事变”。

然而，抗战胜利后，中国人民并没有过上和平安宁的生活。1947 年春在全国学生反饥饿、反内战运动的鼓舞下，父亲与武汉大学金克木、韩德培、张培刚、邓启东、萧文灿六位教授于 5 月 28 日在上海《观察》上发表《我们对学潮的意见》，呼吁停止内战，恢复和谈，谋求统一。这个公开表明的“看法”义正词严地谴责国民党政府：“经过八年的艰苦抗战，我们国民莫不盼望有一个长久的苏息安定的机会，好让国家走上建设复兴之路。然而，抗战结束，不到两年，大规模的内战，竟以凶猛无比的姿态，在全国过半数的省份，广泛残酷的进行起来。请闭目想想：在今天，每一小时每一分钟之内，有多少善良无辜的男女同胞，在漫天炮火之下，白白的死于非命！因为内战，通货膨胀，物价飞涨；因为内战，交通阻塞，工商凋敝；因为内战，征兵征粮，农田荒芜；因为内战，除了少数特种人物而外，生活的压迫使得每个国民都喘不过气来，于是教师‘罢教’，工人‘罢工’，军人‘哭陵’，穷人‘抢米’；因为内战，我们的国际地位已一落千丈，不必说什么‘四强’‘五强’，我们早已无分，就说对日本反动势力的潜滋暗长，意图卷土重来，我们虽以战胜国的一员，虽以利害关系最为深切的一个紧邻，也只有坐视我们的‘盟国’任意安排，而不敢出一声怨言，提半句抗议。像这样的内战，若继续进行下去，除了杀戮无辜同胞，断送国家前途，把全国国民一齐拖到死亡的边缘而外，还有什么？我们扪心自问——也请有良心的人们扪心自问——我们对于这些学生深恶战争、热望和平的心情，有什么充分理由能说他们不是？”“看法”强烈呼吁政府负责当局于慎重处理学潮之外，目前对于以下几点，必须迅速作最真实的努力：一、以和平求统一，而不以武力求统一。二、政府应邀同第三方面，力谋与共党恢复和谈，停止内战，并以最大的忍让，依政协决议，成立联合政府，而共图宪政的实施。三、切实保障人民的身体、居住、言论、出版、集会、结社种种自由，尤须严禁非法的逮捕和干涉。四、一切经济措施，必须以人民的福利为前提。必须切实平抑物价，安定民生。必须彻底清除豪门资本，官僚资本，使其不能为害于国家健全的经济生活。五、教育经费应确定为不得低于国家总支出百分之十五。同年 6 月 1 日，武汉大学发生军警特务千余人包围学校，抓捕师生数十人、开枪打死学生三人、打伤多人的血腥惨案，校园笼罩白色恐怖。父亲闻噩耗立即赶赴现场，在当日的教授会议上极力主张罢教，向社会呼吁营救师生。几日后他被推选担任教授善后委员会主席，发表正义宣言，声明罢教，与其他十几位教授一起作为代表，亲自到武汉行辕进行强烈交涉，营救受迫害的教授和学生，要求严惩凶手，抗议军警进驻学校。

采访者：您所知道的曾炳钧先生在清华任教期间的情况是怎样的？

曾尔恕女士：1948 年 2 月父亲重返母校就任于清华政治学系教授，后接任了陈岱孙先生的工作担任系主任。怀抱着对清华母校的感恩之心及对清华政治学系振兴发展的期望，他制订了清华政治学系发展的通盘计划。而此时清华政治学系遇到的最大困难是人员流失、教员短缺，“支撑教学工作的只有邵循恪教授和助教端木正，还有从北京大学聘来暂代若干课程的吴恩裕、崔书琴和邸维周”。面对这种困境，父亲在承担繁重的教学工作的同时，想方设法努力解决师资问题。他多次写信给陈体强教授陈情清华政治学系面临的问题和困难，恳请陈教授尽快返回清华任教；他聘请了已经担任北京大学政治学系主任的王铁崖教授兼职清华政治学系课程；他助力杜汝楫晋升讲师以承担更多的工作。

1948 年 12 月 15 日，解放军进驻海淀，清华园归入管辖范围，随后，随着整个北京城宣布和平解放，清华大学的发展进入了全新的时代。在清华大学新成立的校工会里，父亲成了政治学系的代表。他负责组织安排政治学系的师生下乡参加土地改革运动，参与解决了政治学系教师工资按解放区薪酬计算办法换算成小米斤两数量的问题，开始进行课程体系的修订与改革（例如按照教育部的统一要求新设置了“新民主主义理论”课）。1949 年 10 月，父亲作为清华大学教职工学生代表会议的成员，参与讨论了清华改革和调整的事项。1951 年 3 月在清华大学进行了内部院系调整后，政治学系演变成行政系和外交系。同年 2 月父亲作为中南区参观团副团长带队参观了土地改革运动，8 月他参加了华北行政委员会民主建设的考察。在山西各县考察一个月后，他又担任小队长到广西参加了八个月的土改工作。这年 10 月 5 日的《光明日报》上刊登了父亲以清华大学政治学系主任的名义发表的《关于县各界人民代表会议迅速代行人民代表大会职权问题》。这是一份在参加了华北事务部筹备县长会议的山西观察组后，经过一个月的调查研究后的报告。在他的档案中记载着他在土改工作中的表现评语：“工作谨慎，分配田亩公平合理，沉静积极，对群众态度非常和气，而且有商量，很有民主态度，各群众非常拥护。”

随后不久的1952年6月，教育部下达了通知，成立了京津高等院系调整清华大学筹备委员会。清华大学政治学系被取消，父亲被调整到新组建的北京政法学院。

访谈整理：黄飞翔　翟家骏

访谈形式：书面访谈

曾炳钧先生简介：

曾炳钧（1904—1994），四川泸县人。1925年考入清华，政治学系建系后成为政治学专业的首届学生。1929年毕业后在北平社会调查所工作。1934年考取清华第二届公费留美，赴美学习研究经济及政治学，先入伊利诺伊州立大学，获硕士学位；而后入哥伦比亚大学，获博士学位。回国后历任云南大学政治经济系教授、重庆国民政府经济部参事、武汉大学教授兼政治系主任、清华大学教授兼政治学系主任、《清华学报》编辑、北京大学兼任教授。1952年调入北京政法学院，与吴恩裕教授、戴克光教授、严景耀教授并称“北京政法学院四大教授”，1954年分配至国家与法教研室，1956年担任国家与法的历史教研室主任。1979年北京政法学院复建，担任法制史专业导师组组长。主要论著有《人治与法治》、《学术与政治》、《中国战时的工业和商业管制》、《中国法制史》（主编，北京政法学院建立后公开印行的第一部教材）、《当代世界政治理论》（译著）等。

曾尔恕，系曾炳钧先生之女。

楼秉哲：何处相思明月楼

——我的父亲楼邦彦

采访者：楼邦彦先生 1931 年进入清华求学以及后来出国深造，这些决定之间有哪些渊源？

楼秉哲先生：父亲从少年时代开始，就喜欢积极关注与思考社会问题，只是因为家境困难，未能如愿就读普通高中，而进了商科班。所谓商科班指的是中等职业学校，以便毕业后进入“学生意”的社会环境。幸好在他商科毕业前夕，家境改善，读大学的愿望才得以实现。但作为一名职业学校的准毕业生，只好选择商科作为踏入大学的踏脚石——他考入了沪江大学商科专业。显然，沪江大学不是他的最终目标。次年，他幸运地通过插班生考试，考入向往已久的清华大学。虽然父亲与龚祥瑞先生同在 1931 年从沪江大学转入了清华大学，但是在我少年时代的记忆里，没有龚祥瑞先生在其自传中对当年沪江大学校园氛围影响的印象了。

此外，在我儿时同父亲交谈的印象里，当年清华的研究生，只要按部就班地获得学位，随后出国留学的机会还是很多的。但是，若能通过“庚子赔款”这样的渠道得到支持，将来的求学和报国机会要宽广得多。实际上，他就是踏上了这条路。

采访者：楼邦彦先生在清华大学求学期间有哪些经历？

楼秉哲先生：父亲转入清华大学后不久，就成为《清华周刊》积极的投稿人。作为一名本科生，他积极参加了校园内的社会活动，例如参加罢课、赴南京要求南京国民政府积极抗日的请愿活动，以及反对军阀企图闯进校园抓捕学生的护校活动等。

采访者：楼邦彦先生曾赴伦敦政治经济学院留学，这段经历对他最大的影响有哪些？

楼秉哲先生：从我的认知所及，在伦敦政治经济学院和清华求学的经历，决定了他在那个时代是一个自由主义学人，他在20世纪40年代的著作和社会活动似乎也印证了这一点。在父亲身上蕴藏着竭诚报效国家和热诚研究实际问题的愿望。

采访者：楼邦彦先生曾主持筹建了全国第一个律师协会，此外也有很多实践经历，他主要的法治观点是什么？

楼秉哲先生：谈到主持筹建，其含义有二，一是筹备工作归口北京市司法局负责，在司法局内这项工作由父亲分管；二是北京市政府成立了北京市律师协会筹备委员会，父亲作为行政负责人兼任筹委会主任委员。当时，北京和上海同步在筹建。现在推想起来，北京市得到了率先正式挂牌的先机，也是按照中央安排实施的。

◀ 楼邦彦先生

这是楼邦彦先生在北京市律师协会即将正式成立，筹委会结束使命之际，在北京人民广播电台以广播讲话的形式介绍协会的筹备和功能时的留影。

采访者：清华大学出版社 2015 年曾出版《楼邦彦法政文集》，您能谈一谈这本书的出版契机吗？这本书以及书中某些文章的背后有哪些故事？

楼秉哲先生：2000 年前后，商务印书馆拟将父亲在 20 世纪 40 年代初写的两本书——《不列颠自治领》和《各国地方政治制度——法兰西篇》列入《民国·比较法文丛》重印出版，令我萌生了整理他散逸在报刊上各种文章的念头。由于"文革"的冲击，父亲在世时搜集的资料不够完整，所以搜集整理工作量之大令人望而生畏。不过，正是清华大学法学院许章润和陈新宇两位教授的支持，才使这项工作得以顺利推进。

采访者：最后，请您谈谈对清华法学院的展望。

楼秉哲先生：衷心祝愿清华法学院早日跻身于世界一流法学院前列。

访谈整理：南凯　路旸

访谈形式：书面访谈

楼邦彦先生简介：

楼邦彦（1912—1979），浙江鄞县人。1930 年先入沪江大学读书，1931 年转学考入清华法学院政治学系，本科毕业后考入清华法科研究所政治学部。1936 年考取第四届中英庚子赔款公费生名额，赴英国伦敦政治经济学院留学。1939 年回国，任西南联合大学政治学系副教授，之后曾担任武汉大学、中央大学、北京大学政治学系教授。1949 年后，先后担任北京大学、北京政法学院教授，北京司法局副局长、九三学社社员，并曾当选第二届全国政协委员。主要作品包括：《欧美员吏制度》《各国地方政治制度：法兰西篇》《不列颠自治领》《南斯拉夫新宪典》《中华人民共和国宪法基本知识》等。

楼秉哲，系楼邦彦先生之子。

陈达隆：家国情怀，赤子之心

——我的父亲陈体强

采访者：陈体强先生对于清华（西南联大）的求学经历有哪些回忆？

陈达隆先生：父亲很少讲求学经历，我没有机会听他讲当年为什么选择上清华，为什么选择国际法专业。父亲少有学名，成绩优异，英文和传统文化根基都非常好。1935 年，父亲高中毕业，考入清华大学政治学系，师从钱端升先生、张奚若先生等学术大家。由于父亲具有良好的学术功底，治学态度严谨，受到政治学系教授们的赏识。1938 年初，父亲千里跋涉至昆明继续求学。在西南联大求学期间，面对艰苦的环境，父亲刻苦钻研、一心向学，与一些对英文有兴趣的同学组成“Lakeside Esquires”（“湖上翁”）英文学习小组，并邀请林徽因等大家来做讲座。1939 年，父亲以优异的成绩从西南联大毕业，留在西南联大任教，后赴英留学。可以说，清华决定了父亲的人生道路。

采访者：陈体强先生在英国牛津大学获得博士学位，这段留学经历对他有哪些影响？

陈达隆先生：在牛津大学的留学经历对父亲的学术生涯有很大的影响。1942 年，父亲辞去在西南联大的工作，进入国民政府外交部，希望借此实现留学梦。1944 年，父亲通过了当时的庚款留英考试，决定出国学习。父亲抵英后得知英国文化协会已经为他选择了牛津大学，但他本人还是非常希望能去剑桥大学，师从《奥本海国

◀ 采访者与陈达隆先生（右）合影

际法》新版的编辑和诠注者劳特派特教授，但协会坚持之前的决定，父亲只好在牛津读博。父亲在牛津的指导教师布莱尔雷也是一位学术声望极高的教授，对父亲的学术研究进行了大量的指导。父亲的博士论文《关于承认的国际法——英国与美国的实践》1951 年在伦敦出版，被公认为当代国际法领域的最重要的著作之一。

采访者：陈体强先生博士毕业后选择回清华任教，有哪些因素使先生作出这一决定？

陈达隆先生：当时有人希望父亲留在国外，回到上海之后也有人邀请他发展仕途，这些他都拒绝了。最后回到了即将解放的北京（北平），又有人劝说他“撤退”去台湾。但是父亲毫不动摇地奔赴当时已经解放了的清华任教。父亲根本没有留在国外的念头，一心要回到祖国来。父亲经历过战乱，耳闻目睹国民党的黑暗腐败，他是寄希望于新中国的，希望能有机会为国家做贡献。父亲回清华后在政治学系任教，很快就被提升做了教授。父亲他们那一代人真是一腔热忱，有着强烈的家国情怀，他们不会把学术看作是个人成就，想的都是报效祖国，尽力为祖国做事。他们那一代人，那样一种情怀、那样的爱国情结，一时造就了许多传诵百年的佳话，也决定了日后有许多愁肠百转、欲哭无泪的日日夜夜。

采访者：陈体强先生与钱端升先生、王铁崖先生等近代法政学人有哪些交往？

陈达隆先生：钱端升先生是父亲的老师，父亲从西南联大毕业后留在行政研究室，该研究室是钱端升先生一手创办、一手主持的，但父亲与钱先生也不是天天见面，基本上是各自独立地做研究。父亲大概每周会与钱先生见一次，两人关系与别人不一样，毕竟钱先生对父亲有知遇的情怀。研究室大概有四个人，父亲的成果比较早出来，《中国外交行政》是他人生中的第一本专著，后出版的《英国行政法论》是其副产品。父亲去牛津大学留学，钱先生很舍不得，他说“我不希望你离开，但你迟早要走，我只好长叹一声”。在那个战争年代，钱先生很照顾父亲，帮他筹措经费，父亲学成归国以后，钱先生也大力推荐他来清华教学。王铁崖先生是父亲的好朋友，他们共同翻译过《奥本海国际法》，共同创办了中国第一个国际法学术刊物《中国国际法年刊》。我记得与父亲书信往来的有李浩培、倪征燠、端木正、邹谠等先生。

采访者：陈体强先生是著名的国际法学家，在国际法学界享有崇高声望。您觉得陈体强先生哪些治学品质令您印象深刻？

陈达隆先生：印象比较深刻的是严谨，每次父亲都会为了一个问题花很多时间搜集、整理资料，他自己也会做一些笔记和卡片，虽然后期的文章并不长，但是蕴含的努力是很多的。父亲具有浓厚的家国情怀，即使在二十二年的坎坷与不顺中也从没有放弃为国家做贡献的努力，他有很长时间不能教课，就搜集资料和从事翻译工作，不希望浪费自己的能力。恢复工作后，父亲觉得时间太紧迫，希望能够多为国家做贡献，先后担任国际法学会联系会员、《大百科全书》编委，肩负外事活动和教学等多项重任。父亲晚年重新得到重视，他的学问与热情还在，但是已经力不从心了。父亲的心脏病是老毛病了，1980 年以后几次住院，但在医院他也还是不忘工作。1983 年父亲最后一次住院，本来医院还说父亲的病情好转缓解，打算第二天就要出院，结果他当天一直赶着给《大百科全书·法学卷》审改稿子，导致病情到了晚上急转直下，最终不治辞世。父亲当时已经被提名为联合国国际法院首任由中国人担任的大法官，还问我要不要去美国做个心脏搭桥手术，他完全没有料到那次住院会去世，我们也没有料到。

采访者：最后，请您谈谈对清华法学院的展望。

陈达隆先生：希望清华法学院能够培育传统，学生们能够更多地了解父亲那一代人的学术成果与治学品质。

访谈整理：杨同宇　徐逸尘

访谈时间：2019 年 3 月 19 日

访谈地点：外交学院

陈体强先生简介：

陈体强（1917—1983），福建闽侯人。1935 年考入清华法学院政治学系，1939 年毕业后任教于西南联合大学，1945—1948 年在英国牛津大学攻读国际法，取得博士学位。1948 年回国，在清华大学法学院政治学系任教。1950 年，任中国人民外交学会编译委员会副主任兼研究部副主任，其后任中国政治法律学会常务理事兼副秘书长。

1956 年后，先后在国际关系研究所、国际法研究所和国际问题研究所主持国际法研究工作。1981 年，任外交学院教授、外交部法律顾问。1983 年，当选全国政协委员，同年 8 月，在世界性国际法学会的英国剑桥会议上被选为该学会的联系会员。主要作品包括《中国外交行政》、《英国行政法论》、《国际法论文集》、《关于承认的国际法——英国与美国的实践》（博士论文）以及《奥本海国际法》（与王铁崖合译）等。

陈达隆，系陈体强先生之子。

端木美：法律人的爱国梦

——我的父亲端木正

采访者： 二战期间，端木正先生怀揣着爱国理想和报国之志，考入西南联合大学清华法科研究所政治学部，成为该所国际法组研究生。端木正先生谈起过他在清华学习或生活等方面的事情吗？

端木美女士： 对于这个问题，我曾经写过纪念父亲的文章，这些文章主要收录于《鸿迹：纪念法学家端木正教授》一书里，其中就谈到这个问题。

我的父亲生于北京，后来跟随祖父去到南京。父亲在南京念中学的时候，他的梦想是清华，并且立志报考清华。他从青年时候起就喜欢清华，当初他并没有说他为什么要报考清华，但是他总是崇拜最好的。从我父亲一生来讲，“最好”是他一生的追求——首先是崇拜且追求最好的事物，其次做事也尽量做到尽善尽美。尽管他并不是一个锋芒毕露的人，相反，是一个非常隐忍的人，但是他做每件事情都很有道理。

父亲报考清华的过程可谓一波三折。父亲考学伊始，因战事影响考卷的正常发放而无缘清华。那时正赶上北平沦陷，据他回忆，当时他已经交报名费进入考场，一直在考场坐着等待考卷，但因战事紧张，考卷迟迟不到，甚至组织考务的老师也担心他们在这期间挨饿，还给每人发了点心。最终，父亲因为没有考卷而未能进入清华。随后，父亲只得投考燕京大学，并为该校新闻系录取，后来作为流亡学生复借读于武汉大学，又因武大无新闻系，遂转读武大政

◀ 采访者与端木美女士（中）合影

治系。尽管在武汉求学时期的环境依然艰苦，战乱不断，但是他毕业后还是坚决要报考清华法科研究所，最终如愿以偿。那个时候，他与西南联大建立了深厚的情谊。每每回忆起在西南联大的求学场景，他总是充满深情。在他的回忆中，经常提起清华的老师们如何在艰苦环境中培养学生，既要上课又要躲避敌机轰炸等事例。那一时期的条件非常艰苦，但从这些回忆中可以窥见父亲对西南联大以及西南联大师生的深厚感情。这种感情既是一种强烈的爱国情怀，亦饱含对老师们的崇敬与怀念之情。他还回忆到由于缺少足够的教室，课后同学们都聚到茶馆附近进行学习讨论，在这期间也能看到学校教师的家属囿于生活所迫在茶馆摆摊子卖首饰以补贴家用。

父亲在武汉大学读书的时候，学校经常组织郭沫若等左翼联盟作家到学校演讲，受此影响，父亲在青年时期便满怀报国之志，他的爱国热情在青年时代就已经萌发。我曾听父亲讲到，在西南联大求学时，他曾多次参加闻一多先生的演讲活动，并十分崇拜闻一多先生，以至于过了几十年以后，他作为最高人民法院副院长到云南调研视察的时候，也专门去拜谒闻一多先生的纪念旧址。父亲一辈子都以做教书匠为荣，即便日后高居最高人民法院副院长之职，他也一直以一种朴实无华的心态传授知识、教书育人。我认为，他能产生这种念头在很大程度上受到其在清华接受法政教育时的无形影响。在西南联大之时，他看到老师们在国难当头的时刻，即使条件艰苦仍一如既往地培养新一代知识青年。因此，他们那一代人的使命感和责任感是从这一时期逐渐培养起来的。

采访者：您认为端木正先生在清华所接受的法政教育对他日后的个人成长和发展有哪些影响？

端木美女士：父亲在清华接受了系统的法学教育，他热爱所学的专业，热爱这个学校，那么作为最后的结果，我们可以说，在这个学校受到的良好熏陶和正规教育对他日后的个人成长影响颇深。

父亲考取了赴法留学公费生项目出国学习，留法学习既能检验他的法学基础知识是否牢固，对他外国语的熟练掌握程度亦是不小的考验。在语言方面，我父亲年轻时候先是学英语，后来才学法语。法学本身的词汇复杂，专业性强，不容有一丝差错，而且词汇量也很大，但是他能够应对自如，甚至可以独自纠正一些词汇的发音和拼写，足见其记忆之准确。在专业方面，作为一个中国学生，父亲能够把从外国传入本土的国际法专业掌握得很好，这与他在清华打下的良好基础有很大关系。父亲留学时经常跟他的老师夏尔·卢梭教授进行学术交流，我们都知道，同知名学者交谈需要有很大的勇气，尽管他平时看起来很腼腆，但与前辈大师交流却很有底气，主动约老师见面。所以我个人认为这也要归功于清华优良的教育。

20世纪50年代以后，虽然父亲将目光从法政领域转向历史学研究，但他仍然为新中国的法政事业贡献自己的力量。父亲承担复建中山大学法律学系的点滴经历也与他在清华所接受的法政教育密切相关。

采访者：1980 年，端木正先生临危受命担任中山大学法律学系主任，并承担起复建中山大学法律学系的重任。无独有偶，1995 年清华大学法律学系也正式复建。您能谈一谈端木正先生在中山大学白手起家艰苦创系的相关经历吗？您认为二者之间有何共通之处？

端木美女士：1979 年，父亲接到了有关部门提出复建中山大学法律学系的要求，被任命为法律学系主任。此时对于花甲之年的他，想要重建一个法律学系具有很大的难度。许多人认为他已长时间疏离法学专业，复建法律学系对他来说可能十分困难。复建法律学系需要经费支持、师资力量、教材书籍，简单地讲就是需要有“人、财、物”。以当时的条件，难以在短时间内准备充足复建法律学系所必需的“人、财、物”，难度可想而知。但在我看来，他依然是应对自如，每天从早到晚都在不停地工作。虽然别人不看好，但他还是尽力而为。对他而言，这件事似乎也点燃了父亲青年时期的梦想，他想为新中国的法治建设添砖加瓦，培养新一代法律人才。所以那个时期的他始终充满着激情与斗志，专心致志地投入到这项工作。他积极地参与教材编写，加强国内外学界同行的交流联系，通过私人关系从国外购买法学专业书籍，邀请国外专家来校开办讲座等等。父亲不仅在教学内容、教学计划、对外联系等方面具有深刻认识，还对当时的国家司法体制给予大量关注，联系广东省高院加强在职政法系统工作人员培训。在同事们的眼中，他表现出甘于奉献、忘我的工作状态，经常加班办公到很晚。就这样，在他们的共同努力之下，中山大学法律学系得以复建，并在整个南方乃至我国港澳地区具有较大的影响力。

中山大学法律学系得以复建，父亲为此做出很大的贡献。父亲在下放到“五七干校”劳动之余，努力学习并查阅积累了大量资料，为法律学系复建工作打下了很好的基础。比如，父亲当年参加劳动改造在图书馆资料室工作时，白天按部就班地上班，晚上回家房间里总是灯火通明，他利用一切零碎、边缘化的时间看书学习，起初我们都不知道他在做什么，也不是很理解他这样做的原因，但父亲正是这样通过不断学习来充实自己。所以，我认为他在历次政治运动中并没有因此而荒废虚度。在那个年代里，虽然父亲已经被打倒了，不能继续上课教学，但他在这一时期翻译并校对了不少书籍，诸如商务印书馆出版的汉译名著系列书籍《拿破仑时代》等。退休后的生活本应当安逸悠闲，可是他怎么也没想到，在他五十九岁时，上级部门忽然间提出由我父亲牵头复建中山大学法律学系，大家都感到诧异。我认为选择我父亲作为复建中山大学法律学系的牵头人是基于以下几点原因：首先，他的专业基础牢固，不管是武汉大学的本科，还是清华大学的硕士，抑或巴黎大学的博士，他都踏踏实实一步一个脚印地完成了他的学业；其次，报效国家的情怀，这一点他始终没有改变。当时在他看来，国际法对走向世界舞台的新中国来说十分重要。那时候从巴黎到北京只能依靠海运，历时长达一个月之久，而且海上情况复杂。就在这种条件恶劣的情况下，他都没有给自己带其他的物品，行李中几乎全是书籍和讲义，父亲回国后传授先进法律知识，悉心培养法律专业人才。

父亲对于清华法律学系的复建也给予了很大的关注。尽管他年事已高，不可能再重返清华的讲台，但他希望通过改善法学教育状况，使中国真正走上法治的道路，实现强国梦。因此，他在这两所高校的法律学系复建过程中呕心沥血、辛苦付出。

采访者：端木正先生离开清华后，与清华法学在哪些方面有具体的联系？

端木美女士：父亲离开清华的时候是张奚若先生的助教，在法国留学以后一直心怀清华，特别希望能够重回清华任教。因此父亲于 1950 年获得巴黎大学博士学位之后，在其博士论文《论中国的海洋捕获法》封面上工整醒目地写了两行法文：“法学博士端木正，北京国立清华大学前助教。”这是父亲对母校清华大学情有独钟的印记。

在这期间，应该说父亲始终没有忘记清华，回国以后他与曾经在清华任教的老师，如张奚若、钱端升、王铁崖等人保持着很好的联系。“文革”以后，他在出差的时候经常看望王铁崖和钱端升先生。之后，他也参加了1995年清华法律学系复建大会，与时任中国社会科学院副院长、清华人文社会科学学院院长滕藤一起参加，并居住在同一个院子，在我的记忆里他当时特别兴奋，足见对清华的深厚情感。

晚年时期，父亲希望家族后代子女能够考入清华大学，能够继承这份清华学术传统。值得一提的是，2001年我的孩子顺利考入清华的工业工程系，虽然不是文史哲等文科专业，这也让他非常开心。按我的说法，他整个人都像变年轻了一样，特意带着他外孙到清华游览，一起合照留念。我想将近半个多世纪，父亲青年时期的梦想又一次在子孙后代里实现，也可以说是对他的一丝安慰吧。这说明了他对清华的热爱从未有过任何改变。

采访者：端木正先生等老一辈学者曾经历过“文革”等政治运动的冲击，您认为他是如何看待政治与学术的关系？

端木美女士：父亲在1957年被错划为“右派”的岁月里，外界压力巨大，职称连降三级，由副教授降为讲师，日常生活十分困难，但是他从没有一丝怨言，也没有留下一点怨恨。下放劳动改造期间，他还鼓励身边的教授同事要积极乐观，并在生活上给予他们力所能及的帮助。当时年纪尚小的我们感到非常痛苦和无助，有种读书无望的感觉，父亲只是每天很内疚地又很温和地关心我们的学业情况，没有太多的话语，只是在我们写作业的时候用鼓励的眼光看着我们，这种无声的静默使我终生难忘。在那个时候，虽然父亲已不能再回到大学讲堂教书，但是我们看到父亲每天晚上在自己的小书房里看书做笔记，那默默伏案的背影一直萦绕在我心，我很不理解他为什么在苦难中依然如此勤奋刻苦。“文革”结束后，中国的学术界百废待兴，他受邀到北京大学讲课，他所做的内容丰富、资料扎实的有关法国大革命史的系列讲座引起了不小的反响，在这一期间，父亲还发表了多篇有深度的文章。许多人都感到诧异，他在历次政治运动中遭到无情冲击，是如何掌握这些年的国内外学术前沿与学术资料成果的？其实，这个问题的答案就是父亲在政治运动期间不断学习，他坚信自己所学的知识能为国家建设贡献一份力量。

父亲对我们子女的教育也始终坚持贯彻这种思想。“文革”以后，伤痕文学逐渐流行起来，我也曾经一度沉迷于此。父亲知道我看这些书籍，就非常生气地批评我，他说阅读与专业不相关的书是在浪费时间，我很少见他发这么大的火。我们因政治运动在学术领域已经落后别人太多了，不能再荒废时间和精力，他希望我能做一些有意义的事情。在这之后，我立刻就把所有无关的小说书籍都收起来，一门心思地读历史专业的书，很快重新进入学习状态，这奠定了我坚实的学术基础。

1983 年，父亲阔别三十多年重返巴黎，曾与法国著名的历史学家乔治·迪比先生交谈。后来迪比先生告诉我，初次见到我父亲感到十分惊讶，说从他饱经沧桑的面容和眼神中就能看出他所经历的苦难和波折。迪比先生希望能了解一下父亲过往的经历，但我父亲对他说，历史的一页已经翻过去，未来应当向前看。父亲站在历史学家的高度客观审慎地看待国家的历史和个人的命运，所以他们之间所谈的内容都是有关现在的工作和未来的合作事宜。因此，迪比先生对他十分钦佩。还有一个故事，那个时候我和我爱人都在瑞士留学，对于将来打算继续留在欧洲还是回国发展，我们俩犯了难。身边的好友和同学都坚持要我们留下来，这样以后会得到很好的发展。在父亲访问期间，我们同他交流，他对我们谈到国内最近的发展情况、家庭生活的新变迁，在无形之中鼓励我们回国参加建设。当时我们俩都说要回国，朋友们都很疑惑，以为是“端木正疯了”，不仅自己回国后受了这么多罪，而且还想让女儿女婿重走他的老路。父亲对此总是微微一笑，不置一词。我认为他这样做也是自有道理，所以我常常说他一直活在自己的内心中。

采访者：您认为如何更好地继承和发扬端木正先生等老一辈清华法政学人的优良传统和崇高精神？

端木美女士：我认为老一辈清华法政学人对我们来说非常重要。比如，钱端升、张奚若、王铁崖等人，他们属于20世纪40年代初清华研究院的杰出法政代表，起到承上启下的作用。其实像我父亲这一代人也很重要，“爱国报国”的理想信念早已融入他们的生命轨迹，他们具有浓厚的家国情怀。而今天，我们应进一步对老一辈清华法政人进行研究和整理。我父亲这代人与他的老师们有所不同的是，他们在成长过程中具有一点缺陷。他们起初陆续在西南联大完成学业，40年代出国留学，新中国成立后回国，紧接着经历了诸多政治运动，所以父亲这一代人还没发挥自身的能力就已湮没在历史长河中，这未免太过遗憾。因此，我认为从清华来讲，这几代法政人物都是非常重要的，他们所留下的学术成就和思想等历史遗产值得我们深入学习。

采访者：您对本次清华法学院院史编纂工作有哪些建议？

端木美女士：由于我所研究的领域是历史学，我认为那些不重视历史的人不会取得长足的发展。我从2011年与清华法学院开始联系，当我走进明理楼，看见楼梯墙上挂满在清华任教或从清华走出去的专家教授的画像，深感清华法学院非常重视历史传承。这次清华法学院院史编纂工作是一个很好的契机，既总结过去，又展望未来。陈新宇老师工作十分严谨细致，又非常重视校友家属的意见建议，为编纂院史做了大量的工作。

我对口述历史工作提几点个人建议：对于同一个时期发生的事情，不同亲历者的主观感受亦不同，这可能会得到不一致的内容。我建议在进行口述历史采访过程中，我们首先要考虑到人物地位的变化；其次要注意被采访人对于事件的记忆程度，有的情况下随着时间推移，被采访人对于某些事件的记忆会变得淡薄；接下来，在收集了不同口述者的信息后，要着重注意一些关键事件，尤其是对于清华法学院发展特别重要的事件。尽量在依据可供查询的历史文献的基础上，结合口述信息，尽可能地还原历史的本貌。所收集的口述信息不一定都拿来使用，要注意甄别，对于同史实相差甚远的信息可以舍去。另外，还要尽可能地避免不同时代的政治因素的影响，这可能干扰对历史人物作出客观评价。

最后，我衷心祝愿清华法学院院史编纂工作圆满成功！

访谈整理：黄飞翔　翟家骏

访谈时间：2019 年 3 月 13 日

访谈地点：欧美同学会·中国留学人员联谊会

端木正先生简介：

端木正（1920—2006），安徽安庆人。1942 年毕业于武汉大学政治系。1943 年考入西南联合大学清华法科研究所政治学部，成为该所国际法组研究生。1947 年毕业后留校任教，同年考取赴法留学公费生，于 1948 年赴法。1950 年获法国巴黎大学法学博士学位。1951 年获巴黎大学高级国际法研究所毕业文凭，同年进入华北人民革命大学政治研究班学习。此后，端木正先生先后在岭南大学、中山大学从事法律教学和理论研究工作。1980 年筹备复建中山大学法律学系，任首任系主任、法学研究所首任所长。1985 年任香港特别行政区基本法起草委员会委员。1990 至 1995 年任最高人民法院副院长、审判委员会委员。曾任民盟中央常委，民盟广东省委常委、主委，广东省人大常委会副主任，海牙国际常设仲裁法院仲裁员，中国法学会常务理事、顾问，中国国际法学会副会长，中国法官协会副会长等。主要著述有:《法国史研究文选》、《端木正文萃》、《法国革命（1789—1799）》（译著）以及《国际法》（主编）等。

端木美，系端木正先生之女。

第二篇 师者风范立基业

为适应社会主义法治建设的需要，配合清华大学建设世界一流综合性大学的战略布局，在恢复法学教育的基础上，1995 年 9 月清华大学复建法律学系，并于 1999 年 4 月复建法学院。法学学科是清华大学重点建设、优先发展的学科之一，清华法学院复建二十余年取得了令人瞩目的成绩，成为中国法学教育和研究的重镇之一，也是国际重要的法学教育交流中心。清华法学院的复建与发展离不开各级领导的殷切关心，离不开兄弟院校的大力支持，离不开学院老师的共同努力。本篇的访谈对象是参与清华法学院复建工作、见证清华法学院复建与发展的二十四位老师，其中院内老师以全职加盟清华法学院（法律学系）的时间先后为序。诸位师者的生动讲述，将清华法学院复建二十余年的历史徐徐展开，这段历史彰显着清华法学的精神传承与时代发展。

滕藤：清华文科建设进程下的法律学系复建

采访者：清华大学在1995年复建法律学系，在1999年复建法学院，您觉得当时清华大学是出于怎样的考虑决定复建法律学系和法学院？

滕藤老师：众所周知，清华的法学等文科专业停止于20个世纪50年代的院系调整，在“文革”结束后清华大学的文科才逐渐恢复起来，清华老校长高景德非常重视清华薄弱学科的学术发展，以建设成为综合性大学。起先是建设生物系等，积累一定院系复建经验后逐渐向人文社科领域扩展。我担任清华大学人文社会科学学院院长的时间挺短的，在院长任期内做的最大的事情可能就

◀ 滕藤老师

是决定筹建法律学系了，不过还没来得及筹建其他文科学系，我就被调走了。我记得当时我们联系上了全国人大法律委员会委员、中国社会科学院法学研究所原所长王家福，让他也来参与清华法律学系的筹建工作，但他实在是太忙了，日理万机，无法抽身负责具体的工作。

采访者：当时好像有清华法学院与社科院法学所共建的想法，但后来没有实现，不过法学所在清华法律学系起步时给予了重要的支持。您能回忆起与此事有关的详细情况吗？

滕藤老师：当时也谈不上共建，后来就没有这回事了，其实也就是从法学所引进些人才，这些也记得不太清楚了。

采访者：您当时兼任清华人文社科学院院长，那么在法律学系的复建过程中，您能回忆起人文社科学院对法律学系具体有哪些支持？或者说为法律学系的复建创造了怎样的有利环境与条件？

滕藤老师：我还是主要从筹建的指导思想这种宏观方面来说吧，就法律学系复建的定位而言，我们当时不能与中国政法大学比，也不能与中国人民大学比，他们的法学专业绝对强，毕业生又遍天下，我们不能上来就硬碰硬与他们竞争。因此，我觉得我们的办学理念应该有重点、有特色，不能铺开搞全面，而要从一个点上有所突破，例如我们要首先发展宪法、国际法和专利法这些法学专业，把这些专业做成我们的特色专业。宪法是国家的根本大法，毋庸置疑很重要，国际法随着时代发展和国际交流增多也越来越重要，我们清华是工科强校，研究专利法也很有优势，而别的学校这些专业不见得比我们强太多。所以，我们是扬长避短，集中力量培育特色专业，这样由点及面，把我们的法学专业建设起来。

采访者：您认为清华法律学系复建之初面临怎样的困难和挑战？是怎样克服这些困难和挑战的？

滕藤老师：人财物各方面都有吧。比如说图书馆，当初院系调整的时候，我不知道清华图书馆里有关法律的资料是不是给别的学校了，但甲骨文等一些珍贵资料就没有被分离出去。还是蒋南翔校长有远见，虽然是工科院校，但仍保留了文科资料，后来李学勤先生就是靠这些资料发展起了清华的历史专业。

采访者：您作为清华法律学系复建的主持者和经历者，如何看待和评价清华法律学系的复建？

滕藤老师：法律学系复建是清华文科建设的一个阶段和组成部分，随着法律学系的复建，后来教育学、社会学等专业也逐渐发展起来。但说实话我原来是学理工的，你如果问我关于生物、土木、水利、化工这些专业的情况，我十分清楚且可以说上很多，但如果问法律学系的情况，我就知道的不多了。

采访者：您对清华法学院的学生有哪些希望？

滕藤老师：我觉得法学院的学生要多往基层走走，在基层锻炼自己，不能好高骛远，要培养自身吃苦耐劳的品质，习近平总书记也是这样勉励青年学子的。所以，我们法学专业以及其他专业的毕业生不能太过于功利主义，要经历世事磨炼，使自己成为对社会的有用之才。

访谈整理：翟家骏　常悦

访谈时间：2019 年 9 月 9 日

访谈地点：滕藤老师住所

滕藤老师简介：

滕藤，1951 年毕业于清华大学化工系，留校任教，历任校团委书记，研究生院院长，副校长，校党委副书记。1985 年调任国家科委副主任，此后历任中共中央宣传部副部长，中国科技大学校长，中国科学院副院长、研究生院院长，国家科委副主任，国家教委副主任，中国社会科学院副院长。第八届、第九届全国人民代表大会常务委员会委员。参与清华大学文科恢复和建设的领导工作，曾任清华大学人文社会科学学院首任院长、恢复建设法律系筹备委员会委员。

胡显章：忆清华法律学科的恢复建设

在 1993 年暑期干部会上，学校提出在 2011 年百年校庆时跻身世界一流大学的目标，决定加快综合性建设步伐，并于 1993 年末成立了人文社会科学学院。曾任清华大学党委副书记、时任中国社会科学院副院长的滕藤学长出任院长，我正担任学校党委副书记，兼任副院长。在筹建人文社科学院过程中，时任校长张孝文提出：清华大学以往培养的理工科学生在国家治理中发挥了重要作用，今后应该培养懂经济、懂法律的人才，继续在国家治理中发挥作用，应适时复建法律学系，学校领导班子对此有高度共识。在人文社科学院成立前不久，时任校党委书记方惠坚和我请滕藤学长出任院长时，滕藤也强调，从 21 世纪发展看，国家领导人要从经济、文法学科出，清华有又红又专、双肩挑的传统，学风严谨，应该为国家、为社会培养领导骨干，在建院后要加速成立法律学系。

在人文社科学院成立后，我立即着手法律学科的调研和思考。清华应该建设怎样的法律学科？这是首先要明确的问题。1994 年主要做了以下几件事情：

一是了解清华法律学科的历史，知道老清华法政学科曾经培养了一批在国内乃至国际享有盛誉的法学大家。

二是了解学校现实开展法律教学与研究的情况。当时清华与法律学科相关的是人文社科学院承担的面向全校的思想道德修养与法律基础课教育必修课；经济管理学院经济法教研组开展经济法教学与研究；学校还设有专利事务所，进行知识产权法研究和专利代理事务；自动化系、化学系物证技术研究；环境系环境法研究；土木系房地产法研究以及核能研究院安全法规研究等，这表明清华大学在普法教育和专业法律研究应用方面为法律学科建设奠定了一定的基础。同时，正是已有的这些基础，也给法律学科的恢复发展带来一些困惑，有同志主张清华法律学科的发展着重做好两件事情就行：一件是继续做好面上的普法教育，增强学生的法治意识；一件是突出应用性，发挥理工优势，做好专业法律的研究和应用，比如搞好知识产权法、专利法和专业法研究应用，这样可以起步快，也无须多少队伍和物质资源。这就是所谓“有特色”的主要内涵。

三是了解国家的需求。1992 年，邓小平同志到南方视察发表了重要讲话。党的十四大正式宣布 :“中国经济体制的改革目标是建立社会主义市场经济体制”，必须建设好适应社会主义市场经济客观需要的法律制度，我国立法工作进入了一个新的阶段。1993 年 11 月党的十四届三中全会通过的《中共中央关于建立社会主义市场经济体制若干问题的决定》提出“遵循宪法规定的原则，加快经济立法，进一步完善民商法律、刑事法律、有关国家机构和行政管理方面的法律，本世纪末初步建立适应社会主义市场经济的法律体系”。同时，了解到法院、检察院、仲裁员、律师等对法律人才在数量和质量上的迫切需求。

在此基础上，听取校内外专家学者和校友的意见。例如，1994 年 8 月 12 日，由我主持召开了筹建法律学系专家座谈会，与会的有时任全国人大法律委员会副主任委员王叔文，全国人大常委会法制工作委员会原副秘书长王著谦，时任最高人民法院副院长端木正，原最高人民法院经济审判庭庭长孙宗颢，时任《中国法学》主编郭道晖，时任中国社科院法学所所长刘海年、原所长王家福，中国政法大学原党委书记、副校长云光等。清华人文社科学院首任院长滕藤首先提出了希望大家进行讨论的三个问题：一是办学思路，是从基础抓起，发展基础法学，还是利用清华理工优势，以应用法学为重点；二是办学层次，是招收本科生，还是办双学位、研究生；三是体制上是单独办法律学系，还是与政治学相结合办政法系。专家们认为清华大学复建法律学系是完全必要的，我国的法治建设需要大批高质量的法律人才。现有的高校所培养的法律人才在数量与质量上都远不能满足需求。清华大学要考虑国家法治建设的长远需求，应该办一个高层次、高标准、世界一流的法律学系，基础要扎实、专业面要宽，同时，应该解放思想，敢于创新，要有更多的办学自主权，办出自己的特色。在办学层次上，可以硕士起步，今后本科、硕士、博士并重，特别是要培养好理论与实践相结合的适应社会主义法制建设的实用型人才。当前，关键在于建设一支高水平、小而精的师资队伍，还要抓好图书资料建设。同时，我们还听取了最高人民法院原院长郑天翔、时任全国人大常委会副委员长王汉斌等老学长的意见。他们都大力支持母校复建法律学系，特别强调要加强党的领导，坚持正确的办学方向，培养信得过、靠得住、用得上的高质量法律人才，为社会主义法制事业服务，并指出清华大学利用多学科的优势复建法律专业，可以满足国家法治建设的迫切需要。

法律学系是挂靠人文社科学院起步的，所以 1994 年 9 月由学院呈交学校的建系报告沿用了人文社科学院的初建方针，明确“要走‘小而精，高水平，有特色’的道路”。通过以上调研，建系报告具体提法为：“充分利用我校学科优势，在打下比较宽的扎实的马克思主义法学理论和法学知识的基础上，可以在经济法、科技法、国际法等方面有所侧重。培养的学生可以成为立法人才和执法人才（法官、检察官）以及律师等法律工作者，也可以成为法学理论研究工作者，并从中选拔政治思想好、业务水平高、热爱教育事业的人员充实师资队伍。”实际上，不仅强调“有特色”，而且有了“人主流”的要求。

1994年10月12日，校务会议决定成立恢复建设法律系筹备委员会，邀请郑天翔同志任筹委会名誉主任，王大中校长任主任，胡显章任秘书长，正式开始法律学系复建工作。

接着，需要回答的是“怎么办”的问题。筹委会成立后，走访了中国社科院法学所、中国人民大学法学院、香港大学法律系等，广泛听取了法律界、法律教育界的意见。考虑到当时学校缺乏专门的法律师资队伍，王汉斌同志建议加强与中国社科院法学所的合作，时任中国社科院副院长的滕藤同志也提出与社科院法学所共建法律系的设想。1995年2—3月，筹委会和人文社科学院部分同志与中国社科院法学所领导和专家进行了反复的研讨，双方在开展合作加快建设清华法律学系，使之较快跻身国内一流水平方面达成共识，并对具体合作方式进行了探讨。法学所在清华法律学系起步时给予了重要的支持，只是后来因为在经费等问题上未能取得一致，系所未能走共建之路。清华法律学系走的是独立自主，争取外援之路。1995年1月，时任国家教委副主任的张孝文明确指示：“清华办法律系，一定要坚持正确的方向，同时要有科学性”，“要坚持水平高，方向正，队伍精，有特色”。1995年7月，筹委会决定聘请全国人大法律委员会副主任委员、中国法学会副会长、中国社科院法学所原所长、著名宪法学家王叔文出任系主任。1995年8月31日，校务会决定正式恢复建立法律学系。9月8日举行了复建大会。法律学系经过一个学期的实践与研讨，进一步明确了办系思路与学生培养模式：“确立了重点发展民商法、经济法、法理学、宪法行政法学的思想，近期内优先发展民商法、经济法学科。培养模式上确立了以培养硕士生为主、复合型法律人才的模式。本科生培养实现‘3+4’贯通式培养模式。”教学工作开始走上正轨。[见清华大学法律学系工作总结（1996年3月）]。

法律学系复建后迅速上轨道十分不易。当时遇到的问题或困难主要体现在：

一是办系指导思想需要达成共识。1995 年 8 月 17 日，法律系筹建委员会讨论建系方案给我留下了深刻的印象。会议由我这个秘书长主持，筹委会主任王大中、成员王叔文、滕藤、林泰、王著谦出席，讨论认真务实而热烈。首先讨论的是办系方针“小而精，有特色，高水平”，王叔文同志说，“小而精”是对的，“有特色”指什么？与其他法律系有什么不一样？不明确。滕藤同志说，清华理工科强，在科技法律方面有自己的特色。但正如王汉斌同志提出的，不能只发展科技法律，民商法、全面的法律学科都应该有。经过讨论，并在此前多方调研基础上，王大中校长总结说，一方面有特色，还要入主流，既有理工与法律结合的特色，但首先要入主流，整体学术水平在国内站住脚，长期目标还是世界一流。王校长的意见为即将成立的法律学系确定了明确的目标，并影响了以后清华人文社科学院乃至整体文科的指导思想。后来法学院建设时明确提出了“入主流，有特色”的方针。

二是师资队伍的缺乏急需解决。经过讨论，明确整体上要靠自力更生。首先组织好学校已有的力量，但这个力量十分有限；再是加快从外面调人，可以分批调人。起步时可以考虑多聘兼职。由于一些兄弟院校对清华复建法律学科抱有竞争警惕性，调人难度甚大，学校下决心支持；第三注意自己培养师资力量，但近期缺乏基础。

由于认识到，尤其对于文科来说，发展高水平的师资队伍是关键性因素，所以当时我将很大精力放在师资队伍建设上。复建之初，先是将清华经管学院任教的黄新华调入，协助系主任主持日常工作。1995 年 5 月，张铭新从武汉大学调入，参与法律学系的筹备复建工作，担任法律学系第一任党支部书记。1994 年，人民大学法学带头人许崇德的博士生、正担任香港大学法律系主任陈弘毅助理的王振民获悉清华要复建法律学系，决定毕业后加盟清华，人文社科学院副院长林泰与我先后与他进行了面谈，我发现他对清华文化传统多有了解并认同，对法律学科建设很有想法，包括可以通过香港法律界朋友筹资建法学大楼，我欢迎他加盟，并就筹资做了讨论。1994 年 12 月 3 日人文社科学院院务会议决定聘他为法律学系筹备组成员，让一个在读博士生成为筹备组成员，应该是打破常规了。这就是所说的“清华两个半教师复建法律学系”的由来。别看王振民当时是“半个人”，但在清华复建法律学科的过程中起了十分重要的作用。1995 年 9 月，法律学系复建后，明确集中力量优先在民商法、经济法方面取得学科突破，首先关注相关的人才引进。记得 1996 年秋季学期，我与吉林大学民商法特别是合同法中青年带头人崔建远面谈，只用了半天时间将他的工作生活所谓“五子登科”问题全部明确，他回吉大后给我来了信，说清华复建法律学科决心那么大、领导那么重视、工作效率那么高，我不再考虑其他学校，决心到清华工作。1996 年年底，学校将时任校长助理的李树勤调任法律学系常务副系主任兼党支部书记，同时任人文社科学院副院长，着重强化师资队伍建设工作，我有了一个执行能力特强的搭档，人文社科学院特别是法律学系的队伍建设更是快马加鞭了，比如以“三顾茅庐”“程门立雪”的精神诚聘国内民商法领军人物马俊驹有着生动的故事。李树勤是复建法律学科队伍建设的大功臣，他不仅为进人做了大量卓有成效的工作，而且，在帮助新入校教师克服生活困难方面殚精竭虑、服务到家，发挥了重要的稳定器作用。

三是怎样加快复建的步伐问题。1994 年春季学期校长书记会上讨论复建法律学系的步伐时，多位校领导认为近期内清华缺乏基本条件，不宜急于复建法律学系，我认为事在人为，既然国家十分急需，清华已经认识到复建法律学科的重要性和必要性，就要以“只争朝夕”的精神来创造条件，加快复建步伐。这一意见得到王大中校长和贺美英书记的大力支持，决定年内成立法律系筹建委员会加快开展筹建工作。1994 年 10 月 12 日校长书记会通过成立恢复建设法律系筹备委员会，1995 年 8 月 31 日，校务会议通过复建法律学系，1995 年 9 月 8 日，召开法律学系复建大会。考虑到需要及早实现学位点的突破，1994 年即率先启动对学生求是学会会长、土木系学生李启迪法学硕士培养，让他到北大、人大听法学课程，他后来被称为“法律学系第 0 届硕士生”；1995 年 9 月 24 日，在法律学系成立不久即举办第一届硕士学位研究生入学仪式，先依托已有的法学门类下属马克思主义理论与思想政治教育二级学科学位点，同时，利用国务院学位办、国家教委支持清华向综合性发展、学位点可以单列的政策，创造条件加快法学专业硕士学位点的突破。当时，这样做是比较冒险的，我称之为“强行起飞”。李树勤同志接手法律学系工作时，发现还没有学位点就开始培养硕士生，向贺美英书记发牢骚说：“这真是‘人有多大胆，地有多大产’。”好在经过多方面的共同努力，这些同学最终都拿到了法学硕士的学位。同时，法律学系成立后，立即启动申报本科学位培养资格，主管教学的时任副校长余寿文给予了很大的支持，在申报会上，一些兄弟院校提出质疑，说清华只有这么点人、两三间房子，怎么就成立法律学系培养学生？余寿文同志做了认真的论证，时任北大常务副校长王义遒表示了支持，说“清华大学只要下决心做什么事，就一定能做成，大家还是支持吧！”清华法律学科迅速恢复发展，除了自己的决心，离不开来自各方的理解和支持。清华法律学科今天所取得的成绩表明，没有辜负当年各方的期望。

四是基本物质条件的建设问题。法律学系开始起步时，在中央主楼十楼两间小房间办公，后来移到了三教两间小房间办公。崔建远刚来时，我带他去办公室，对他说，“现在还不能给你一张办公桌，你只能先与别人共用，真抱歉！”崔建远说，“没关系，我不是来享受的。”法律学系教师这样的艰苦创业精神使我很受感动，也感到鼓舞！同时，也促使我加快改善法律学系工作和生活条件的步伐。1995 年 10 月下旬，我赴香港和王振民一起同大律师李国能、香港证券及期货事务监察委员会主席梁定邦、大律师陈清霞等商讨筹资事宜，我提出在港筹资 3000 万用以盖一栋 1 万平米的法学楼，加 300 万的图书馆建设费，并筹千万法律教育基金，得到热情响应。陈清霞律师曾经在 1995 年 8 月捐资 20 万港元作为建系启动经费，这是清华法律学系第一项社会筹款。后来在李国能先生的帮助下，香港中信泰富有限公司主席荣智健决定捐资 3000 万港元（经协商 2100 万用于大楼建设，900 万作为法学教育基金）。荣智健先生的父亲、时任国家副主席荣毅仁先生亲自为法学楼命名并题写楼额“明理楼”。明理楼于 1999 年 11 月 28 日竣工，成为当时国内第一栋专门的法学院大楼，我是该工程的学校代理人，所有经费事项均经我签字，感到很荣幸，当时这栋楼和蓝旗营住宅区对引进法律人才发挥了筑巢引凤的作用。

法律学科的复建是清华复建文科、建设综合性世界一流大学的重要环节，我曾在多个场合强调，新时期清华文科建设的一个重要特色是与继承发展老清华文科优秀传统密切相关的。老清华文科辉煌的业绩离不开好传统。什么是老清华文科的传统？就是清华学人基于“自强不息，厚德载物”校训精神的家国情怀、世界眼光和会通理念。后来我们又发展了实事求是、理论联系实际的传统。大学在本质上是以传承创新文化为己任的功能独特的文化机构，大学人应该具有高度的文化自觉和自信。如果要说清华文科或者清华法律学科在复建中有什么不足的话，我认为主要反映在文化自觉和自信的不足。“文化自觉”是清华老学长、著名社会学家费孝通先生在 1997 年提出的概念，就是“生活在一定文化中的人对其文化有‘自知之明’，明白它的来历、形成的过程、所具有的特色和它发展的趋向。自知之明是为了加强对文化转型的自主能力，取得决定适应新环境、新时代文化选择的自主地位”。清华文科，特别像法律学科师资队伍基本组成人员多数是没有清华研读的经历，对清华的文化缺乏了解和体认。比如对于清华“自强不息，厚德载物”的校训精神体认上，一些教师不同程度上存在“自强不息不错，厚德载物不足”的问题，待人处事我行我素、缺乏大局意识和宽厚的心态，使得学院存在内在凝聚力不足的现象，甚至对于学校，某些加盟清华多年的老师的言谈中，“你们清华”成为常用的口头语，在心态上没有真正融入清华的文化。我想，我这个曾经主管清华文科，特别是筹建法律学系和法学院的具体操办人，对此是没有尽好责任的，这应该是我的最大遗憾。希望当今清华法学院的师生员工能够提高文化自觉自信，不忘复建初期许多老学长、老法律人的期望，坚持正确的办学方向，不断增强学院的内在凝聚力，并融入清华文化中，使学院成为活跃和谐、始终充满朝气的大家庭，并且能够以主人翁的态度为发展清华文化做出贡献。

访谈整理：常悦

访谈形式：书面访谈

胡显章老师简介：

胡显章，1963 年毕业于清华大学精密仪器及机械制造系，留校任教，曾任校党委副书记，校务委员会副主任等。参与清华大学文科恢复和建设的领导工作，曾任清华大学文科工作领导小组副组长，人文社会科学学院院长，新闻与传播学院常务副院长，清华大学恢复建设法律系筹备委员会秘书长、委员，清华大学国家大学生文化素质教育基地首任主任等。

李树勤：真心实意请人才，聚精会神求发展

李树勤老师：写史，一定不能脱离当时的大背景和大环境。现在你们要写法学院的复建及复建后发展的这段历史，有两本书是必看的：一本是《王大中教育文集》；另一本是《跨越世纪清华梦——王大中校长十年启示录》。在后一本成书过程中，我参加过多次讨论。这两本书提供的最大背景是依法治国方略对高素质法律人才的急需和清华大学要建设综合性、研究型、开放式的世界一流大学的目标。书中很多内容是涉及法学院的，甚至是很具体的细节。

同时，我认为写史是一件很不容易的事。特别要把握好两个方面：第一要写清楚历史事件本身；第二就是如何分析和看待历史事实。说到真实，则有现象真实和本质真实之分，一定要写出现象真实与本质真实相统一的历史。这就要求写史的人有充分的的史料、正确的历史观和高尚的品格。清华法学院最初是1929年建立的，到2019年已有90年的历史。院里决定由陈新宇教授担任主笔，我认为是非常合适的。陈新宇教授为人诚实可靠，学风严谨，做学问心无旁骛。据我所知，他这些年已经对院史做了不少研究。希望你们学习陈新宇老师的学问和为人。

清华法学院复建二十多年来是有很多故事的。包括法学院老师在内的很多老师都写过，希望你们能收集一下。比如清华百年校庆出版的《清华大学文科的恢复与发展》和法学院师生自己写的《明理情怀：清华大学法学院复建十周年纪念文集（1995—2005）》都

◀ 李树勤老师（右）

提供了很多材料。此外，对法学院复建过程中的一些关键性人物一定要采访。法学院在恢复时称为法律学系，1994年校务会议决定成立恢复建设法律系筹备委员会，规格相当高。名誉主任是最高人民法院原院长郑天翔学长，主任是时任校长王大中院士，秘书长为时任校党委副书记胡显章教授。参与具体工作的还有当时担任人文社会科学学院领导的林泰教授、刘美珣教授和朱育和教授。聘任的第一任系主任是时任全国人大法律委员会副主任委员王叔文教授，1999年复建法学院时的第一任院长是王保树教授。除郑天翔学长、王叔文教授和王保树教授已去世外，上述其他人都健在，都要采访一下。对早期来院工作的教师和最初几届本科生、研究生也要访谈。

对院内老师的采访，我特别强调以下几位要着重采访：

王振民教授：他是法学院最早的“三个半”老师之一，1994年他只有二十八岁，就参与了清华法律学系的复建。他当时是中国人民大学法学院许崇德教授的博士生，还没毕业，正在香港大学法学院访学。他得知清华决定要复建法律学系，认为这无论对清华还是对国家都是重大的事情。他主动与清华领导联系，并取得香港法律界著名人士李国能、梁爱诗的支持，建议香港著名企业家荣智健先生捐款 3000 万港币建设清华法学楼（明理楼）和在香港设立“清华大学法律系之友慈善信托基金”。为法学学科建立独立的教学办公楼，在全国高校中清华是第一家，在全国高校起了带头和引领作用，王振民功不可没。这里还有个插曲，因为王振民支持荣智健先生捐款给清华建楼，人民大学有的老师批评王振民“胳膊肘往外拧”。这二十多年来，王振民对法学院建设与发展所做的贡献，在院内无人可比。2018 年法学院第二座大楼廖凯原楼投入使用，其捐款也是王振民争取来的。更难能可贵的是，王振民在做出这些重要贡献的过程中，从未向组织、学校提出过个人的要求和条件。

马俊驹教授、崔建远教授、张明楷教授、王亚新教授和王晨光教授：马俊驹教授原为武汉大学法学院院长，武汉市人大常委会委员，知名民法学家，20 世纪 80 年代末在国内法学界就有“马法人”之称，1997 年来清华法学院工作，调入清华后即被任命为清华大学学术委员会副主任兼法学院学术委员会主任。由于马俊驹教授的人品和学术水平在法学界的影响，很多人看到马俊驹都到清华工作，认为清华法学院是个可以发挥作用的地方。也就是说，马俊驹是清华法学院引进人才的一面旗帜。从此，陆续有一批高水平的法学学者被引进到清华法学院。马俊驹教授到清华后，成功地组织了硕士学位点的申报工作和民商法学科的建设工作。崔建远教授和张明楷教授对提高民商法、刑法学科在国内的影响力、提高教学水平和形成法学院严谨的学风与科学作风起了重要作用。王亚新教授是中国第二个在日本京都大学法学院获得法学博士学位的学者，他对建设民事诉讼法学科和对日学术交流与合作方面发挥了重要作用。王晨光教授对法学院对外合作交流和国际型法律人才培养模式的创立发挥了重要作用。

采访者：请问您与法学院老师之间有哪些令您印象深刻的

经历？

李树勤老师：可以这样说，我在清华法学院这十多年，在师资队伍建设上下的功夫是最多的，因为这件事太重要了。没有一流的师资，就没有一流的法学院，也就培养不出一流的人才。到 2007 年年底我离开法学院前，法学院已有五十多名老师是我直接参与引进的，最后一名老师是冯术杰，他前脚领到住房钥匙，我后脚离开了法学院。十多年间，我和老师们之间就有了这样那样的故事，这里简单讲几个。首先要谈的是马俊驹老师的故事。1997 年上半年的一天下午，全系教师（其实就 6 ～ 7 个人）开会讨论工作。崔建远教授带来一个信息：武汉大学法学院原院长、著名民法学家马俊驹教授已调入中国政法大学，刚到北京，还住在招待所里。他认为，如果能将马老师请到清华，我们亟待申请的民商法硕士点就好办了，但恐怕难度很大。听到这个消息，我眼前一亮。我们太需要有位民商法学科的名师了！因为有一个像沉重的石头一样压在我心头的难题，就是在我来法律学系之前，学校在没有硕士点的情况下，已经在校内理工科本科毕业生中招收了两届共 22 名民商法学硕士研究生。真是“人有多大胆，地有多大产”！我来法律学系后听到这件事，真如五雷轰顶。因为硕士点是要按程序评审后，再报国务院学位办批准后才能招生的。当时，清华大学没有自行增列法学硕士点的授权，这样做是违规的，我们连申请硕士点必须的高级职称教师最低数都不够。我曾向学校主要领导抱怨说：“校领导要是早告诉我有这样的事，打死我也不来法律学系！”哪知校领导笑着回敬了一句：“就是让你去堵枪眼！”于是，尽快拿下硕士点就成了当务之急。

崔建远教授提供的信息让我捞到了一根救命稻草。我宣布马上散会，别的事情都不讨论了，请崔建远和施天涛带我立即赶往昌平的中国政法大学招待所。见到马俊驹教授后我们直奔主题，请他来清华，但遭到婉拒。马老师说：“我感谢清华对我这么看重，但应该早说。我已奉调到中国政法大学，那是我的母校。他们为我做了很多努力，解决了我全家的进京指标问题。我已到校，很快要正式工作，怎么能改变主意呢？”我不甘心，过两天又搬出校党委副书记胡显章同志带我们以学校的名义登门去请。马老师虽为清华的诚意所感动，但仍守口如瓶。后来我们听说马老师喜欢喝酒，就和崔建远、施天涛约请马老师吃饭，说不定他酒喝多了，一激动就会松口。哪知道马老师酒量比我们都大，我们都要喝醉了他还清醒得很，仍然守口如瓶。以后又接连去了几次，都是无功而返。其中，有三次连人都没遇到。特别是有一次，胡显章副书记和我们几个人在雨中等了两个小时也没见到面。按胡显章老师的说法，这是“程门立雪”。马老师事后知道这件事，感动不已，他给崔建远老师写了一封信。信中说，他对清华的诚意深表感谢。他相信清华有这种精神，一定能办好法学学科，但他本人确实不能来。浪费你们那么多时间，心里很不安，千万不要再来了。事已至此，我们也坐下来认真地分析了“形势”，感到站在马老师的角度，他确实是对的，说明马老师是一位信守做人准则、品格高尚的人。我们只向他个人“进攻”不行，必须调动各方面的力量，创造条件，特别是依靠组织，使他能“顺理成章”地来到清华大学。我们想了两个工作途径：一个是请法律学系兼职教授、武汉大学老校友王著谦教授做武汉大学方面的工作，特别是取得了马老师的前任、武汉大学法学院前院长、著名法学家马克昌教授的支持。另一个是由清华大学直接向司法部党组请求支持。最后司法部领导出面做通了中国政法大学领导的工作，决定同意放马俊驹教授到清华大学工作。我拿着清华的调令郑重其事地交给马老师，并打官腔说：“共产党员要服从组织安排吆！”马老师苦笑了下说：“你就差绑架我了。”我回答：“不是没想过，但那样做犯法，没敢干。”

再说说施天涛老师。我刚到法学院时发现有一个很年轻的教师，他是三十几岁的施天涛，是著名法学家江平先生的博士。他情绪不高，对我待搭不理。我想他一定有什么意见或困难，就抽空到他家里看他。我发现他一家三口住在筒子楼内一间不足10平方米的房间里，孩子已上小学三年级，三口人挤在一张床上。施天涛情绪非常低落，他说连个备课的地方都没有，办公室也没地方，他爱人的工作也一直没有着落。他后悔选择来清华，有离开清华的想法。我当即表示，请他放心，我一定帮助他解决困难，他半信半疑地将我送出门。我将了解到的情况向校领导做了汇报，并与人事处和房管处进行沟通，得到了他们的支持，决定在西北区为施天涛解决一套一室一厅住房，并将他爱人安排到化学系财务科工作。几天之内，我就通知施天涛去房管处取钥匙，并亲自陪同他爱人去化学系报到。施天涛做梦也没想到问题解决得这么快，他说有一种老贫农分到土地的感觉。直到现在，他还经常提起这件事。老师们私下议论，"这个李树勤还能干点实事"。他们开始和我亲近起来，有什么困难也愿意对我讲。我则有求必应，全力以赴。法学院开教师会也热闹起来，每次都七嘴八舌，出了很多好主意，对工作都主动承担。法律学系的工作开始有了转机。

将师资请到学校并不意味着引进工作的结束，最重要的是要让人才有用武之地，少后顾之忧，很多后续工作要跟上。一般地说，岗位问题不大，因为本来就是根据学科布局和岗位需要引进的人才。关键是要解决好办公条件、住房、家属安置、子女上学以及一些生活中的困难。这些看上去很具体甚至琐碎，但对于一个初到清华的人来讲，却是相当重要的。

清华办公室条件有限，只能逐步改善，一般在人才引进时就说清楚了，但我们要在现有条件下做到最好。我特别在意给老师们分房子的事。根据我的经验，老师们要什么样的房子往往是夫人说了算。所以，每次分房子，我都跟房管处先借三套校内不同区域的房钥匙（房管处一般是不愿借的，但对我特殊），然后一定请老师夫人到场，我陪他们一起挑房，直到满意为止。一来二去，院里老师夫人的名字我基本都能叫得出来。其次，尽量使老师们对办公条件满意。何美欢教授是从香港大学引进的加拿大籍教授，她对内地的大学了解一些。来清华报到时，自己准备了不少办公用品，甚至连胶水、便笺、剪刀都带来了。她一进办公室，发现房间打扫得干干净净，桌椅、书架、计算机、电话、热水瓶及各类办公用品一应俱全。她很感慨地说："毕竟是清华啊！"2005年，她在纪念清华法学院复建10周年纪念文集《明理情怀》上发表了一篇题为《一个海外华人在清华的日子》的文章。文中说："在北美工作时，也算得上是个要员，但生病时，也只能得到花店送的花。大老板亲自陪同找大夫，这是绝无仅有的事，而我却在清华得到这种待遇，这既是领导本人的优点，也是清华的优良传统。"我早年大学刚毕业后，曾被安排在工厂车间接受过两年多"再教育"，干过钳工、车工、风钻工、钢筋工、混凝土工等多个工种，还疏通过下水道。没想到几十年后，这些本领都派上了用场。有位教授家里下水道阻塞，不知找谁修，我就去帮助修好。有位教授家里热水器打不着火，我判断是电池没电了，就直接带电池去了，果然马上打着火了。有一天，一位教授很着急地给我打电话，问我哪里能找到修电视机的地方，他家电视机9天没图像了，儿子天天喊着要看电视。我问他，打开电视机开关有无反应，他说只有雪花，没有图像，我就带着改锥直奔他家，发现果然是固定天线的螺钉掉了。拧上后，电视立即恢复正常。我发现文科教授们确实不太擅长动手，自行车有点响动也去修车铺，肯定花了不少冤枉钱。老师们说："李老师不愧是学工科出身，什么都会修。"其实，我这点本事，都是"小儿科"。

采访者：您如何评价清华法学院对于学生的培养模式？

李树勤老师：我认为所谓培养模式，是办学思想在人才培养上的具体化。回答这个问题涉及复建后的清华法学院的定位和目标。复建初期也确实有过不同意见，就是要办成一个什么样的法学院。开始校内有一部分意见过分强调“特色”，认为清华在工科领域是全国最强的，因此首先要办好科技法学科，培养科技法人才。经过广泛调研，特别是听取法学界专家学者的意见，我们认识到：要办就要办成真正的法学院，也就是法学的主要学科都要强的法学院。打比方说，要成为体育大国，必须田径项目要很强。不能说仅仅马术项目是世界冠军，就成了体育大国。没有法学主流学科支撑，一个小的、具体的学科也很难办成高水平。时任中国社会科学院法学研究所所长刘海年教授说：“清华大学办法学院本身就是特色。”后来的实践证明，我们确定的“厚基础、宽口径、复合型”的培养模式是正确的，这也是由客观情况决定的。法学院刚开始的学生都是从校内其他理工专业来的，有利于实现形象思维和逻辑思维的结合，也就是进行科学与人文的融合的培养。我们要求培养学生具有较为扎实的自然科学和人文社会科学基础，再加上法学专业的教学和实践训练，从而造就创新型的法律人才。法学院培养的第一届本科生（即老法三班）2019 年正好毕业 20 周年。他们是完全按照上述办学思想和模式培养出来的。这个班 36 人，可以说是个个成才，人人优秀。既有法律界、政界的杰出代表，也有金融界、经济界的成功人士。我建议你们写院史时，对老法三班进行集体采访、专门研究。这种人才培养模式在国际上是大趋势。清华法学院在国际评估中很快进入前列，在很大程度上取决于人才培养质量。我看了几次评估结果，这一项得分是最高的。

采访者：最后，请您谈谈对清华法学院的展望。

李树勤老师：首先要坚持我们的办学理念，不忘初心，持之以恒。你看王大中校长这种恢复法学教育的思想，我们到现在都没有偏离这种思想。要做到这一条，师资队伍建设要始终抓紧不放。法学院师资队伍现在的情况值得我们自豪，我们有些年轻教师也很厉害，例如周光权，他来法学院还是我操作的，我仔细考察过了，当时我问张明楷有什么推荐人选，张明楷推荐了周光权，张明楷说这些年刑法学的博士中，周光权是最有水平的，实践证明确实如此。再如韩世远，不声不响，也是很有水平的。法学院这些老师包括王振民、黎宏、申卫星、劳东燕、王明远，张建伟、邓海峰、崔国斌、王洪亮、程啸等，他们在同龄人里面都属于拔尖的老师。

法学院师资队伍建设必须常抓不懈，法学院无论谁当书记和院长，这件事情必须书记和院长一起协力推进。清华大学法学院的水平要想提升，师资队伍的水平必须要上去。再一个是审查引进人才的委员会教授们一定是公平的、公正的，不要出现像引进何美欢教授时的情况。教授会的意见对引进人才来说是重要的参考，但能否引进应由学校最后决定。

另外，对国内外的评价、排队、名次不要看得太重，虽然我们现在排名不错，但不能陶醉其中。法学院如此，清华大学亦如此，我们清华大学应该有这个气度。曾有人问牛津大学校长一流大学如何建设，牛津大学校长说我们办学从不考虑这个问题，我们只是觉得大学该怎么办就怎么办。办来办去，别人说我们是一流大学就一流大学吧。所以不要总是把一流大学和一流法学院的口号挂在嘴上，只追求指标性的东西。尤其我们法学作为社会科学，中国与西方是有本质区别的，在技术层面上我们学习西方，但在深刻的理念层面上讲，不能随便套用西方的理论。因此我们法学院要有定力，这个定力就是要增强“四个自信”，这样，国家一旦出现风浪的时候，我们才能坚持不动摇，如郭沫若所说，“沧海横流方显英雄本色”。学校毕业的学生将来怎么样，能不能做中流砥柱，这在遇到狂风骤雨、大风大浪的时候才能看得出来。

访谈整理：翟家骏　常悦　刘书凯

访谈时间：2019 年 2 月 22 日

访谈地点：清华大学新斋

李树勤老师简介：

李树勤，清华大学法学院党委原书记。1965 年入读清华大学水利工程系，1970 年毕业留校工作。1984—1985 年任清华大学水利工程系党委副书记。1985—1990 年任清华大学教务处副处长，期间，1986—1987 年兼任清华大学招生办公室主任。1992—1995 年任清华大学水利水电工程系党委书记。1995—2002 年任清华大学校长助理，期间，1996—1999 年兼任清华大学人文社会科学学院副院长、法律学系常务副主任、党支部书记，1999—2001 年兼任清华大学人文社会科学学院党委书记、法学院党委书记。2002—2007 年任清华大学法学院党委书记。2007—2011 年任清华大学国家大学生文化素质教育基地常务副主任。

林泰：法学切莫随人后，自成一家始逼真

采访者：请您谈一谈清华法律学系复建的背景。

林泰老师：清华大学在改革开放初就已经恢复了文科建设。我是在 1983 年参与清华的文科建设工作，但当时法学复建还没有提上日程。刚开始复建文科是从马克思主义理论和思想政治教育专业起步，同时建了中文系，一些老清华学者还成立了思想文化研究所。另外，外语教研室也成立了外语系，并开始招生。在此基础上，1984 年 2 月成立了社会科学系，文科的学报大体也在此时恢复，但还没有法律学系。

恢复文科主要有两个原因：一是陈云同志的一封信，建议清华大学恢复人文社会学科。在这一点上，全校上下观点是一致的，即 1952 年院系调整把清华大学改成多科性工科大学，损害了教育质量。时任校党委副书记、副校长，后任教育部部长的何东昌也建议恢复文科。但文科恢复从哪里起步？时任校党委书记林克说："就从思想政治教育学科起步。"当时恢复文科的指导思想是"小而精、高水平、有特色"，不主张搞太多。除了恢复中文系、外语系，在马列课基础上办了思想政治教育学科，相应的党史、哲学等也都招了研究生，这些都是在原来的基础上顺理成章。也就是说，清华虽已变成了工科大学，但是公共课还在，汉语课、外语课、马列课等还在，在这基础上建文科会容易一些。当然内容上要有所变化，比如开始招第二学位生、研究生。

◀ 采访者与林泰老师（中）合影

一直到20世纪80年代末，对于要不要建立人文社会科学学院有不同的意见。有人说不要求大、求快，也有人觉得应该恢复人文社科学院，让文科更齐全。1993年，时任校党委书记方惠坚带着我和刘美珣，还有一位外语系的副主任专门到美国做了人文社会科学学科设置的考察，在他的直接领导下，1993年年底成立了人文社会科学学院。这样原来的系所扩大了，在中文系和外语系的基础上，又成立了哲学与社会学系、历史系、经济学研究所、科学技术与社会研究所等。在此基础上，校党委对办文科的指导思想发生了变化，即改成了“入主流、高水平、小而精、有特色”。因为在工作中发现，要恢复文科，想单独发展高水平、有特色而不入主流是不行的。在此背景下，学院成立后，有了新任务，就是要重建清华法律学系。时任中国社会科学院副院长、清华大学人文社科学院院长滕藤、主管文科的校党委副书记兼人文社科学院常务副院长胡显章，我也是常务副院长，我们几个人主抓法律学系的复建工作。

采访者：清华法律学系复建期间有哪些令您印象深刻的事情？

林泰老师：有几件事情需要讲。刚成立的时候，法律学系号称

“三个半人”：黄新华、张铭新、王承继，另外“半个人”是王振民。王振民是中国人民大学法学院许崇德教授的学生，后来去香港大学法律系访学，1994 年来清华大学谋职。我与他见面后，觉得他十分合适，也与滕藤、胡显章商议过，但当时他还在香港，因此只有“半个人”可以参加工作。最早滕藤希望社科院法学所与清华合建清华法律学系，谈了很多次，但出于很多原因（如师资引进等）而未能达成合建。我认为清华法律学系的发展，王振民的贡献最大，他从香港争取资金赞助了大楼和教育基金，这对于法律学系复建的起步起了很大的作用。

清华办文科有一个特点，比如中文系，成立了科技编辑专业，既有人文又有科技；哲学系招过科技哲学研究生，也有清华特色；当初清华法律学系的双学位也是这样的特色。双学位招收既懂科技又懂法律的学生，本身不算是明显的特色，美国和加拿大等国家都是如此，想要报考法律研究生，必须要先学非法学的学科，曾为学校捐过款的李启迪就是当初双学位的典型。但后来大家觉得不能只招双学位，因此开始招收本科生。1996 年我辞去了人文社科学院副院长职务，也就不再参与后来法律学系复建的工作。

我还记得当时崔建远老师从吉林大学过来，崔老师进入清华之后，就不再考虑其他院校，崔老师的人品和学问都为人称道。

法律学系复建早期的条件十分艰苦，有了明理楼之后就好了很多，现在法学院的第二个大楼也是王振民的贡献。他到了清华后，担任系主任助理、副主任，主管学生工作。当时我建议他，要在学院里当领导首先要在学术上站得住，即使工作繁忙，也一定要有自己的学术权威。后来他接替许崇德，担任香港特别行政区基本法委员会委员、澳门特别行政区基本法委员会委员，并担任法学院院长（是清华当时最年轻的院长）。当初，他也有机会去国务院法制局工作，但他婉拒了。后来调任去香港，这确实很符合他的特长，因为他在香港很多年，对法律很熟悉，而且去了之后也正赶上香港政治的关键时期，最终还立了一等功。随着港澳的回归以及未来台湾的回归，需要像王振民这样的专家来进行法律工作，解决“一国两制”中的很多法律问题。

采访者： 您对清华法学院的发展有哪些建议？

林泰老师： 现在清华法学院已经有了充足的资金，新楼里面也有很好的设施。王振民本想在新楼里办一个培训机构，给香港和世界各地的人进行法律培训，但未能如愿。实际上，这样的培训机构是十分必要的，现在校港澳台办经常来培训，目前这个工作主要由继续教育学院负责。但法学院更需要进行这方面的培训，培训效果可能会比继续教育学院更好一些，毕竟二者的发展理念不同。我建议港澳台的法律培训、国情培训等都应该放在法学院，而不是继续教育学院。因为如果放到法学院，就有可能打造成法学院的学术品牌，但如果是在继续教育学院，可能就不会产生过大的影响。

我国法律需要改进的地方还有很多，目前港澳台就有很多法律问题，都需要解决。譬如在香港，“港独”分子闹事，警务处给抓了，法院又给放了，法院的司法权不在爱国爱港的人手里。我建议全国人大常委会通过决议专门建立宪法法院或“一国两制”基本法法院，涉及“一国两制”基本法中“一国”的主权、国家安全等问题不能由香港地方法院审理（他们只能管香港本地的法律）。类似这样的问题还很多，法学院一定要在这方面发挥作用。我建议由王振民牵头，成立一个关于港澳台法律推进的研究部门，发挥国家智库作用。习近平总书记的讲话指出台湾回归后要尽量保持台湾的现状，这期间的法律衔接十分重要，法学院也应该努力去参与、做出自己的历史贡献。清华法学院应该做好相关的工作（培训、学术交流、智库建设等），全方位地打造法学院的品牌，在全国各个法学院中争当龙头，现在也具备这样的条件，这将是一个非常大的特色。

这不仅是一项事务工作，而且是学术品牌，也应是清华法学院最主要也最有优势的特色。

另外，我觉得清华法学院应该在知识产权法方面多做一些贡献。清华大学的工科背景很明显，因此法学院如果能利用好清华大学这一优势，很容易出成果。现在与网络、科技等相关的法律纠纷非常多，可以多做一些。

采访者：最后，请您谈谈对清华法学院的展望。

林泰老师：有一个问题不仅是清华需要面对的，国内各个法学院都需要面对，即老百姓不愿意面对诉讼。在我国的传统里，权大于法的传统是非常明显的，毕竟是从封建社会走来，司法是从属于行政的，即使封建社会里最出色的法官包拯也首先是行政官员，司法与行政不分。现在强调司法与行政分开，但真正落实起来会非常难。要既能管得住老百姓，又能管得住政府，必然是一个非常大的难题。最近有一部电视剧叫《因法之名》，主要讲的就是无罪推定，推翻冤假错案。过去是疑罪从疑，现在改成了疑罪从无。在我国，如何让法律管得住权力非常重要，这不仅是清华法学院需要关注的，而且是所有法学院都需要关注的。要想真正发挥法学院的智库作用，说起来容易，做起来会很难。

当初筹办法律学系的时候，我们对法学院有很多的憧憬。确实，法学院是清华近些年里发展最快的学院之一。我 1999 年退休，当时清华法学院已经成立，我还是回到了马克思主义学院，这个学科是我的归宿。我虽然已经很多年不做法学院的相关工作，但是对法学院依然很有感情。我希望清华法学院越办越好！

访谈整理：南凯　路旸

访谈时间：2019 年 5 月 7 日

访谈地点：林泰老师住所

林泰老师简介：

林泰，1955 年毕业于清华大学建筑系并留校任教。曾任清华大学党委宣传部常务副部长、人文社会科学学院常务副院长、当代中国研究中心主任等。参与清华大学文科恢复和建设工作，曾任清华大学恢复建设法律系筹备委员会委员。

刘美珣：中西融汇，古今贯通

采访者：请您谈一谈清华法律学系复建的背景。

刘美珣老师：清华的文科复建是从 1978 年开始，学校对文科的态度是非常积极的，总体上也十分稳健。而清华的文科建设，我认为主要有两个阶段：第一个阶段是 1994 年之前。清华大学从 1952 年之后就基本上不发展文科了，但是还保留了两支队伍，即马克思主义理论队伍和外语队伍，因为马克思主义理论和外语是公共课，所以一定要有，此外的文科都被拆分到了其他学校。1978 年起文科

◀ 采访者与刘美珣老师（中）合影

复建，最早发展的是经济管理学院，因为改革开放，经济是第一位的。由此可见，复建文科绝不是为了复建而复建，而是与国家发展有着密切的联系。随后，外语系、语言文学系等相继建立，1993 年年底成立了人文社会科学学院。我认为，到此时属于第一阶段，也是我们通常理解的人文社科。

1994 年，清华的文科建设进入了第二阶段。之所以产生这样的转折，是因为当时国家提出了“211 工程”。对此，我们的规划明确提出要发挥清华的工科优势，同时加快理科、文科的发展。即我们的恢复、转折，不是简单的恢复，而是致力于建设一流的综合性大学。1993 年年底人文社科学院成立前，为更好地做好各项筹备工作，方惠坚书记带领林泰、我以及外语系的一位老师一起去美国，考察芝加哥大学、华盛顿大学等六所学校。考察的明显感受便是国外的很多大学都是综合性大学，这也与大学固有的使命契合。大学应当培养高水平人才，为国家的发展服务。因此，1994 年成为重要的转折，建设综合性大学成为清华的发展方向。此时的文科也就成了“大文科”，覆盖范围更广。

人文社会科学学院成立于 1993 年年底，而法律学系复建于 1995 年 9 月，距离人文社会科学学院的成立仅有一年半的时间，可见学校对法律学系复建的重视。当时的复建工作主要有两个特点：一是学校高度重视、全力配合；二是定位高，要建设国内最好的法学院。

关于“高度重视、全力配合”，当时在校党委领导下成立文科工作领导小组，其成员全都是校级干部，胡显章老师也是直接代表校党委，所有的领导都给法律学系复建提供了很大的帮助。也正因此，后来的法律学系主任、法学院院长，也总不忘当初人文社会科学学院的帮助。关于“建设国内最好的法学院”，当时主要从以下三点做起：第一点当然就是达成共识，即建设顶尖法学院不能奢望一步到位，但方向一定不能错。在法律学系的学科设置上，一定要有长远的考虑，而不能只是拍脑门。如今法学院的二级学科已经十分齐全，这也是当初规划的落实成果。第二点就是引进人才，要引进当时全国最优秀的学术带头人。我们当初在国外进行访问的时候也明显发现，一个学校、一个专业一定要有学术带头人。有了，成效快；没有，成效慢。最先引进的是崔建远老师，当时他已经有了青年法学家“四小虎”之称，他到了学校之后就直接担任人文社科学院的学术委员会委员。崔老师不仅学术好，人品也十分出色，至今都令人印象深刻。学术固然重要，但越发展，人品的作用就越大，这样的学术班子才能团结，否则只能是一盘散沙。而后，马俊驹老师、王保树老师等当时已经享有极高声誉的学者也都加入。全国最优秀的法学学者聚集，一大批高水平的学术带头人为清华法学的发展打下了坚实的基础。第三点就是人才培养。法律系从筹建到发展都很有前瞻性，即从筹建开始就努力申请硕士点。当时采取的办法是借点招生，即在人文社科学院中大胆地突破常规思路，培养中国特色社会主义法治建设的硕士研究生。第一个学生就是现在于国家开发银行工作的李启迪。清华 1995 年才复建法律学系，但李启迪 1994 年就已经来学习法律，当时招他进来，正是希望通过他为法律学系的发展提供一些机遇。为此，学院当初也花了很多精力调整培养方案，让他既学习法律类课程，也学习其他社科类课程，而且很多法律类课程都是通过学校沟通，让他去北大法律系修习。对于这一情况，确实很多人提出过异议。可实际上，这个思路虽然打破常规，但确实是符合学校相关制度规定的，这在很大程度上也体现了当年清华大学对于法律学系复建的高度重视。

近些年来，清华法学院发展十分迅速，这并非自吹自擂，而是得到了学界的广泛认可。而其重要原因，也正是以上三点。

采访者：您对清华很多学院的院史都深有了解，您觉得院史研究工作有哪些需要注意的地方？

刘美珣老师：校史、院史、系史都是非常重要的事情，对于展现风貌、凝聚情感大有好处。但现在很多学院的院史都写得不太令人满意，他们只是把院史工作当成了任务，而并没有付诸情感。编写院史有两点需要注意：一个是尊重事实，另一个是进行提炼。院史不在于多，不在于细，而在于精，因此前期调研工作一定要做好，不同的资料来源相互印证，从而保证事实的准确。在掌握大量事实的基础上进行提炼，既有情感上的升华，让院史更加具有人文关怀，也要注重呈现方式，简单明了有主线，而不应是单纯的事实堆积。

采访者：您认为清华法学院应当如何发挥自身的特色？

刘美珣老师：法学是一个很有难度的学科，既有学术，又有实践。清华法学院要发挥特色，一是坚持学科本身，二是探索如何为现实服务。我对法学学科的了解不多，但我觉得从理论到实践，法学都要努力思考，如何把人治变成法治，这也是目前各个法学院面临的共同难题。制度是一定要有特色的，但不能只强调特性而忽视共性。在院史中也是如此，院史不必写得过于细致，但很多共性问题需要了解。

中西融汇、古今贯通，各个学科都要坚持。我有时候也觉得，我们这一代人读书不多，思维受到很大的限制。近些年来大师越来越少，可能就在于这几个字。“中西融汇”是讲中国的事和外国的事都要了解，我们当年就陷入了“凡西必批”的误区，这也是当初特定历史时期的思想产物。“古今贯通”是讲古代的东西也很重要，讲历史其实也就是在讲当代史。我国历史上讲人治，但当时发展得也挺好，这就很值得思考。西方国家的法治程度较高，我们也要好好研究，特别是从其国情出发努力借鉴，并发展好我们的特色。

中西融汇、古今贯通，这样人的视野就会十分开阔。当年，很多清华的大师们都有非常多的留学经历。我们不应该非黑即白或者非左即右，即越读书越明白很多问题都是辩证的。在这一点上，马克思主义的科学方法论十分值得学习。因此，一定要把握好大方向，做一些前瞻性的研究，为中国现代化法治国家的建设做出贡献。现在即使国内普通老百姓也很关注这些问题，高水平的知识分子更会对国家的前途命运有更高的见解。

访谈整理：南凯　路旸
访谈时间：2019 年 5 月 21 日
访谈地点：刘美珣老师住所

刘美珣老师简介：

刘美珣，1961 年毕业于清华大学热能工程系并留校任教。曾任清华大学校学术委员会委员、校学位委员会委员，人文社会科学学院常务副院长、经济学研究所所长。参与清华大学文科恢复和建设工作。

王承继：清华恢复法学教育的先行者

采访者：20世纪80年代初，您在清华大学率先开设《法学概论》课程，在您看来该课程的开设有着怎样的契机？

王承继老师：我从哈尔滨来到中国人民大学法律系学习，1959年本科毕业后被分配到清华大学哲学教研室，教授马克思主义哲学。党的十一届三中全会后，国家重视法制建设和法学教育，我向领导提出在清华恢复法学教育。清华那时候还没有系统的法学教育，校内具有法律知识背景的老师特别少，而且哲学老师也比较紧缺，所以我就在教授哲学课程的同时，在全校开设公共选修课《法学概论》课程。

采访者：1985年清华大学经管学院成立经济法教研组，由您担任教研组主任，教研组的教学与研究工作有哪些特点？

王承继老师：1984年清华大学成立经济管理学院，1985年我在学院创办经济法教研组并担任主任，教研组起初只有三位老师，后来逐渐发展成了几十位老师。经济法教研组在经济管理各专业和全校本科专业开设法学类课程，讲授与经济相关的法律知识，开设的课程有《经济法概论》《涉外经济法》等，大部分的教学内容是由我设计的。清华大学开设经济法相关课程可以说对全国的法学教育产生很大的影响，后来成立了中国高等工科院校经济法研究会，由我担任会长。在理论教学的同时，我的法律实践也比较丰富。1979年我作为海淀法院全市的第一个人民陪审员参加了海淀法院的审判

◀ 采访者与王承继老师（中）合影

工作，当了六年的人民陪审员，1987年以来我也四次当选北京市海淀区人大代表。我一直与法律相关单位保持联系，并经常给他们讲授法律课程。

采访者：您对清华法律学系的复建有哪些了解？

王承继老师：黄新华老师是我的学生，我鼓励他参加法律学系的复建工作。我也与参加复建工作的胡显章、林泰、王振民等老师有联系。

采访者：最后，请您谈谈对清华法学院的展望。

王承继老师：我希望清华法学院越办越好，有机会的话我也希望回到学校，去法学院走一走、看一看。

访谈整理：杨同宇　翟家骏

访谈时间：2019年10月16日

访谈地点：王承继老师住所

王承继老师简介：

王承继，清华大学经济管理学院教授，原经济法教研组主任，曾任中国高等工科院校经济法研究会会长。20 世纪 80 年代初，王承继教授率先在清华大学开设公共选修课《法学概论》，这是清华恢复法学教育的开端。在担任经济法教研组主任期间，王承继教授也推动开设了《经济法概论》《涉外经济法》等课程。

刘海年：了解历史，放眼国际

采访者：您为清华法学院复建提供了很大帮助，请您为我们介绍一下当时复建的情况、您参与的工作以及印象深刻的经历。

刘海年老师：我的看法是：清华法学院复建是历史发展的必然，是我们国家改革开放的产物。

从大的方面说，依法律来治理国家是历史发展的经验，也是历史发展的必然。我们以往讲历史发展时，不少是文学艺术化、以戏说方式传播，多见帝王将相，很少讲法律。其实真实的情况与我们现在看到的小说、影视剧不一样。作为一个有五千年文明、三千年文字记载没有中断、史料大量保存、历史悠久的国家，在世界上独树一帜，国家法律治理自有一套传统。不论哪个朝代，要把国家治理好都要重视法律。

中国共产党在革命根据地时期就依需要制定了多项法律。新中国建立，国内百废待兴，面对帝国主义封锁，经摸索一段时间以后，尤其是“文革”后，得出的经验教训就是必须重视法律、法治和法律人才培养。党的十一届三中全会提出解放思想，改革开放，加强社会主义法制，健全社会主义民主，保障人民权利。这正是当时人民群众的要求，是社会经济、政治和文化发展的要求。我们作为知识分子，写文章呼吁民主和法治，只是顺应历史发展的潮流，反映时代要求和人民群众的期望。为了加强社会主义民主和法治，就需要法律人才。

◀ 采访者与刘海年老师（左）合影

1979 年我和我们研究所的王家福、李步云参与了《中共中央关于坚决保证刑法、刑事诉讼法切实实施的指示》文件起草。当时一位中央领导同志带着我们把“文革”前与“文革”中三十年的法制历史梳理了一遍，得出的结论就是国家要依法治理。文件第一次提出实行社会主义法治、取消党委审批案件，强调公安机关、检察院、法院三机关分工负责、互相配合、互相制约；要求切实实施刑法、刑事诉讼法等各项法律。加强社会主义法治需要干部，大体算了算，缺口很大。因为从 20 世纪 50 年代末到 60 年代，我们法学院校的招生规模大大缩小，不仅如此，培养的人好多不是到了政法部门，而是分散到其他系统去了，所以政法机关缺少人。为解决政法干部缺少这一问题，中央有个精神，就是动员原来学习法律的人员归队，但是归队也不够。我们这样大的国家，像中国人民大学、北京大学每年招生的人数少，政法院校全国就那么几个，招生数量也不多，不能适应需要。

还要注意一个背景，“文革”结束以后实行改革开放，实事求是地提出我们国家处于社会主义初级阶段，并将长期处于社会主义初级阶段；提出“建设有中国特色社会主义”，发展社会主义市场经济。这都是对马克思主义的发展。法学界很快提出社会主义市场经济是法治经济，必须依据法律运作，市场才有秩序。不论是市场主体，还是市场运作，都要遵守法律。法律和经济更加紧密地联系在一起了。这样一来，法律人才不仅政法机关需要，经济部门需要，企业以及法律服务部门也需要，需求量很大。在这种情况下，法学专业招生就需要大大增多。20 世纪 50 年代，年轻人有个说法是：“男学工女学医，学政法的没出息。”但是“文革”结束，随着社会主义市场经济的发展，法学成为“显学”，很多院校开始办法律系。下面我们来谈清华大学。

清华大学不是一般的大学，在我们国家的大学中是排在前列的，也可以说是数一数二。清华原设有法学专业，20 世纪 50 年代院系调整，法学专业被撤销合并，清华成为工科大学。随着形势发展，清华考虑要办成综合性大学，觉得应该恢复法学教育。清华是个老学校，有悠久的历史，有很好的校风，培养了不少高素质人才。很多人毕业后在国内外发展，做出了突出成就，成为享誉世界的著名专家，学校的名气很大。在全国都重视法学教育、发展法学的形势下，清华从工科向文理工科综合性大学扩展，就必然考虑到法学。清华法学教育原来也有基础，院系调整前的那些老教师、那些人物，不论在国际上还是国内都很有名气，所以恢复法学教育既是时代要求，也有历史基础。我们国家需要法律人才，不仅需要一般的法律人才，更需要高层次法律人才，形势把清华推到了前面。清华需要有所作为，这样领导就提出了恢复法学教育。

想加快速度恢复法学教育有一定难度。当时提出了一个办法，就是与中国社会科学院法学研究所合作。我当时是法学所所长。原国家教委副主任、清华党委原副书记、副校长滕藤那时任中国社科院副院长、清华人文社会科学学院院长，他与时任清华党委副书记、人文社会科学学院常务副院长胡显章提出建议，由我兼法律学系主任，法学所的研究人员兼法律学系老师。这个办法是个思路，但是当问题摆在我面前时，我要与领导商量，还要与法学所的同事商量。开始认为是可以考虑的，法学所有各个方面的研究人才，清华法律学系需要老师，但是当时法学所工作繁忙，清华那里复系工作也会很多，两方都很忙。另外，长期搞研究的学者对研究生教育还能适应，本科生教育可能就有一定问题，要系统地讲本科生能够接受的内容，对研究人员来说有难度。社科院之前曾有经验，针对“文革”后招的一些一般辅助人员办过一个职工业余大学，对中文专业的本科生要讲文学史，讲到巴尔扎克，在文学史中可能只讲几个课时，讲一堂课就结束了，但是让研究巴尔扎克的研究人员来讲也许能讲两天，讲一个礼拜都行。不少研究人员教本科生有一定难度，最后还是到师范大学请老师。这方面我也有经验，80 年代我到北大给研究生讲先秦法制，讲云梦秦简，从战国商鞅讲到秦始皇时期的法律。讲了以后，有北大的老师对我说，讲课信息量非常大，对研究生来说非常好，传达了很多过去不知道的信息，但是你对学生讲的一讲我们最少要分成三讲。你讲的研究生能听懂，把知识能贯通下去，但是对本科生讲不一样，他们要对各种概念、历史事件有一个思考的过程，讲课太快，学生不容易接受。这件事再加上我们办职工大学出现的问题，让我认真考虑那个提议合不合适。考虑到一方面我本人到了清华会有大量的组织工作要做，另一方面科研人员从研究到教学转换可能也难以适应，所以让我兼任系主任不可取。最后想的另一个方案就是让王叔文任系主任，他是我们这里一位已经退下的所长。这就是清华法律学系正式建立前我首先接触的一个问题。

另一个问题是招聘老师。提出到清华兼职不久，我曾考虑如果去兼职的话会遇到比较复杂的情况。清华恢复建立法律学系，会在国内和国际上引起很大关注，各方面优秀人才都会争相应聘。许多人才都很优秀，但是组织在一起很难避免不适应。所以，我就考虑如果去的话怎么形成好的团队、形成梯队：高层次、中等层次、相对年轻层次的人才如何很好地结合起来，这是我在研究所当领导的经验。清华也是这样，如果大家都是各个方面的专家，年龄、水平大体相当，他们来自的各个学校传统不一样，汇在一起之后如何和谐相处。不过我又考虑，清华本身传统良好。我是 20 世纪 50 年代末开始接触清华的，60 年代读研究生时经常到清华，我当时的女朋友也就是现在的妻子在清华读书，这使我对清华的学风有所了解。清华的传统虽然不是完美无缺，但还是比较好的。它能够把四面八方来的人才凝聚起来，能在清华原有传统影响下在法律学系形成新的传统。后来，社科院很快考虑要我去兼任政治学研究所所长，这边事情进一步增多。不过因为关心清华，我还是和其他同志一起参加了清华法学院复建的一些筹备工作。

清华做法律学系筹备工作的同志，像胡显章同志等有很强的事业心，这很难得。他们开始设想的方案是：小步走，小而精，有特色。当我一起参加讨论的时候，提出清华法学教育将来有特色很好，精干也很好，但必须是在整个教学过程中形成。清华法律学系要培养高端人才，就要有一定的规模，要亮出牌子、大步走。1981 年我们去日本访问了解，经济发展需要高端人才，不少人才往往是偏重于工匠型的。但是为了培养更高端人才，必须有良好的基础教育，国家需要有一批好的大学来培养，清华应该被划到这个范围内。清华培养高端人才还有一个条件，它在“文革”中也乱过一阵子，但是没有散，一些老教授（尽管非法学专业）虽然遭批斗了，但是仍然在学校，如果散了之后再聚集在一起麻烦就多了。老教授的优良品德、严谨学风对于复建能产生良好的影响。从学生来讲，清华门槛高，招进的学生文化素质就高些。在这样的情况下，清华就能培养出高层次法律人才。基于这个，我提出第一要亮出牌子，第二要打好基础，第三要有一定的规模。虽然不能与各政法大学招生人数比，但是要有一定的规模，这样才能选出人才。规模小受限制，所以要迈大步。这个意见当时没有被认可，后来谈的时候也被认为说得有道理。还有，清华有一批校友在国外发了财，有名气、有实力。这种情况下法学院一亮出牌子，会得到更多的支持。我曾参加了明理楼奠基，除了国家投资之外，可以看出外界支持的作用也很重要，所以要亮出牌子。当时我主要是对清华办好法学教育有信心。

我没有做过什么贡献，去做过几次报告，印象比较深的是，有一次讲改革开放与社会主义法治，结束后有个本科同学跑来对我说您刚才“阐明”的“阐”字发音不对，我挺高兴。讲过的一两次课是社会主义法治理论，不是法制史方面的。

后来遇有比较优秀的人才，我都向清华推荐，民法专业的崔建远老师、法理学专业的江山老师我都推荐了。清华当时也想来我们研究所请一些研究人员，我不大同意。不过后来发展社会主义市场经济，资源由市场配置嘛，那就没办法。王保树、高鸿钧、苏亦工老师都去了。

还有一点要说明，据了解，我曾经担心的团队问题并没有发生。对法学院建设，院党委原书记李树勤老师做出了很大贡献。好的团队要有党组织好的领导，才能培养出社会主义国家需要的高端人才。王振民老师当时虽然毕业不久，也发挥了很好的作用。

采访者：您有哪些研究心得可以与青年学子们分享？

刘海年老师：培养高水平法学专业学生，要学好理论和历史，打好理论与文化基础。当年我们到日本考察，日本教科书第一章都是这一门功课的历史。要重视法理学和法律历史。此外，各个部门法专业也要了解本学科的历史，这样才能对该部门法加深理解，根深才能叶茂。基础扎实既能够向更高层次发展，到实际工作中也有更强的适应能力。我本科学法律，研究生阶段研究唐律，后来又研究秦简，了解到两千多年前的秦律：在农业方面规定了水利、环境保护；手工业方面规定了新工人培养，产品质量监管；商业方面规定了一般等价物和其间比价与市场管理；司法方面不提倡刑讯人犯，凡刑讯要在口供中加以说明，审判案件发生错误要追究审理者责任等。我们国家当时的法律非常严密，先进程度令人惊叹。古代法治文化很长时期走在世界前列，有效促进和保障了中华文明发展。现在我们学法律，既要传承中华法律文化，又要吸纳人类文明进程中的优秀成果。

后来我从法律历史转到法治、人权理论，得益于对历史发展的了解。以上是我个人的经验认识，不足为训。现在，尤其是时代发展了，情况变化了，客观形势提出了更高的要求，不过学习要打好理论、文化和思想基础还是重要的。

采访者：您对清华法学院这些年来在教学、科研、育人等方面的发展有哪些评价？

刘海年老师：我现在接触的清华法学院的老师素质都很不错，都是学有成就、优秀的人才。他们到清华，或是仰慕清华，或想到北京，抑或是因为待遇而来。据了解，清华法学院老师们的事业心是强的，学术方面是活跃的。我希望并相信清华法学院一定会进一步加强团队精神，将教学做得更好。团队精神需要核心人物主导，大家共同努力。刚才我说了，李树勤书记在复建法律学系、法学院和团结教职员工过程中发挥了很好的作用，王叔文、王保树、王晨光、王振民和现任领导也都为学院建设做出了自己的贡献。

清华法学院内部没有分设教研室，这是一个试验，成功的方面与不成功的方面都需要进行总结。总之，要不断地总结、改进，才能形成清华的特点，形成良好的学风。清华法学院毕业生的素质，我听到的反映多是赞扬，希望继续努力。

采访者：最后，请您谈谈对清华法学院的展望。

刘海年老师：有些问题刚刚已经谈到了，清华法学院的本科生要加强基础教育，要立足中国、放眼国际，在比较学习过程中不断提高。高素质人才不仅仅是与国内衡量，还要与国际比较。在中国加入 WTO 之前，我在一次会议上指出，WTO 不仅适用大陆法，还有英美判例法。我们要提高水平，就要在现有的基础上大量积累当代知识，才能适应形势。苏联有个电影名为《莫斯科不相信眼泪》，WTO 法律服务也不相信眼泪。我们必须奋进，要培养我们自己的、为之服务的人才。但现在我们很多官司还是要请外国律师打，应逐步改变这种状况。清华大学、北京大学、中国人民大学这些有名的大学要培养高素质人才，不应该满足于在国内是先进水平，要放眼国外。我们是大国，在法律服务上要与我们国家的地位相称。要问我对清华法学院有什么期望，这就是我的期望，也就是说要为中华民族伟大复兴、构建人类命运共同体培养国际化的人才。为此，要提高法律文化自觉。这就是要看到自己的优点，也要看到自己的不足；要看到别人的不足，也要看到别人的长处。我们要克服自己的不足，学习他国的长处，以马克思主义为指导，确定发展方向。我们这样一个统一的多民族国家，有自己的文化传统，有些制度在别的国家适用，我们却不能照搬。比如，不能照搬美国和西方国家的民主制度，不然我们国家将会发生混乱。清华法学院培养人才就要有这样的指导思想，如此才能培养出我们自己的高水平专家。

还有一点，根据我自己的体验，就是我们在国际场合要不卑不亢，要有自尊。我这么多年在国内外主持过三十多场国际学术研讨会，有时会发生一些突然事件，这时要是不作适当回应就会影响自己的人格，影响国家的尊严和声誉。如对方行为无理、出言不逊，涉及原则问题，要按照有理、有利、有节原则予以回应，以维护国家与民族的尊严，这也是我对清华法学院培养人才的期望。1991 年我访问哈佛大学，在哈佛东亚文化研究中心人权中心联合开座谈会，我们是去考察、借鉴人权保障的有益经验。当时的人权中心主任斯坦纳教授表示欢迎，我说明来意之后，有个人在会议开始未按议题介绍美国情况，却站起来质问：不知道共产党领导下无产阶级专政的中国有什么人权可言！这时我必须回应，不然就被动了，很可能转移会议方向。我问那位先生，不知道你到没到过中国，读没读过中国近代史？你没有到过中国，没有读过中国近代史，那么说明你缺少知识，如果你到过中国，了解中国近代史，那你的发言就带有成见，远离中国实际。会议休息的时候，人权中心主任斯坦纳向我表示歉意，解释说刚才的发言人不是美国学者，是外国来哈佛进修的，并说您显示了很好的风度，说话严厉，但却面带笑容。我这个人从小在部队，喜怒哀乐溢于言表，称赞我当时表现有风度言过其实，说明我对那人的应对斯坦纳是支持的。休息中苏珊（中文名字罗凤鸣）女士来了。她是前总统罗斯福的外孙女，也是麻省州长夫人。一进会场就引起人们注意，她很热情，说翻译过我的文章，能见面很高兴。此时大家的目光都聚焦在我们身上，我会上的应对和苏珊女士对我们的友好使座谈会再开始时的气氛就不一样了。我们在哈佛活动了一天，颇有收获。当晚苏珊女士和两位研究中心主任设宴招待我们一行。这只是一个故事，类似的事情可不止一两次。事实说明，遇到此类事件做出适当应对，能赢得包括外国学者在内的中外人士的尊重。总之，希望清华法学院的同学们要思想开阔，在校扎扎实实做学问，不能满足只在中国范围内是优秀的；要放眼国际，对外交流要有风度，保持民族尊严，让清华声誉在国内外更加响亮。

清华法学院复建，我只是参加了一些商量、讨论，并没有做什么实质性的工作。清华大学和清华法学院有关领导却一直不忘，不少活动请我参加，这彰显了清华的良好校风和法学院对良好校风的继承与发扬。我由衷地祝福清华法学院全体师生在新时代中国特色社会主义建设中做出更大贡献!

访谈整理:尹子玉　乞雨宁

访谈时间:2019 年 3 月 15 日

访谈地点:刘海年老师住所

刘海年老师简介:

刘海年，1964 年毕业于中国人民大学法律系，后至中国社会科学院法学研究所工作，1988 年任研究员，同年 8 月任法学研究所副所长，1993 年任所长，1995—1998 年兼任政治学研究所所长。现为中国社会科学院法学研究所研究员，人权研究中心名誉主任，荣誉学部委员，研究生院教授，马克思主义研究院教授。清华法学院兼职教授，中国政法大学人权研究院特聘教授，国家法官学院兼职教授。中国法学会网络信息法研究会名誉会长，中国法律史学会学术顾问，中国人权研究会顾问。1992 年起享受国务院政府特殊津贴。荣获中国法学会第二届“全国杰出资深法学家”荣誉称号。

陈弘毅：见证拔地而起的明理楼

陈弘毅老师：具体是1994年还是1995年我记不太清楚了，那一年我第一次来清华，在我的记忆中，当时我见到了林泰老师、黄新华老师。新宇老师，你认识黄新华老师吧？他是不是20世纪90年代中期就已经在清华了？

陈新宇老师：是的，他之前是在清华经济管理学院，然后才调到法律学系，当时法律学系初建时有“两个半人”的说法，“半人”说的是王振民老师，他当时还是在读博士生，“两个人”指的是黄新华老师和张铭新老师。

陈弘毅老师：我在20世纪90年代中期第一次来清华的时候还没有见到张铭新老师，他应该比黄新华老师晚来清华。

陈新宇老师：对，张铭新老师是从武汉大学调过来的。

陈弘毅老师：我印象里当时还有一位清华的党委副书记。

翟家骏：您说的是胡显章老师吗？

陈弘毅老师：正是他，据我了解，他是很好的老师，与学生关系非常好。20世纪90年代中期的时候香港还没有回归，1993年王振民来到港大当访问学者，他在我们学院做过研究助理的工作。

陈新宇老师：1995年清华法律学系复建，您是清华法律学系复建的重要推手。

陈弘毅老师：当时我介绍了几位朋友给王振民，有梁定邦、李国能、梁爱诗等人。后来成立了“清华大学法律系之友慈善信托基

◀ 采访者与陈弘毅老师（左二）合影

金”，最初的信托人有李国能、梁爱诗和我，我记不得有没有梁定邦或其他人了，这个基金的钱是李国能找来的，他在香港赛马会的一个朋友是荣智健，李国能就找荣智健，他向荣先生建议捐钱来建设清华法学院的第一栋楼（即明理楼）。

陈新宇老师：这也是国内法学院第一栋独立的大楼，特别感谢您！

陈弘毅老师：这个基金的钱只是一部分用来建设明理楼，另外一部分用于支持与赞助清华法学院的活动，例如访问学者的经费，小型出版物的出版经费。基金的主要工作由李国能主持，他当上大法官之后仍然在做，几年前才退下来，我也不确定他现在是否还是信托人，但他现在仍然会参与一些工作。

陈新宇老师：清华法律学系复建的时候您是港大法学院院长吗？

陈弘毅老师：我当时是港大法学院法律系主任。王振民 1993 年刚来的时候，我还没有当系主任。王振民是他的导师许崇德老师推荐来的，当时的系主任是 Raymond Wacks 教授，他在 20 世纪 80

年代末和 90 年代初是法律系主任，许崇德老师向 Raymond Wacks 教授推荐王振民作为访问交流的学生。我从 1993 年 7 月开始担任法律系主任，但我记不得王振民来港大的具体时间了，只记得他是在我当系主任之前来的。我还记得在明理楼还没有建好的时候，王振民带我到建筑工地上看过。

你们做清华法学院院史项目是很有意义的，我们也正在做港大法学院历史的研究。港大法学院 1969 年成立，2019 年刚好是 50 周年，我们找了一位专门研究香港法制史的学者 Christopher Munn 来为我们写法学院的历史，这本书将会于 2019 年 11 月由香港大学出版社出版，这位学者写过另一本关于 19 世纪香港法制情况的书。关于我们法学院历史的这本书最初是我们的 Michael Hor 院长和我建议去做的，有些老师觉得太花钱了，但我们觉得这很有必要。

黄飞翔：您如何看待和评价清华法学院的复建？其成功的经验有哪些？又有哪些问题和不足？

陈弘毅老师：我觉得当时要聘请最优秀的老师来清华法学院任教，这是比较有挑战性的事情，是不容易做的，但清华法学院在这方面做得比较好。当时王振民的外号是“王挖人”。

陈新宇老师：哈哈，那何美欢教授是不是您推荐，然后王振民老师向清华这边推荐的？

陈弘毅老师：不是，我也不想推荐，我们不想让何美欢老师离开港大，因此不是我们推荐的。我记得有一些后来加入清华的老师是王振民在港大的时候认识的，例如行政法专家于安，他当时在港大是访问学者，王振民认识了他，后来他就被聘请去了清华。

陈新宇老师：于安老师现在任教于清华公共管理学院，他已经不在法学院了，但他是清华法学院较早的资深教授。

陈弘毅老师：我记得清华法学院第一任院长王保树老师访问过港大，他以前是在中国社会科学院法学研究所，后来他访问港大时，我向他推荐与港大的专业进修学院（英文简称：SPACE）合作办学。还有冯象老师，我的印象比较深，他原来在我们法学院教书，后来到了清华。总体上，我同清华法学院的部分老师有着比较多的交往，他们有些是在去清华法学院之前就已经与我有交往了。例如王晨光老师，他之前在香港城市大学任教多年，后来他去清华，还当了院长。还有林来梵老师，他之前也在香港城市大学，我当时就认识他了。

陈新宇老师：那林来梵老师后来到清华是不是王振民老师在香港的时候联系的？

陈弘毅老师：应该不是，林来梵老师是从香港城市大学到浙江大学，再从浙江大学到清华大学。再例如江山老师，我与他认识比较久了，2018 年 12 月我们举办过东亚法哲学大会，江山老师也参加了。有一次张伟仁老师来北京讲学，是江山老师负责接待，我当时刚到北京，便和他们一聚。我也认识比较早的就是清华法学院的崔建远老师。再者，由于我研究《香港特别行政区基本法》，所以与程洁老师也有比较多的联系，她多次来过香港。还有高鸿钧老师，他在社科院法学所的时候我就认识他了，好像是王振民老师介绍给我的。还有高其才老师、苏亦工老师，当时我们法学院有一个以“Leslie Wright”命名的基金项目，Leslie Wright 是位在香港执业的大律师，他专门捐了一笔钱支持我们与内地学者的交流，在基金成立初期赞助了苏亦工老师来访港大，他接受基金的资助展开香港法律的研究，他好像来了两次。许章润老师我也认识比较久，有一次他在清华举办首届世界华人法哲学大会，邀请我作为发起人之一。我认识的清华法学院其他老师还有何海波、屠凯、聂鑫、刘晗等。

翟家骏：我们知道您在 2010 年出席了清华法学院复建 15 周年座谈会，那么关于清华法学院发展过程中的重大事件和会议，您还有哪些印象深刻的经历？

陈弘毅老师：我印象比较深的是去清华法学院至少作了两次讲座，都是在模拟法庭，有一次是我被聘请为清华法学院的客座教授时作的讲座，我不记得是哪一年了，另外一次是中国法学会举办的关于法治的活动，当时还邀请了李步云教授和我一起担任主讲人，好像是 2012 年左右。

陈新宇老师：那个应该是中国法学创新讲坛。

陈弘毅老师：是的。关于清华法学院发展过程中的重大事件和会议，我印象比较深的除了在模拟法庭至少两次的讲座，还有世界华人法哲学大会、亚洲宪法论坛等。清华法学院办过一届亚洲宪法论坛，当时我住在清华园里的甲所，其他时候都住在清华外面的宾馆，所以那次印象较为深刻。

还有何美欢老师，她来清华任教之后，我在清华也见过她好几次，但是我没有去过她的家里。最近香港电台电视部给我们拍一个关于庆祝港大法学院成立 50 周年的系列纪录片，其中有一部讲到何美欢老师在清华任教的事情，其中也有对王振民的采访。这套纪录片的名字是“现身说法”，分为六集，其中有一集是专门讲何老师的，讲她如何促进内地和香港之间的法学学术交流并如何在内地推行普通法教育，她是下了很大决心来做这件事情。何美欢老师后来又受聘于多伦多大学，她同时在清华大学和多伦多大学教书，我知道这是很辛苦的，这可能影响到了她的健康。当时她致力于为中国内地培育法律人才，她的每一本书都有中文版，都是自己翻译的，她的书很厚，这种写作工作是很费力的。她非常重视教学，一般老师准备一个小时的课程需要五个小时，但何老师给我说，她为了上好一个小时的课程就准备二十个小时甚至三十个小时。

黄飞翔：请您谈谈对清华法学院的展望，或者您想对清华法学院的师生们说些什么？

陈弘毅老师：清华法学院就像北京的其他大学的法学院一样汇

集了全国优秀的学生，这个是我们港大法学院做不到的。清华法学院面向全国，而我们港大只是面对香港这一个城市，清华法学院的规模更大，影响力也更大，毕业生会在全国各地发展他们的事业，清华法学院的学术传统也很深厚，这也是我们法学院赶不上的。我听说清华最初成立法学院的时候没有法律系，只有经济系和政治系。

陈新宇老师：是的，您特别了解我们的院史。清华法学院建立于1929年，当时是“大法学院”建制，下设有法律、政治与经济三系，但法律系当时并没有建立，先建立了政治与经济系。当时法学教育主要由政治系承担，例如楼邦彦先生、王铁崖先生等都是政治系培养出来的。

翟家骏：您还与清华法学院的哪些老师交往比较多？有什么令您印象深刻的事情？

陈弘毅老师：以清华法学院早期的历史来说，我对胡显章老师和李树勤老师的印象比较深，还有林泰老师，我记得与他见过几次面。我还记得张伟仁老师有段时间在清华讲学，有几个月吧，他住在离清华法学院不远的宿舍，我还去拜访过他。

黄飞翔：您之前提到2019年是港大法学院成立50周年，2019年也是清华法学院建院90周年，您觉得两者之间有哪些相似之处？

陈弘毅老师：我觉得港大法学院的变化非常大，最初我们只有三位老师，不过那三位老师都是外国人。第一批学生招进来只有三十多人，是在1969年，他们对前途也一片迷茫，不知道三年毕业后做什么。后来港大法律系同香港律师界达成协议，让这些学生继续念第四年，第四年是一个律师培训课程，念完后这些学生就可以当见习事务律师或见习大律师。第一批毕业生有三十人左右，但现在我们的毕业生每年有好几百人，港大法学院现在设置了很多不同的课程和学位。

陈新宇老师：您是港大法律系哪一年的？

陈弘毅老师：我是 1977 年入学。

黄飞翔：您觉得包括清华在内的内地法学教育与港大的法学教育有哪些区别？

陈弘毅老师：这个不好说，我们香港的法学教育主要是满足香港法律界的需要，我们的毕业生绝大部分都是当事务律师或大律师了，我们的法学研究是面向国际的，老师的论文一般是用英文发表在国际的杂志或书籍上。我觉得每个地方的法学院是要符合当地的需要，很难比较香港的需要和内地的需要。但是我觉得港大法学院的学生还是要增加对内地法律的了解，他们对国情不太了解。

访谈整理：陈新宇　翟家骏　黄飞翔

访谈时间：2019 年 3 月 19 日

访谈地点：北京王府井

陈弘毅老师简介：

陈弘毅，香港大学法学学士，美国哈佛大学法学硕士，1984 年起任教于香港大学法律系。1993—1996 年任香港大学法律系主任，1996—2002 年任香港大学法学院院长。现任香港大学法学院郑陈兰如基金宪法学教授，兼任全国人大常委会香港特别行政区基本法委员会委员（1997 年至今），香港太平绅士，清华大学、北京大学、中国人民大学客座教授。

梁慧星：在清华法律学系讲课的日子

采访者：请您谈谈在清华法律学系复建之初到清华讲课的机缘。在参与清华法律学系复建的过程中有哪些令您难忘的事情?

梁慧星老师：清华法学院在院系调整后一度不存在了，到了 20 世纪 90 年代初，清华大学想恢复法律学科，我们中国社会科学院当时是刘海年教授任法学所所长，清华和刘海年教授有过联系，协商可不可以采取合作的方式复建法律学系，商谈了好久，但是最后没有成功。

至于我是怎么来清华法律学系讲课的，当时清华人文社会科学学院一位好像是讲授科技法的老师与我联系，想请我去讲民法课。当时我就答应了，因为我对教学有兴趣，我在法学所做研究，但我

◀ 采访者与梁慧星老师（左）合影

也喜欢教学，对培养人才感兴趣，有这个机会我就去吧。我讲授的是《民法总论》课程。1995 年初我已经编写了《民法总论》的教科书，在 1996 年法律出版社出版之前，我在清华讲了一学期，是在清华第一次正式讲的。

我先说一下题外话。20 世纪 80 年代一直到 90 年代初，大学的民法课都叫民法学，没有民法总论、物权、债权等的区分，并且婚姻家庭法被认为不属于民法。大概是 1994 年，当时司法部有一个法学教材编辑室，负责人姓沈，大家叫他老沈，他给我打过一个电话，问我："现在李岚清副总理提出要编现代化的教材，你说什么是现代化的教材？"我当时感觉很突然。我说："现代化的教材不可能有一个固定标准，但是我们可以以教育发达国家和地区著名大学的教材作为标准。例如日本东京大学、京都大学，我国台湾地区的台湾大学，以它们的法学教材作为标准，他们的学生学什么内容，我们的学生也学什么内容，这样的教材我认为就是现代化的教材。"老沈对我这个意见表示赞同，说要专门找个时间研究。

后来司法部法学教材编辑部的负责人老沈就专门约了我、王利明和他三个人开了个小会，讨论民法教材的问题。我建议民法教材分为《民法总论》《物权法》《债权法》《亲属法》《继承法》，债权再分为《债权总论》和《债权分论》。之前我查了东京大学法学部课程安排，《民法总论》《物权法》《债权总论》是必修课，《债权分论》是选修课，《婚姻家庭法（亲属法）》和《继承法》也是选修课。王利明教授建议把《人格权法》和《侵权行为法》单独作为两个课。最终商定民法教材包括：《民法总论》《物权法》《合同法》《侵权行为法》《人格权法》《亲属法》《继承法》。

我还建议不要采取改革开放初期集体编写的方式，每本教材就一个人至多两个人编写，请这个学科最领先的学者，不看他的职称，只要他是最领先的，就委托他来写。这个意见也被采纳，所以那套教材基本上是一个作者，仅《人格权法》《侵权行为法》和《亲属法》是两个作者。我主动提出《民法总论》由我来写。我还建议《物权法》由王利明和我两个人合写，因王利明教授博士论文是研究物权的。但王利明教授不同意，他要求写《人格权法》和《侵权行为法》这两个教材。于是，《物权法》就由陈华彬教授和我合作。这套还包括《商法》在内，正式出版定名为"九五"规划高等学校法学教材。这里顺便说一下，《物权法》这个教材当时决定由我和陈华彬两个人合著，但这个教材第一版我只写了前面两章，后面都是陈华彬写的。从第二版开始，我就没有参与（当然也没拿稿费），由陈华彬独自进行各版的修订。我曾经向出版者建议删除我的名字，可能出版社考虑销售的原因，教材封面上一直保留了我的名字。实际上，《物权法》教材是陈华彬教授个人的著作。

这套"九五"规划高等学校法学教材，现在称为普通高等教育"十一五"国家级规划教材，在中国法学教育的历史上有着重要的意义，因为它使得中国法学本科教学的内容与发达国家和地区的法学院系一致。其中的《民法总论》在正式出版之前，我在清华讲了一学期。我每周去清华园一次，讲两个课时。当时清华还没有正式招法学本科生，大概是从其他学科的本科生中挑选出来开设这个班，带有研究生的性质。我的印象是在一个中小型的教室讲授，学生人数不太多，我已经记不清楚了。还有一些外校的老师一直听这个课。就是这个班，我把《民法总论》给讲了一遍。这就是我在清华讲课的经过。

考虑到是中国大陆第一次开《民法总论》这门课，内容比较抽象，学生是从理工科专业转过来的，要使大家产生兴趣不容易。第一堂课讲"什么是民法"，我特地假设了一个例子：潘金莲早上起来梳妆，推开窗户，一不小心把支撑窗户的那个棍子弄掉了，棍子掉下去刚好砸在一个行人头上，这个行人就是西门庆，西门庆大官人一下子就发怒了。但是，他抬头一看，看到楼上是一个很漂亮的女人。讲这个故事引起大家的兴趣，然后讲其所发生的民事关系，第一次《民法总论》课就是这样来开头的，这是《水浒传》中的故事。当时我就想《民法总论》这个课，向学生讲授一套抽象的概念体系，同学们可能不容易理解，因此先要引起他的兴趣。若干年以后，我曾经问过一些留学德国回来的博士，我说你们的德国老师讲《民法总论》课从什么开始讲？有博士告诉我，有的老师一开始是讲合同法。我说有没有从侵权行为法开始讲的？回答说也有个别老师这样讲。这说明民法学是一套抽象的概念，学生没有订过合同，没有打过官司，往往很难理解。

当时还有一个情节不知道你们是否听说过。当时清华与社科院法学所共建法律学系的方案失败后，清华决定自己复建法律学系，曾经有过一个方案，是请中国人民大学的许崇德教授当系主任，请我当副主任主持工作。记不得是谁与我探讨过这个方案，不过这个方案也没有成功，据说是人民大学不同意。最后，清华请了王叔文教授担任法律学系主任。

王叔文教授是法学所原所长，我读研究生时他是社科院研究生院法学系主任。王叔文教授和我是同乡，都是四川省眉山市青神县人。青神县是一个小县，在岷江边上。他在上游，我在下游，我的乡镇挨着乐山，他的镇挨着眉山。我 1962 年考入西南政法学院（当时下放四川省改名四川行政学院）法律系，所学的课程中仅《宪法》有正式出版的教材，《宪法》教材的作者有两位，一位是王珉教授，一位是王叔文教授。王叔文教授是研究宪法的学者，早在我 1962 年上大学时就学过他的《宪法》教材。我 1978 年到社科院读民法研究生，王叔文教授是系主任，我研究生毕业留法学所工作，他又担任法学所所长，我对此印象非常深刻。王叔文同志在 1988 年卸任法学所所长后到中国法学会工作。他曾经担任全国人大法律委员会副主任委员，担任过第二届、第三届国务院学位委员会委员。特别要提及的是，王叔文同志参与1982年《宪法》起草，后来又担任香港、澳门基本法起草委员会成员。1995年清华复建法律学系，请王叔文教授担任系主任。

我参加了1995年9月的清华法律学系复建大会。当时对于办什么样的法律学系存在两种思路：一种思路是包括法学各学科的通常的法律学系，另一个思路是侧重于科技法学、知识产权法学的法律学系。最后，清华决定采取第一种思路，办一个正规的、普通的、高水平的法律学系。我觉得清华法律学系（法学院）是成功的。

1995年清华复建法律学系是个好的开始，1999年复建清华法学院后有长足的发展。清华法学院首任院长是法学所的王保树教授，我进法学所时他担任民法经济法研究室副主任，后来担任法学所副所长。王保树教授1999年担任清华法学院院长，次年清华即获得民商法学博士点授权。申报民商法学博士点的是王保树、马俊驹、崔建远三位教授，三位教授在原单位即是博士生导师。记得通讯评审清华得了九十多分。

顺便谈一下，崔建远教授去清华是我推荐的。他原来在吉林大学，我认识崔建远是因为《法学研究》杂志。我从1985年到1988年任《法学研究》杂志副主编，因刊崔建远教授的文章建立了联系。20世纪90年代初，他在吉大指导的民法研究生连续三届考上法学所的民法博士生。《法学研究》刊登崔建远教授的第一篇文章是《不当得利研究》。后来他想到北京，我就先推荐他到法学所没有成功，又推荐他去北大也没有成功，都是因为解决家属的问题有困难。后来向时任清华法律学系常务副主任、党支部书记李树勤老师推荐，这一次成功了。

最后，利用这个机会，祝清华法学院越办越好！

访谈整理：乞雨宁　郑中云
访谈时间：2019 年 5 月 8 日
访谈地点：梁慧星老师住所

梁慧星老师简介：

梁慧星，1966 年毕业于西南政法大学，1981 年毕业于中国社会科学院研究生院，获民法硕士学位。1990 年原国家人事部授予“有突出贡献中青年专家”称号。中国社会科学院学部委员，法学研究所研究员，第十届全国政协委员，第十一届全国人大代表（主席团成员），第十一届全国人大法律委员会委员，第四届、第五届国务院学位委员会委员。1992 年起享受国务院政府特殊津贴。山东大学法学院原院长，清华大学法学院兼职教授，兼任西南政法大学、山东大学博士生导师。《法学研究》杂志原主编。《合同法》起草委员会组长，《民法通则》《物权法》《侵权责任法》起草组核心成员。中共中央政治局集体学习《物权法》专题讲座主讲人。

黄新华：亲历清华法律学系复建过程

采访者：在您的印象中，清华大学恢复法学教育经历了怎样的过程？

黄新华老师：清华大学实际上从1984年起便恢复了法学教育，虽然那时既没有法学专业，也没有法律学系，但学校已经系统开设了法学方面的课程。我的导师王承继老师1959年从中国人民大学刑法学专业毕业，毕业后分配到清华，清华当时还没有法学方面的课程，王老师便转行教哲学，这一教就是二十多年。改革开放以后，国家重视法制建设与法学教育，王老师意识到清华应该开设法学课

◀ 采访者与黄新华老师（中）合影

程，清华的学生应该学一些法律，所以他请缨归队教法学。王老师一方面做好教授哲学的本职工作，一方面在全校开设公共选修课《法学概论》。当时选定的教材就是文科院校统编教材，是文科非法学专业的通用教材，尽管这不是很完整的法学系列课程，更不是一个专业，但确是清华恢复正规法学教育的开端。从那以后，又相继开设了《经济法概论》《涉外经济法》等系列课程，这些课程都是由清华经管学院经济法教研组开设的。清华经管学院的前身是1979年成立的经济管理工程系，1984年正式设立学院。经管学院对开展法学教育非常重视，院领导非常支持，因为他们敏锐地意识到学习经济管理不懂法律不行，经管学院的学生一定要了解法律的基本知识。于是，王老师便调入经管学院组建经济法教研组，1985年教研组成立，挂在经济学系，由王老师担任主任，这样便有了教学与研究的正式机构。

在20世纪80年代后期，清华大学领导逐步确立了由高等工科学校向综合性大学发展的办学思路。清华文科的复建先是以马列教研部为基础恢复建立一些系，如社会科学系、外语系等。1993年又组建人文社会科学学院，包括哲学与社会学系、中国语言文学系、历史系、经济学研究所、教育研究所等等，后来的法律学系、新闻与传播学系等都是在人文社科学院基础上成长起来的。适应文科复建的发展趋势，清华认为法学应该作为优先发展的学科，原因是学校有一定的基础并且社会需求非常强大。在酝酿恢复法学学科时，学校很自然首先想到校内有哪些现有力量可以利用。当时校内主要有两支力量，一是经管学院的经济法教研组，二是清华大学专利事务所。在1984年《专利法》实施时，学校科技处的几位老师通过考试取得了全国首批专利代理人资格，他们长期从事科技成果管理和科研项目管理，本身又具有科学技术方面的背景和一定的管理经验，便成立了清华大学专利事务所，这是一大批管理力量。在清华法律学系筹备过程中，我还了解到国家专利局对清华恢复法学学科非常支持，对复建法律学系起到了一定的推动作用。从事专利事务离不开法律，清华又具有工科背景，所以国家专利局很想和清华合作，当时国家专利局也有不少清华毕业生，他们了解学校的学科基础，支持母校复建法学学科。法律学系复建后，我们也有邀请专利界元老级人物汤宗舜先生以及国家专利局的领导给学生讲授课程。另外，在复建过程中，曾有人提出优先发展知识产权法的方案，认为第一，我们相较其他文科、法科院校，学校有从事知识产权法教学研究的基础；第二是社会亟需；第三是有特色，但后来我们还是没有按这一方案组建法律学系。总之，学校综合各方面的考虑，决定在逐步恢复建设的人文社科类学科中优先发展法学学科，步骤就是先恢复法律学系，等具备条件后再组建法学院。

采访者：您参加清华法律学系的复建工作有哪些机缘？

黄新华老师：我本科毕业时面临着各种选择：一是直接参加工作，从事自动化本行；二是留校从事思想政治教育工作，如担任辅导员等。当时正赶上国家教委批准在清华大学、北京师范学院、北京钢铁学院试办思想政治教育专业的第二学士学位班，意在培养青年马克思主义工作者，今后在高校从事思想政治教育工作。清华要招募这样一批学生，我也考虑朝着这个方向去做。那时国家教委批准包括清华经管学院在内的一些院校试办研究生班，研究生班的招生跟硕士研究生完全一样，但学制只有两年，在学期间不做论文只发毕业证书，等工作之后五年之内再回原单位申请学位，体现了早出人才、快出人才的办学思想。既然是一种试点，没有先例可循，国家教委就同意了清华增加研究生班招生名额的申请，用于招收以经管学院研究生班名义考入但按思想政治教育专业培养的学生。这样，学校在招收思政专业第二学士学位生的同时，也招收思政专业研究生班的研究生。于是，我就有机会参加全国研究生入学资格统一考试，幸运通过了考试被顺利录取，到社会科学系报道，进了思政班。王承继老师是我读本科时的哲学老师，我通过答疑等环节给老师留下了印象，以后也向老师请教过问题，这样我们一直保持着交往。当时他在社科系任教并教授我们法学课程，我便又与王老师产生了交集，成为王老师门下的学生。等王老师到经管学院工作时，我再次面临毕业后工作去向的选择，导师对我说经济法教研组需要人手，建议我到经管学院来，于是我毕业后便到了经管学院开始接触法学。后来，学校组建法律学系需要调动校内资源，这对我而言是一个机会，导师也鼓励我参加筹备工作，于是我便在 1995 年 1 月 1 日正式从经管学院调到人文学院，开始参与法律学系的复建工作。

采访者：在清华法律学系的复建过程中，您具体参加了哪些工作？

黄新华老师：可以说是全能运动员，需要干什么就干什么。当然我做的主要是具体工作，涉及办学指导思想等重大问题，都是学校领导和人文社科学院直接筹划确定的。复建工作主要包括以下几个方面。一是确立建系方针，通俗地说就是明确我们要复建成什么样的法律学系。我参与做了一些调研工作，了解国内有影响力的法律系都是怎么办的，包括把他们的培养方案、教学计划都找来进行对比，看看怎么复建清华法律学系。二是引进人才。校内资源不多，能动员的资源就更少，所以我们更多地寄希望于引进人才，在这方面作了很多工作。清华法律学系如何复建直接影响到引进什么样的人才，因而就要拜访各个学校、各个部门，透露我们要复建法律学系的想法，希望得到兄弟院校、研究单位的支持，也试探一下社会对清华复建法学学科的反应。总的来说，社会各界支持清华复建法律学系，认为一定能办起来而且能够把它办好。三是一些细致、具体且琐碎的工作，如搬桌子、买办公用品等。当时复建法律学系人手不足，我也在做这些具体的工作。说到办公场所，1995 年 9 月宣布复建法律学系时，法律学系是在主楼的十层办公。那时学校建筑工程系分成了建筑系、土木工程系，给我们腾出了两间办公室。后面经李树勤老师沟通，教务处给我们腾出了一些办公用房，于是法律学系又搬到了三教，三教的办公面积较主教十层有所扩大，我们的办公条件有了一定的改善。

采访者：您觉得清华法律学系复建工作面临哪些机遇和困难？

黄新华老师：复建清华法律学系面临的机遇是大的形势。改革开放后，党和国家非常重视法治建设，清华要办法学学科，社会各界全力支持。清华历史上的积淀也为复建法律学系争取到了很多社会资源，这有利于推动清华法学学科的建设。比如，学校主动拜访最高人民法院原院长郑天翔老学长，向他介绍我们的想法，老学长非常支持；法律学系复建时，时任最高人民法院院长任建新同志题了字，表示全力支持；时任中共中央政治局候补委员、全国人大常委会副委员长王汉斌老学长、全国人大常委会法制工作委员会原副秘书长王著谦同志给予了非常大的支持；原最高人民法院经济审判庭庭长孙宗颢学长多次参加我们的复建筹备会议；中国社会科学院法学研究所在清华法律学系复建中参与得更多、更深，提出了许多宝贵的建议。时任法学研究所所长的刘海年老师、党委书记刘瀚老师多次来清华参加法律学系筹备方案的讨论会；我们也向时任《中国法学》主编郭道晖老师请教如何复建法律学系，郭老师提出了许多真知灼见。而从校内来说，调动校内资源也有一些便利条件，学校对复建法律学系给予了物力、财力等方面的支持。时任校党委副书记胡显章老师具体负责文科工作，直接领导法律学系复建工作；人文社会科学学院全力支持，两位副院长林泰老师和刘美珣老师都亲自参与筹建过程，其中林泰老师主管法律学系的复建。

复建面临的主要困难无非是人、财、物。国内文科方面的人才比科学技术人才更短缺，真正能选的、能用的人才又受到诸多限制。国内各高校与科研机构的发展也需要人才，各高校的法学学科实际上也面临着重建、巩固、提高、大发展而人才缺乏的困难。因此，引进顶尖的法学人才面临非常大的困难。学校在决策复建法律学系时就明确定位建设高水平的法律学系（当时还没有“双一流”的提法）。要建设高水平的法律学系就必须引进高水平的人才，而高水平人才在原单位都是骨干、台柱子。要引进，就是挖人家的人才，拆人家的台柱子，谈何容易！在财的方面，复建法学学科需要资金，除了依靠学校财力以外，还需要开展面向社会的筹款工作，可以说清华法学学科的发展离不开外力的支持，离不开慈善公益人士的捐赠；从办公场所来看，清华法律学系最初先在主楼十层办公，后来搬到三教，办公环境已经有了很大改善，但离系馆的要求仍相差很远。1999 年明理楼竣工，我们在当时全国所有的法学院系中第一个拥有独立的大楼，第一个为每位老师提供独立的研究室，物质条件才算得到彻底改善。

采访者：清华法律学系在复建之初是如何确定办学理念的？

黄新华老师：起初学校提出的法律学系办学理念是“小而精、高水平、有特色”，后来时任校党委副书记陈希老师提出在此之外还应加上“入主流”，并就引进高水平人才问题专门向我交代，提出要求，我觉得很有道理，深受启发。陈希老师特别强调“入主流”，他认为我们只有得到法学教育界公认这是一个法律院系，才能取得相应的学术地位和影响力。他举了一个例子，一些小众的体育项目虽然高水平、有特色，但其只局限于某一区域，很难说具有全球影响力。因此，我们复建法律学系要有特色，但不能为了特色而特色，即使某些学科确实独树一帜，仍然得明确什么才是主流的法学教育。最终，占主流地位的办学理念就是办一所传统的法学院，即人家办什么我们办什么，通过象牙塔式教育培养精英人才，我们很大程度上便是按照这个思路设计的。

采访者：清华法律学系复建之初的学生培养模式有哪些特点？

黄新华老师：我们一开始是从在校生中选转系本科生，也从其他专业的毕业生中招收研究生，在应届毕业当年就进入法律学系读研，这样不仅可以“早出人才、快出人才”，而且可以大大促进法学学科建设的进程。按当时制度要求，也一定要先有毕业生才有可能获得学位授予权。最初招收的本科生已在原来的系读了三年，然后转到法律学系这边读两年。开始的设计是授予一个法学学士学位，但转系生既然学习了两边的主干课程，便与原来所在院系协商看看能不能获得两个学位，院系认为这是可行的，我们反复研究也觉得两年差不多可以完成法学基本课程的学习。后来，许多同学都完成了两边的论文答辩，拿到了两个学士学位。而在课程设计方面，我们基本上是学习各法律院校的教学方案，主干课都必须得有，然后在此基础上，研究生的培养模式偏重民商法方向，按照民商法的培养方案进行培养。

采访者：清华法律学系获得学士和硕士学位授予权经历了哪些过程？

黄新华老师：第一批本科生转到法律学系后不久，我们就获得了学士学位授予权。当时学校的一位主要领导是国务院学科评审组组长，他向评审组专家介绍了清华法律学系的情况，虽然法律学系刚刚复建可能条件还不够，但是学校下定决心要把它办好，也有能力把它办好。很多评审的专家觉得有道理，清华潜力很大，相信清华能把法学学科办好。最终，我们在学科评审组的匿名投票中超过半数获得通过，这样就拿到了学士学位授予权。事后这位校领导回忆说，唱票的时候他的心里仍然忐忑不安，他对清华申报工科的学士点充满信心，但申报法学学科的学士点完全没有把握。所幸的是，评审专家看到的是清华的决心、清华的未来，清华总算顺利地取得了法学学士学位授予权。

申报硕士学位授予权的困难比申报学士学位授予权大多了。当时我们曾想了几种出路：一种是让学生到其他院校的法学院系参加论文答辩，通过其他院校的答辩获得硕士学位，但我们和其他院校的培养模式有所不同。学生读的是清华大学，但拿到的是其他院校的硕士学位，是否接受还要做学生的工作，难度很大；另一种是考虑到人文社科学院有学位授予权，要么给学生授予文学学位，要么授予法学学位，注明马克思主义教育专业，但实际上我们的研究生培养是民商法方向，因而与培养模式也不太一样。比较幸运的是，我们在颁发学位证日期的前几天获得了民商法硕士学位授予权，这样第一届毕业生就在 1998 年顺利毕业并取得了清华自己的法学硕士学位。

采访者：您个人的教研工作有哪些特色？关于学生培养您有哪些思考？

黄新华老师：我按照自己对法律人才培养的理解，同时结合教研心得及对社会的理解来塑造、设计课程。我在课堂上尽量向学生传授法学的理念与方法，与学院其他老师的课程有一些不同。在我看来，学生的阅历不深，接触社会的面相对较窄，对于人的理解往往不够深刻、全面。其实社会是非常复杂的，而法律的作用正在于调整人与人之间的关系，也就是调节人的行为，就像医生遇见的一定是病人，法律人一定会面对各种各样的违法、违约、失信，甚至是犯罪行为，所以我认为让学生更多地接触社会，可以使他们更为深刻地理解法的公平正义、诚实信用等理念。

关于学生培养也就是法学教育的目标是什么，法学教育领域一直对此存有争议或者有所探讨。从实践情况来看，从事学术研究的法律人永远都将是少数，更多的法律人在从事法律实务工作，这二者一般并不能同时兼得，学生自己要有所选择。我个人认为，单纯定位于培养研究型的高级法学人才未见得能成功，这是教育者的意愿，但学生可能就是想做一名辩护律师，这恰恰是他的专长，为什么不可以发挥他的专长呢？因此，研究型人才和实务型人才的培养如何协调是一个问题，法学专业人才培养的定位仍需进一步探索。

采访者：最后，请您谈谈对清华法学院的展望。

黄新华老师：现在我们的物质条件越来越好，新楼的落成为学院发展提供了好的物质基础和条件，没有基本的物质条件，办学很难有大的发展。“大学乃大师之谓也，非大楼之谓也”，但“大楼”也是需要的，这是办学的必要条件。另外，我觉得人才引进还是办学最核心的问题，靠什么吸引大师、靠什么成长出大师，这可能是未来要优先考虑的问题。人才工作无非两个方面：一是请来大师级的人才，这些大师在学界具有重要的地位和影响；二是把自己培养的人才塑造成大师，让他们成长起来。一个学院的影响力在很大程度上取决于师资，而社会影响力大，则有助于奠定学科地位，有助于聚拢人才、吸引人才。

访谈整理：李嘉彧　杨同宇

访谈地点：清华大学法律图书馆楼（廖凯原楼）

访谈时间：2019 年 4 月 18 日

黄新华老师简介：

黄新华，清华大学法学院副教授，企业法律风险研究中心主任。1995 年 1 月参与清华大学法律学系复建工作，曾任清华大学法律学系副主任、北京市清华律师事务所副主任。清华大学工学学士、工学硕士。兼任中国法学教育研究会诊所法律教育专业委员会常务理事、北京市金融财税法研究会副会长。主要研究领域为经济法学、诊所法律教育。

王振民：清华法学事业的重生和腾飞

采访者：您投入清华法律学系的复建有哪些契机？当时有着怎样的信念推动您从事这一事业？

王振民老师：根据我看到的最早记载，清华大学复建法律学科是在 1980 年前后，有一些老校友提议，清华应该恢复重建法律学科。当时，学校有意重建综合性大学以改变纯工科院校的性质，但由于文科关闭的时间太长，复建工作迟迟没有启动，仅有的文科力量就是教公共思政课的老师。到了 1990 年左右，清华大学复建文科进入行动阶段，学校于 1993 年成立人文社会科学学院，这是清华复建文科的一大举措。清华法律学系的复建主要有两个契机：一是国家对法治人才的迫切需要。如果没有大的法律环境、没有依法

◀ 采访者与王振民老师（中）合影

治国的需求，清华也不会复建法律学系。二是清华大学自身也想复建法律学科，学校全力以赴支持法律学系的复建，基本上我们需要什么，学校就提供什么，这也是一个重要契机。

可以说，对依法治国的坚定信念直接推动我参与这项事业，使我义无反顾投入这项事业。1992 年我完成中国人民大学法学硕士学业后，留校攻读宪法学博士学位，我对法学教育和研究很感兴趣，就萌生一个想法：如果清华大学能有法学院，到清华工作是一件非常好的事情！ 1993 年我有机会到香港大学访学，做香港基本法的研究。1994 年秋天，我参加香港大学研究法律数据库的访问团来到清华大学，当时互联网刚刚出现，我们听说清华计算机系有研究互联网的老师，便想与他们展开相关合作。对方听说我们来自港大法学院，便把当时在经管学院教法律课的黄新华老师找来参加会谈。黄老师说学校有意恢复法律学科，我听了很激动，这与我不谋而合。黄老师介绍我认识了林泰教授（时任人文社会科学学院常务副院长）、刘元亮教授等几位老师，他们又介绍我认识了当时负责文科的校党委副书记胡显章教授，我至今还记得他在工字厅的办公室。大家谈得很好，可以说一拍即合。那次我们来清华在互联网合作方面没谈出什么，但在复建法律学科方面谈得非常投机。我承诺在香港为清华筹款建设一栋独立的法律学科大楼，学校给我正式的筹款授权。后来我还认识了校党委原常务副书记张绪潭老师及其夫人王著谦老师，王著谦老师曾经担任全国人大常委会法制工作委员会副秘书长，给全国人大常委会原副委员长王汉斌学长工作多年。我们联系王汉斌学长都是通过王著谦老师。

当时我在香港给港大法律系主任陈弘毅教授做研究助理，回港大后我就向他报告了相关情况，希望他能够帮忙支持，他很高兴地答应了。我在香港的工作主要有两个方面：一是做筹款工作，在各方的帮助下，我们筹到了三千万元港币来建设明理楼；二是做复建法律学科的研究工作，我在港大的科研任务后来转向了法律教育，写了很多关于法学院发展的计划与设想，发给学校的领导。当时中国大学的条件普遍较差，一个学院（系）只有两三间行政办公室，老师都是在家里做教研工作。所以，我想复建法律学科应该按照国际标准建设一个全新的法学院，一个与众不同的法学院。

采访者：您觉得清华法律学系的筹建工作面临哪些机遇与困难？有哪些细节令您印象深刻？

王振民老师：我 1995 年 4 月结束在香港大学近两年的访学，回到中国人民大学继续完成我的博士学业，同时在清华大学参加法律学系的筹建工作，7 月从人大毕业，我正式加盟清华，住在单身公寓善斋。从此我义无反顾、心无旁骛、一门心思投入清华法律学系的筹建、发展工作，当年我二十八岁。经过紧锣密鼓的努力和大量的工作，1995 年秋天，我们举办了一个高规格的法律学系复建大会。之所以称为“复建大会”，不是“成立大会”，是因为清华大学历史上曾经成立过法学院，而且是清华 1928 年改为大学后成立得最早的学院之一,一直到 1952 年全国大学院系调整。对这段历史我进行过认真地研究和梳理，从图书馆借阅清华校史书籍，在善斋我的斗室彻夜阅读，为清华大学历史上的那些人物和发生的那些惊天动地的大事件所感动。一个大学和一个国家、一个民族的关系是如此密切，使我更加坚定了在清华努力奋斗的决心和信心。我们希望能够延续清华大学光荣的法学传统，因此叫做“复建”，不是“成立”。1995 年 9 月 8 日，清华法律学系复建大会在主楼隆重举行，时任中共中央政治局候补委员、全国人大常委会副委员长王汉斌，时任中共中央书记处书记、中央政法委员会书记、最高人民法院院长任建新等党和国家领导人出席复建大会，这体现了党和国家对清华大学复建法律学科的高度重视。这么“高调”举行一个系（院）的复建仪式，校内外有不同看法。我认为文科与理工科不同的地方在于，不仅要做好，而且要说好，讲好自己的故事。再说清华理工科根本不需要宣传，但是文科如果没有名气，人家都不知道清华复建了法律学科，将来我们的学生毕业了怎么找工作？人家还以为是假的呢？果然，1998 年、1999 年我们第一、二届研究生毕业找工作遇到了这样的麻烦，有用人单位说清华是理工科院校，怎么“蹦”出法律学生？我甚至为此奋笔疾书，给用人单位手写“证明材料”。

当时我们什么都没有，除了远大的理想和美好的图画，什么都没有。没有钱，没有人，没有办公室，没有电话，没有电脑，打印会议材料要满校园找打印店，真是白手起家，创业艰难！还好 1995 年夏天，我把港大法学院六十多名学生带到清华参加我们组织的为期一个月的中国法律暑期夏令营，这可能是内地第一次给港生办的国情班。那年夏天很热，清华所有教室都没有空调，我们一起度过了难忘的一个月。一个学生交三千元港币学费，我们“赚”了一笔钱，这是法学院“第一桶金”，成为法律学系重要的复建经费。为了给学生发证书，没有公章，我们就刻了一个方章。复建法律学系之际，我的一位香港律师朋友捐了 20 万元港币并迅速到账，这真“解渴”，解决了我们复建初期很多燃眉之急，我对这位律师朋友非常感谢，至今保持密切的联系。

筹建工作最重要的事情就是必须把自己的想法变成学校的想法，把自己的行动变成学校的行动，不仅自己觉得很重要，学校也觉得很重要才行，这样路子才能走得通。当时学校认识到复建法律学科很重要，主要有三个理由：一是清华大学要建设综合性大学，没有法学专业，就很难说你是综合性大学。世界一流大学大多是综合性大学，而综合性大学都有很好的法学院，都为国家培养了很多优秀的治国人才；二是法学教育在清华大学也有着悠久的历史，希望能够恢复历史上的辉煌；三是在依法治国的大背景下，法学人才培养和理论研究对国家非常重要，清华大学要勇于承担责任。

这里说一些细节：在设计明理楼时，我们想建立一个独立的法律图书馆，而当时整个清华只有一个大图书馆，院系都没有自己的图书馆。学校起初并不同意我们的设想，我们便利用一切机会向学校汇报法律图书馆有多么重要。有一次我在甲所碰到时任校长王大中，就抓住机会与王校长说法律图书馆的事，他问我法律学系需要有自己的图书馆，为什么其他院系没有提出这个需求？法律专业有什么特殊性？我回答道，世界著名大学的法学院都有自己的图书馆，只有中国的法学院没有图书馆，法学院的图书馆类似于理工科的实验室，如果没有图书馆，法律学科就无法建设，教学科研质量就无法保证。我把这个理由一说，校长听明白了。我们也请了教育部原部长何东昌学长与学校进行沟通，何东昌部长是清华的老领导，他说文科和理工科不一样，文科不需要实验室，但需要一个好的图书馆。建设法律图书馆虽然在今天看来很正常，但在当时却是非常努力才争取来的。

明理楼老师办公室的建设也费了一番周折。最初设计的是那个年代流行的大办公室并装上隔断，我觉得这不是理想方案，提出不管教授、副教授还是讲师，都要有自己独立的办公室，这是我在香港大学看到的，很希望在清华大学也能够实现。学校一开始对这件事也不同意，说清华还没有任何一个院系做到每一位老师都有自己的办公室。经过反复沟通，我们的想法最终得到了学校的认可。老师办公室建成之后，学校也受到了启发，觉得老师们在家里办公确实限制了教学科研水平的提升，不甚严肃，没有认真对待教育。于是，其他院系也包括其他大学都逐渐给每位老师建立了独立的办公室。可以说，这一小小的改变带动了国内高等教育的提升与办学条件的飞跃。当时，国内设计师还没有给大学老师设计过独立的办公室，而我们拥有图书馆分馆也是全国第一家，这说明做事情一定要坚持，自己认为对的事一定要执着追求，决不放弃。

卫生间的设计也是这样。当时明理楼的卫生间是全校卫生间中最好的，我们坚持按照当时最高标准、没有臭味来建设卫生间，但建成后里面没有手纸，外籍教授来访产生了一些尴尬。一开始免费提供手纸也有很大的争论，主要是担心有人偷手纸。我就说，如果一个人穷到偷手纸的地步，那就让他随便偷吧，就像开超市也是要有这样的损失的。后来发现并没有丢失多少手纸，现在这完全不是问题了。

明理楼办公室、图书馆和教室全部安装空调，在当时也是一场“革命”，因为那时候在清华、在全国还没有一整栋教学楼都装空调的情况，我们是第一家。我们在这些方面都下了很多功夫，明理楼在法律教育领域引发了许多突飞猛进的变革。可以说一栋大楼的建设引发了中国法学教育的“革命”，后来又引发了其他学科的连锁反应，也算间接为中国高等教育现代化做出了我们的贡献。

关于明理楼的名字，这是时任国家副主席荣毅仁先生起的。当时他题了“明理”和“明训”两个名字，让我挑一个，我认为“明理”好，法律要讲道理才有生命力，于是我们就选用了“明理”这个名字。题字是我去人民大会堂拿回来的，他题的“明训”两个字我也拿回来了，当时想悬挂在模拟法庭。

关于筹款的落地，经历了一番很大的努力，很多人提供了帮助。那时候清华大学还从没有接受过三千万元港币这么大一笔捐款，清华大学教育基金会也刚刚成立，很多手续还没有办下来，而三千万元的捐款需要缴税四百多万元，十分不合算。为了解决这一问题，王大中校长亲自坐飞机去深圳与有关方面沟通。1996 年我们的好朋友梁爱诗女士、李国能先生和陈弘毅教授在香港发起成立了“清华大学法律系之友慈善信托基金”，用一个星期便办下了全部手续，这个“基金”接受了这笔巨款，再汇给清华大学，我们就是这样接受了这笔捐款。

采访者：在复建之初对清华法律学系的办学理念有着怎样的讨论？

王振民老师：首先，是学校的顶层设计，学校只有定好位，我们学院才好定位。有一次在学校开会，我拿着清华大学当时的宣传册给王大中校长看，问王校长清华大学的定位到底是综合性大学还是理工科大学兼有人文、社科、经管的多科性大学？因为清华宣传说自己是“以理工科为主，兼有人文社科”。我说，作为文科的教师，如果在清华大学长期被“兼有”，感觉非常不好，令人不舒服，人家是主流，他们更重要，而我们不重要，是敲边鼓、打酱油的。如果学校明确是这样的定位，就像画册上写的那样，很多文科的教师可能对清华就没有兴趣了。王大中校长明确说，清华大学要建设综合性大学，这个目标非常明确。学校定位非常重要，如果定位是理工科大学，文科不可能发展起来；如果定位是综合性大学，说明学校把文科与理工科同等看待，认为同等重要，只有这样，整个文科的发展才能打通，才有可能真正发展起来。

其次，是学院内部关于办学理念的讨论。我们是建立一个综合性的法学院还是科技法、知识产权学院？我认为一定要建设一个综合性的法学院，这是我们的理想模式。我研究的专业是宪法，当然希望能够把宪法专业发展起来。当时我接待耶鲁大学法学院院长克鲁曼教授，问他耶鲁法学院有多少老师教宪法，他回答说法学院每一位老师都觉得自己在教宪法，因为所有法律问题的终点都是宪法问题，宪法问题是最顶级的法律问题，在美国一流的法学院都是这样。不过，当时自己参与法律学系的复建工作，是法律学系领导之一，不能把自己的学科摆在前面。我们首先选择了民商法专业，主要考虑到民商法专业需求量大、好就业，所以在这方面先下功夫，引进的老师也最多。后来在实际运作中，各专业也都引进了很多优秀的老师。作为一个综合性的法学院，民商法、经济法、国际法是发展重点，其他专业也都齐头并进，实际上清华法学院不可能哪个专业非常强而其他专业非常弱。我也十分重视法律职业道德的教育。我认为不管是哪个专业方向，我们的学生都要有非常好的职业道德理念，对法治有执着的精神，守住做人做事的底线，这是中国法学教育乃至整个高等教育缺乏的部分。所以，我任院长时在每年的开学典礼和毕业典礼上都重点讲这些内容，这个思想是一以贯之的。

采访者：关于明理楼与廖凯原楼的建设，还有哪些细节令您记忆犹新？

王振民老师：明理楼的建设刚才讲了一些，其实一开始明理楼不是今天的选址，最早是在校园大十字路口西北角（校保卫处的位置），那个位置属于老校区。清华老领导、老教授们认为法学院在清华历史悠久，许多历史悠久的大学最早就是一个法学院，所以主张将法学院建在老区，与红色建筑建在一起。我们请了中国工程院院士、建筑学院关肇邺教授设计法学院大楼，关肇邺教授设计得非常好。不过，那个位置有一个小楼是国家重点实验室，起初想把它搬离以建立法学院，但学校未能对此取得一致意见，所以我们就搬到了学校东南门的位置。由于关肇邺教授只设计老区的楼，我们便请了时任清华大学建筑学院院长胡绍学教授设计明理楼，新区的楼基本上都是由他来设计的。再次选址的时候，主要在两个位置犹豫：一个是现在的位置，另一个是经管学院的后面。我也找了关肇邺教授商量，关教授认为现在的位置更好，离大门近，十分中正，最终我们就定了下来。

明理楼的设计、外观乃至大楼前面和南面共十根大柱子都是我们与设计师共同研究出来的，每一根柱子都代表着一部法典。当时，只要有人来清华大学拜访、演讲，我都拿着图纸虚心向别人请教，关于明理楼的设计我们听了很多人的意见。明理楼外边的窗户原来设计都是方形的，后来上面改成了弧形，这是冯象教授提出来的。

当时冯象教授还在香港大学，他觉得上面已经是平的，前面的窗户如果改为弧形能够有一些变化，看起来更加美观，我觉得这个建议不错，后来就让设计师改成了弧形。明理楼法律图书馆从一层到四层是打通的，里面有内部楼梯，这是我提出来的。我在港大法学院访学时看到法律图书馆是一个整体，有自己单独的出入口，觉得这样很好，便学习了港大的做法。

我设想的法学院不是只有一栋楼，而是拥有一个楼群，所以当明理楼建成后，我就与学院提出应该筹划第二大楼。大家觉得太超前了，当时学院的规模也有限，还有很多空房间，有的人认为一个楼就够了，所以这个事一直没有启动。2008 年 7 月我开始担任法学院院长，从 1995 年起我便担任法律学系主任助理、系副主任、副院长等职务，到 2008 年时学校觉得我可以担任院长了，当时我才四十一岁。王叔文教授当首任系主任时已经近七十岁了，复建过程中很多具体的工作都是由我协助完成的。在校领导与我进行院长任职谈话时，我就提出法学院要建设第二大楼，学校主要领导对此还是非常慎重的，说要考虑考虑。学校主要领导认真阅读了一些资料，做了调研，一个月后就召集相关方面到办公室，研究了法学院建设第二大楼的事情，认为法学在清华大学应该有一个大发展，将来必有用武之地，法学院应该建设第二大楼，地点都选定了，便把这件事交给主管副校长来具体落实。新楼的格局也是在当时定下来的，即一万平方米的法律图书馆、教师研究室和一些教室等。那时候一个学院最多只能有一栋楼，我们再建新楼其实阻力很大。不过，当时清华大学图书馆面积不够，在全国仅排四十多位，我们以法律图书馆的名义建第二大楼，可以增加清华大学图书馆的面积，遇到的阻力会小一些。新楼起初的选址也不是现在的位置，而是在三教后面（校设备处的位置），但是我考虑到那个地方离明理楼有点远，老师们往返两栋楼需要开车，世世代代都要开车，不仅我们麻烦，也增加校园交通流量。虽然那个地方马上就能开工，但我最终还是选择了现在这个位置。这个位置当时还不能拆迁，需要等好几年，不过我认为宁可多等几年，也不能让学院师生世世代代两边跑，学校领导也说大楼的选址是百年大计，不要留有遗憾。最终，我下决心游说学校更换到现在的选址，实际上这个过程也是非常艰难的。很多事情一定要靠自己去争取，天上不会掉馅饼，清华大学很大，一个学院的发展一定要靠自己去争取、争着发展才行，否则新兴的、弱势的学科比较容易被忽视。我们法学院为国家培养法治人才，理直气壮，名正言顺，该坚持的必须坚持，绝对不能退缩，否则法学院是立不住也发展不起来的。特别涉及像建大楼这样的百年大计，一点都不能含糊，否则遗憾的不是一代、两代人，而是世世代代，被后人永远骂下去。清华大学历任领导头脑都非常清醒，都是出于公心，为了国家，非常支持法学院的事业。清华法学院有今天，真得好好感谢历任校领导多年来持续不断、坚定的支持。我们个人受点委屈没有什么，只要法学院冲出来、发展起来了，这就是最好的回报和安慰。

选址定下后，主要工作就是筹款了。2008 年，我听说廖凯原先生给上海交通大学捐了三千万美元建设法学院，那年秋天上海交通大学举办了非常隆重的凯原法学院冠名仪式，我收到了邀请前往参加，通过这次活动认识了廖凯原先生。我一直都非常注意两件事情：一是利用一切机会寻找有没有可能给学院捐款的人物；二是通过学术会议观察哪些老师值得我们引进。我与廖先生有了初步交流，会后还一起吃了午餐，谈了清华大学的情况。之后我与他保持邮件联系，他很愿意给清华支持。2010 年的一个周末，他邀请我去新加坡讨论清华法学院的筹款方案，我们两个人在香格里拉酒店谈了一整天，连午饭都没吃，每一个项目都认真研究论证，最后加起来共需要 95 个百万（英文以百万为一个单位），即 9500 万元，当时那些草纸我还都留着。晚饭前等电梯时，我问廖先生能不能凑个整数，增加 5 个百万，因为明年是清华大学建校 100 年，最好是 100 个百万。他没有丝毫犹豫就同意了，最后变成了 100 个百万即一个亿的捐款。我立即向远在北京的校领导发短信报告，他们都十分高兴。我们两位在酒店附近一个小饭馆美美地吃了一碗面，那是我最幸福的一碗面！廖凯原先生那么大的企业家，生活十分简朴，令人感动。

我们谈完之后，第二天我就飞回北京。紧接着就起草捐赠协议，清华法学院所有捐赠协议都是由我亲自起草的。当然，廖凯原先生的律师进行了修改、润色、把关。在这期间，校领导也去新加坡拜访了廖凯原先生。

我们第二大楼的奠基仪式在清华百年校庆当天举行，这个过程是非常不容易的，因为百年校庆的活动很多，要挤进去相当不容易。学校很重视，只给我们 30 分钟时间举行奠基仪式，因为校长当天的时间以分钟计算。奠基仪式办得非常隆重。时任辽宁省委副书记、清华大学党委原书记陈希同志一直关心、支持法学院的发展，专程参加了大楼的奠基仪式，时任校长顾秉林、时任常务副校长陈吉宁抽出时间参加了奠基仪式。

这栋大楼的建设过程那么长其实是我没想到的，为了大楼的审批与拆迁，我们开了很多次会议，时任常务副校长陈吉宁多次开现场办公会，我也到教育部、北京市请各部门加快审批。有一次我到教育部找时任副部长鲁昕女士，询问可不可以加快审批，鲁副部长说可以，并突然问我需不需要拨些钱，她说不超过 3000 万元教育部自己能定，我想着这样落实起来更容易，便请教育部拨款 3000 万元。这其实属于意外收获，如果不去找她，就不会有这个意外收获。我任院长时，校领导与我谈话就说过，法学院院长是一个连接人物，要成为清华大学和法学院、法学院和社会各界联系、连接的桥梁与纽带。我认为自己还是做到了这一点。

采访者：清华法律学科是如何引进人才的？有哪些故事令您印象深刻？

王振民老师：1995 年一开始只有黄新华老师和我，后来从武汉大学来了张铭新老师。1996 年崔建远、施天涛、于安等老师加盟。由于刚刚复建，当时我们并不被很多人看好，甚至一度都办不下去了，我有点心灰意冷。那时候初出茅庐，满腔热血，当然也“无知无畏”，想在清华大干一场，办一个全国最好的法学院，但现实中的各种困难很大，真的是理想很丰满、现实很骨感。1997 年 1 月，学校把时任校长助理的李树勤老师调到系里担任系常务副主任兼党支部书记，同时任命我担任系副主任，当时我刚三十岁。从那时开始，我们以建设一流法学院为目标大规模引进人才，使人才工作走上了正轨、快车道。记得学校主要领导常常说，要为引进比自己能力更强、水平更高的人才而高兴，这个理念对我本人影响很大。在我看来，人才引进是压力最大的一项工作，可以说比筹款更难。

人才引进有很多故事，我这里说几件印象很深的故事。1997 年，为了“拦截”马俊驹教授来清华，李树勤老师和我两次拜访时任司法部常务副部长张福森学长。王保树教授 1998 年加盟清华惊动了不少大人物，当然之前有很多运筹的事情，我们 1995 年一开始本来是希望与中国社会科学院法学研究所合办法律学系的。王晨光教授在香港城市大学任教时，我和李树勤老师去香港城市大学的办公室拜访他，他自己也非常愿意过来，2000 年正式加盟清华。何美欢教授是我在港大时认识的，我一直希望她来清华任教，她说要先在香港完成几件事情，把该做的研究、该出版的书全部完成了，到清华只教书育人，不再出版学术书籍。2001 年何美欢教授说可以全职来清华任教了，也没有提出什么条件，但在院里开会三次都没有通过。我于是直接写信给校长和书记，当时的另外一位副院长王晨光老师签字支持，我们找时任校党委书记贺美英、时任校党委常务副书记庄丽君表达我们个人意见，认为学院应该引进何美欢教授。学校对此表示完全认同支持，决定以学校的名义直接引进何美欢教授。后来事实证明，引进何美欢教授非常正确，她被誉为全中国最认真的教师，为我们培养了很多优秀的国际型法律人才。冯象教授2009年正式加盟学院，他应该是全校第一个讲席教授。2008年，我作为院长随时任校长顾秉林带领的访问团来到美国交流，我参加访问团可以保证校领导能与冯象教授见面，我们在美国见了面，而且谈得很高兴。其实，我之前就通过邮件与冯象教授进行了交流，问他有没有兴趣全职回来任教，我们这边设置讲席教授，并做好一揽子的保障工作，冯象教授说很愿意回来。校领导与冯象教授见面后，便决定全职引进。

这些年我们确实在人才引进上做了大量的工作，因为人才引进工作是需要长时间努力跟进的，而且要有许多细致的安排，像住房、太太工作、孩子念书，这些都是大事，学校的相关配套措施做得好，而我们也是努力、细心地帮助老师们做好每一件事情。幸亏有“老清华”李树勤老师在法学院，这些问题都得到了很好的解决，他对清华法学院的发展做出了巨大贡献。这也形成一个在类似清华这样的大学复建文科的成功模式，即校内一个资深人士做书记，院长（系主任）找一位外来的业界翘楚，二者各自发挥自己的优势，内外配合，把一个专业建设起来。清华文科其他专业的建设也是这个模式。

记得林来梵教授初来学院时住在校内宾馆，当时进出校园的出租车限制措施刚刚施行，有一天林来梵教授白天外出，在很晚的时候他回来的路上，收到了我发的短信，我说学校西门可能不让出租车进，应该从南门进来。林来梵教授后来对我说，他收到我那么晚发的短信非常感动，觉得院长这么晚了还想着老师如何进校园这么具体的事情，实际上我做这些事情都是自然而然的。我这人做事比较细，既关注大事，也会注意细节，细节决定成败。首先是全心全意，出于公心，没有私心杂念。

我与很多加盟的年轻老师都是伴随着清华法学院的成长而慢慢发展起来的，一些老师来清华后才开始学习使用电脑，以前都是"爬格子"。我们一方面引进大牌教授，另一方面也颇为关注年轻老师的培养。我与以后有可能回学院工作的毕业生都保持着联系，之前学院几乎每年都有引进年轻老师，我们自己培养的学生如王钢、陈杭平、屠凯、龙俊、任重等都回来任教了，形成了循环。我想一个学院如果没有年轻老师是不行的，因为师资队伍必须要形成完整的梯队。我会对每一届有可能做学问的学生进行追踪，学生出国以后我也会与其保持联系、给予帮助，学生的学术兴趣不是天生的，必须要有意识地培养。

做院长要眼观六路、耳听八方，随时寻找、发现、跟进优秀教师资源。高西庆教授、张月姣教授都是我多年保持联系的好朋友，后来都到清华任教。张月姣教授是对外开放法制建设的积极实践者，在 2018 年被授予改革开放四十周年"改革先锋"称号，是全国表彰的 100 人之一。香港特别行政区律政司司长郑若骅女士当年受聘负责学院的国际仲裁与争端解决项目，等等。另外，我们也有引进很多外教，每年都会有外国教授来学院讲学。回想起来，二十多年来我们引进的全职教授加上实质性的兼职教授大概有小一百人。学校对我们很信任，学院提出的人选基本上都被接受了。

采访者：您如何评价清华法学院的教学与科研工作？

王振民老师：教学工作是学院工作的重中之重，我们学院的教学水平是比较高的。我们一直坚持教授给本科生上课，强调对学生的个性化培养，从 2008 年开始推行本科生导师制，这些工作对学生产生了很大的影响。同时，学院也非常重视职业道德教育，将其列入学生的必修课程，这在全国算是比较早的。学生开展专业学习不需要我们去鼓励，而职业道德则必须提要求，学生才会去学，这方面如果出问题，专业再好也没有用，职业道德教育对他们将来从事法律工作有很大的帮助。长期引导学生从事公共服务工作既是学院教学工作的一个特点，也是一个亮点，我们从事公共服务工作的毕业生人数好多年都在各院系中排名第一。此外，国际化教学也是学院教学工作比较鲜明的特点，比如我们开设了许多国际性的课程、率先在本科生中开设法学（国际）班，都取得了很好的效果。

关于科研工作，文科的科研工作非常个性化，不像理工科需要团队，关键在于学院要给老师们提供良好的条件，使老师们做真正的科研。我们学院在科研方面非常高产，三大刊及十五种法学重点刊物的发表总量一直名列前茅，而且质量都很高。我们人不多，但是产出量大、质量高，重要原因就是学院为老师们提供了良好的软、硬件环境。

采访者：您觉得清华法学院的公法学科具有哪些特点？

王振民老师：清华法学院的公法学科还需要大大加强，起初我们的主要精力放在私法，我任院长时，学校主要领导还专门与我谈了这件事，说要把公法发展好。当然，清华法学院的公法学科也基本上立足于我国前沿，像我们最早出版了关于中国宪法审查制度的专著，林来梵教授的规范宪法学等在学界影响很大；我们关于港澳台法律问题的研究无疑在全国领先；我们在全国较早建立了国家安全法研究中心，在全国第一个成立了党内法规研究中心，并出版了相关论著。但总体上人还是偏少，需要加强。

采访者：您觉得清华法学院的学生培养模式有哪些特点？

王振民老师：我们追求的学生培养模式是全面培养。我认为一个人事业成功与否的决定性因素来自知识和技能之外。大学过去垄断知识和技能的传授培养，这在当今互联网时代是根本不可能的，大学的目的应该是培养学生健全的人格、社会责任意识及与他人交往的能力，为社会培养君子，这是非常重要的。我一直在思考一个问题：经过几年大学的熏陶，学生是变好了还是变坏了？此问题应该引起高度重视，因为知识和能力很多时候是可以自学的，而知识之外的人格与人品不是自己能够学到的，大学需要在这方面下大功夫。

前面也提到，法律职业道德是我任院长时在每年的开学典礼和毕业典礼上都会重点谈及的内容，做好院长讲话对学生培养非常重要，也体现着学院的社会形象和精神风貌，我们是较早把开学典礼和毕业典礼正规化的院系。我举办院长茶座时，会与学生讨论一切他们感兴趣的问题。我感觉现在普遍是意志力培养不够，学生往往经受不起打击，动手能力也比较差。清华的学生普遍来说天资很好，学院要在细节上做好培养工作。比如，我让学生手写作业，这样可以督促他们练好字，很多学生非常感谢我，因为写好字永远都不过时。前两天我在广州与校友见面，他们还说到 2010 年秋天的一件事：那时候法律硕士生需要在深圳学习一年，那一届学生 260 多人当天从北京坐火车到深圳，学生的行李都放在货车的集装箱上，从北京这边的楼下拉到深圳那边的楼下，即 door-to-door 服务。他们坐了二十多个小时的火车，傍晚才来到深圳。我晚上大约十点钟去看他们，以为他们都已经进了宿舍。但眼前的景象让我大吃一惊，260 多位学生都在外面排队呢，找到自己的行李、过秤、交钱后才能上楼。一个学生走完全部过程最快也要半小时，这 200 多个学生全部完成要多少时间呢？而且，大家在火车上一天基本没吃东西。我问运输公司的人，这一个集装箱总重多少、总价格多少，我们就按装满计算，一次把钱付给你们，不要让学生再过秤了！学生第二天上午还要参加开学典礼，如果按照当时的速度全部过完秤，很有可能到明天中午才能做完，这么长时间，万一出了事怎么办？他们当然也乐得如此，院里统一把钱付了，不用 200 多个学生一一算账付钱。这样，同学们找到自己的行李就可以立即到房间了，乘坐电梯也要排很长时间的队。我让时任院党委副书记廖莹留在现场，让她看到最后一个学生进入宿舍后给我发条短信。我接到这条短信已经是凌晨一点了，可想而知，即便以最快的速度也要三个小时；如果都过秤交钱要弄到什么时候？当时，大家都没有意识到这种潜在的危险，我们作为老师要去关心他们，关注到这些细节。那个年级的法律硕士一直记得这件事，令我很感动。

采访者：您觉得清华法学院的特色体现在哪些方面？

王振民老师：我觉得清华法学院具有两个特色：一是时代特色。清华法律学系复建时，全国有二百多所法学院系，现在是六百多所。我们的复建不算太早，也不算太晚。20 世纪 90 年代中期，中国改革开放进入 2.0 时代，国家提出建立社会主义市场经济体制的目标，明确指出市场经济就是法治经济。任何一个学科的发展都与社会需求紧密关联，20 世纪七八十年代的法学院系着眼于恢复法律秩序，刑法是重点发展的学科，而到了 90 年代则转向民商法、经济法，进入 21 世纪后，我们强调依宪治国，不断融入全球化进程，宪法、行政法、国际法等学科有了较快的发展。清华法学院始终紧扣时代脉搏，具有鲜明的时代特征，为中国法治建设贡献我们的力量。二是清华特色。我们是在清华大学的环境下成长起来的法学院，一开始就强调清华的文化传统与氛围。百年清华有着优良的办学传统，既仰望星空、志存高远，又脚踏实地、务实进取是清华的品格和品牌，法学院始终传承清华优良的办学传统，服务于国家的战略需求，培养以天下为己任的人才，为国家、为人民服务。

采访者：您认为清华法律学科复建以来取得了哪些成绩？

王振民老师：一是学生培养。我们没有追求学生的数量，虽然法学院的学生规模在清华文科中是比较大的，但与其他法学院相比规模很小，我们不能靠量取胜，要靠质取胜。清华法律学科复建二十余年培养了近万名法律人才，这些法律人才服务于法治建设的第一线，在法学教育研究、国际法律服务等领域做出了突出贡献。我们的毕业生总体上还比较年轻，在法律界立足仍需一定的年头，但我对于学生培养是比较满意的。当然，也有需要总结的地方，比如我们对学生关爱的地方比较多，在严格要求方面还有待加强。二是学术贡献。大学的重要使命除了培养人才，还要产生学术成果，积极发挥智库的作用。我前面也提到，学院的教师规模虽然不大，但具有一流的科研水平，我们的老师参与了国家许多重大决策，在很多方面贡献了自己的智慧。另外，我们也率先创办了全英文刊物，把清华法学推向世界，这在国内法学院系中是第一家。三是社会服务。学院积极参与重大案件的解决，致力于推动中国法律制度的完善。比如，在杨绛先生维权案中，我们发动了全院的力量并利用校外资源，首次激活了民事诉讼中的诉前禁令制度。后来，我们牵头成立了中国法学会案例法学研究会，旨在通过个案推动司法公正与法治进步，由我担任首任会长。我在研究会成立大会的致辞中指出，在世界法治进程中既有伟大的法典，也有伟大的案例，很多制度是由案例而确立的，案例是我们国家法律制度、法律体系的重要组成部分。我们也发起成立了中国法学会香港基本法澳门基本法研究会，由我担任会长。总之，清华法学院能在这么短的时间内取得诸多成绩，与学生培养、学术贡献、社会服务等方面的工作是分不开的。

采访者：您认为清华法学院以往历史发展有哪些值得总结的经验？

王振民老师：最重要的经验是要认真对待教育工作，把法学院的发展当成一项事业来做，我自己一直在比较清华大学为什么能发展得好，它与其他学校有什么不同。在参加复建工作之初，我就说清华法学院是值得为之终生奋斗的事业。第二个经验是要善于筹集各种资源来推动事业的发展。不仅是金钱、大楼，像珍贵的图书资料也都是资源。比如，法律图书馆的田涛书库收藏了一套中国古代的契约，我们也在德国买了一家私人图书馆。学院的发展实际上需要各种资源，师资力量是资源，法学院有很多非常好的朋友，这也是资源。我们在不断谋划、积极推动我们要做的事情。第三个经验是要处理好融入的问题。法学院应始终紧紧地作为清华大学的一部分，融入清华的大家庭中，我们大部分老师从其他学校加盟清华，所以融入清华就显得非常重要，这也是我自己一直在努力的。同时，学院也要融入中国法治建设的进程中，融入不是坐而论道，而是能够真正以主人翁的姿态解决实际问题。

采访者：您认为清华法学院的发展面临哪些挑战？您对清华法学院有哪些展望？

王振民老师：清华法学院的发展也面临很多挑战。最大的挑战是我们培养的人才能不能满足社会的需要，能否引领中国法治建设的方向。法学院办得好不好，还是要看未来五年、十年、几十年，我们的毕业生在社会上发挥了什么作用。复建以来的清华法学院是年轻的法学院，但再过五年、十年、几十年，法学院就不年轻了，我们的毕业生和其他法学院的毕业生都会处在同一个起跑线上。现在的社会环境对学生有很多诱惑，他们的成长不是一帆风顺的，需要经受各种各样的考验。这个时代提供了很多机会，但也有很多风险和考验。从整个国家来说，越接近民族复兴，国际上的矛盾冲突越多，我们师生要帮助国家解决这些难题，不是靠说而是靠做，要实实在在地去解决问题。还有一个挑战是师资队伍，目前我们的师资队伍非常强，但也面临很多教授退休的问题，需要加大人才引进力度，师资队伍的压力还是很大的。一旦资深教授退休，年轻一代要迅速成长起来，学院也要多关心年轻老师的成长，给他们创造更多的机会，希望能够一代传一代，把年轻老师带起来。

说到对清华法学院的展望，我希望大家还是要团结一致，一切为了法学院的发展；下硬功夫，啃硬骨头；还要善用学校资源，与学校一起把法学院建设好，法学院的发展离不开学校的大力支持，这是我们复建以来的重要经验，将来这一点还要继续坚持。

采访者：在您之前开展的院史研究工作中，有哪些细节令您印象深刻？您对本次院史编纂工作有哪些建议？

王振民老师：院史研究工作非常重要，我们之前做的研究旨在把复建以来的清华法学教育与历史上的清华法学教育形成连接，使二者贯穿起来，2015 年我主编的《法意清华》一书就是之前研究工作的主要成果。为什么书名是“法意清华”呢？因为清华法学教育的萌芽最早可追溯到 1909 年庚子赔款第一批直接赴美的学生，清华大学在 1925 年之前没有设立院系，当时的设置相当于中学加上美国大学本科的一、二年级，一共是八年制，到美国之后进入大学三年级。直至 1925 年清华才正式设立大学部，开始分专业招生。如果严格按院系来算，学校的每个院系都不到 110 年，那么院史如何追溯呢？我提出可以看赴美的学生读了什么专业，回到清华之后他们所去的院系往往就是他们所读的专业，学校对此表示赞同。我们查阅资料得知，1909—1929 年清华共派遣各类留学生 1285 人，其中学习法政的有 169 人。从 1925—1952 年，清华开展了系统的法政教育，1929 年成立法学院，下设法律、政治与经济三系，其中法律学系曾两次短暂成立，那时候的法律教育主要由政治学系承担，侧重于宪法和国际法专业。到 1952 年全面院系调整，清华法学院的政治系与北京大学、燕京大学的政治、法律系，辅仁大学社会系民政组合并成立北京政法学院。虽然 1952—1995 年清华没有法学院系的建制，但以全国人大常委会原副委员长王汉斌、最高人民法院原院长郑天翔、最高人民检察院原检察长贾春旺、司法部原部长张福森为代表的清华法律人积极投身国家法治建设，包括立法、司法、司法行政、法律服务等领域，可以说弦歌不辍，代代相传。所以，清华法学的精神是连贯的，对法治的追求与理想也是连贯的，“法意清华”就是这么来的。

关于院史编纂工作，我认为你们要把院史和校史结合在一起，认真挖掘之前尚未研究的内容。1995 年清华法律学系复建之后，这二十多年是清华法学教育最正规的阶段，特别是复建以来我们培养了近万名清华法律人，你们要多了解他们的事迹与贡献，认真总结复建以来清华法学的历史发展与精神传承。这二十多年的历史超过了建国前二十年（1929—1949 年），希望你们能下功夫好好研究总结。

采访者：您如何选择宪法学、港澳台法律问题作为您的研究方向？

王振民老师：我在中学立的志向是希望从政，把中国人民大学党史专业作为高考的第一志愿，这是当时全国唯一一个党史系，不过后来没有录取，进入了郑州大学法律系学习。一开始我其实很不愿意读法律，因为本来想读政治学，结果读了法学。但进入法学殿堂后，我发现法学比政治学更加博大精深，便对与政治学直接相关的宪法专业产生兴趣，立志考宪法专业的研究生。本科期间，我撰写的《重建我国的社会控制系统》一文被全国性学术会议采用，本科生参加全国学术会议在那时非常罕见。1989 年，我如愿考入中国人民大学法律系攻读宪法学硕士学位，导师是曾参加 1954 年宪法起草的董成美教授。硕士毕业后我本有去国务院法制局工作的机会，当时手续都已经办完了，但许崇德教授与我说，希望我继续留下来读博。法学院那届就招 8 个博士生，我觉得机会难得，便在许崇德教授门下读博。当时许崇德教授正在参与港澳回归的相关事项，我们讨论毕业论文写什么，许崇德教授建议我写港澳法律问题，于是我开始研究基本法，将其作为宪法研究的方向。后来我到香港大学访学，与香港法律界结缘，也是在那时有幸参与清华法律学系复建，便来到了清华大学。

回顾我的经历，之所以选择从事教育工作，是因为我觉得通过教育可以培养很多学生共同推动国家的法治进程，这与一个人单枪匹马是不一样的。近些年来，我有机会被借调到党政机关参与法治实践工作，确实可以把法律研究与实际相结合，更加有利于我的学术研究和科研教学。在我看来，教书育人是各种工作中最重要的。

采访者：关于研究工作您有哪些心得？

王振民老师：我认为做研究与其他工作是一样的，必须得有理想与追求，带着理想做研究，要把研究工作视为一项伟大的事业。要有较大的格局与视野，不为写文章而写文章，为做研究而做研究，研究一定要出于理想，始终以人民和人类的福祉为中心，以此解决存在的具体问题。只要有理想与追求，就能把研究工作做好。

访谈整理：李嘉彧　杨同宇　常悦

访谈时间：2019 年 4 月 3 日、4 月 12 日、4 月 20 日

访谈地点：清华大学明理楼

王振民老师简介：

王振民，清华大学法学院教授，清华大学港澳研究中心主任、国家治理研究院院长，清华大学国家治理与全球治理研究院学术委员兼首席专家。1994 年开始参与清华大学法律学系筹备复建工作，1995 年 7 月正式入职清华大学，曾长期担任清华大学法学院院长、副院长、法律学系副主任。2015—2018 年借调香港中联办担任法律部部长。担任最高人民法院特约监督员，最高人民检察院专家咨询委员会委员，中国法学会学术委员会委员，中国法学会香港基本法澳门基本法研究会会长，全国港澳研究会副会长，深圳市蓝海粤港澳大湾区法律服务研究院理事长。曾任全国人大常委会香港特别行政区基本法委

员会委员、澳门特别行政区基本法委员会委员，中国法学会案例法学研究会首任会长。郑州大学法学学士，中国人民大学法学硕士、博士，美国哈佛大学富布赖特访问学者。第六届“全国十大杰出青年法学家”，美国法律学会（American Law Institute）成员。研究方向为宪法学、港澳台法律问题。

于安：探索具有清华特色的法学教育体系

采访者：我们想详细了解一下您对清华法律学系复建过程的一些回顾，包括您个人的感受与希冀。

于安老师：清华法学院这么多年来取得了很多成绩，这是有目共睹的。时代更替很快，法学院和当年也有很大的不同。我是 1996 年年初正式办理手续调入清华法律学系，但 1995 年就开始参与相关工作。那时候法律学系在人文社会科学学院之下，我的入职手续也是常务副院长林泰老师负责接洽的。人文社科学院在文南楼，经济管理学院在文北楼，和现在大不一样了。当时法律学系由黄新华老师负责具体工作，黄老师是清华毕业的学生。张铭新老师是从武汉大学调过来的，他也负责有关工作，我和王振民老师也负责有关工作。张明楷老

◀ 于安老师

师、崔建远老师到校的时候，都是我负责接洽的。王振民老师当时博士还没有答辩，他就已经开始为清华法律学系复建做工作了。

再谈谈清华法学教育的相关事情。时任校长王大中院士对清华大学的发展做了重大贡献，恢复法学教育也是王大中校长力主推进的。据我所知，当时建立了清华大学恢复建设法律系筹备委员会，原最高人民法院郑天翔院长担任名誉主任、委员，王大中校长担任主任、委员，他们二位对清华恢复法学教育居功至伟。原清华大学党委副书记张绪潭，全国人大常委会法制工作委员会原副秘书长王著谦都对清华法学教育的恢复做了巨大贡献。我实际上是由王著谦老师介绍进入清华的。我 20 世纪 80 年代读硕士研究生的时候，学的是行政法，也参与了一些立法工作，所以与全国人大法工委的同志相对熟悉。我是“文革”后四川省第一批竞争聘任教授的人员，当时在单位发展条件也不错。1995 年清华恢复法学教育，我才从西南政法大学行政法教研室到了清华大学。总之，清华法学教育的恢复是具有战略意义的。

清华法学教育是工科大学向多学科大学发展的一个样本。后来也有工科大学建立了法学学科，但是经过二十多年的实践，清华大学是第一个，而且它的发展是很不错的。在文科大学办法学教育和工科大学办法学教育是不一样的。我刚调入清华的时候，主要进行授课，授课过程中发现工科大学的学生与原来西南政法大学的学生不一样。那个时候，我们还会到三环路下面一幢很普通的二层小楼里给夜校学生上课，还有法律硕士项目、双学位项目，这些都分散了老师的一些精力，也在一个侧面说明了草创期的艰辛。为了拿到二级学科学位授予权，我们也耗费了很多功夫。一开始的时候，清华法律学系在主楼十楼办公，系里的办学条件比较艰苦，基础设施方面也比较艰苦，座机电话装起来都很困难。

清华法律学系最开始招的是研究生和双学位学生，学位是走的思政专业大法学学位，而且主要靠转系学生才建立起学生的基础。不过有一点我是很认同的，清华大学对教育质量的保证是很下功夫的。清华法学院有很长的法学教育传统，但历史上的清华法学院与现在是不同的，原来的法学是“大法学”，包括政治学、经济学等不同学科，清华真正发展今天我们所说的法学教育实际上没有很长时间。虽然我们现在取得了很多成绩，但是不可否认，我们今天的很多管理方式还保留了工科大学的一些特征，比如重项目。但是，这种方式是否适合法学教育和法学院的发展还是值得商榷的，因为法学教育的公益性和外部性是很强的。而且，科研评价、教学管理等方式也还是有着工科大学的特征。工科强调项目，项目强调团队，团队强调权威或者领军人物，但是法学研究还是以教师自己研究为主，这个也是法学研究与工科研究的不同。建立一种符合法学教育与法学学科发展的管理模式是当下最切近的命题。工科强调问题导向，法学更强调体系性建设，法学教育与研究实际上具有终身性。因此，一所工科大学发展具有系统性的法学教育和法学研究，还有很长的路要走。

访谈整理：张式奇　白冉冉

访谈时间：2019 年 4 月 24 日

访谈地点：清华大学公共管理学院大楼

于安老师简介：

于安，清华大学公共管理学院教授、政府管理与创新研究所所长。参与清华大学法律学系复建工作，1996—2003 年在清华大学法律学系、法学院任教。西南政法大学法学学士，中国政法大学法学硕士，北京大学法学博士。兼任中国法学会行政法学研究会副会长，中国法学会世界贸易组织法研究会副会长，并担任北京市人大常委会法制建设顾问。主要研究领域为政府管理中的公法学问题。

崔建远：与清华有缘

1993年下半年，客观原因促使我决定离开学习、工作并全力培养自己的母校。起初是北大法律系邀我加盟，开出的条件是租给三居室的住房，一家三口同时进京。我闻后愉快答应，同时问询如何解决我太太的工作以及住房所在。得到的回音是：受进京指标和增容费的制约，你太太及儿子暂缓入京，三居室的住房最好给年长你两岁的一位老师，但可租给你两居室的住房。我对于住房要求不高，但特别在意我太太的工作，尤其担心自己在北京大学无亲无故，假如我先进京，但不再积极解决我太太的户口和工作，如何是好！

在给梁慧星和王保树二位教授写拜年信时，我向二位老师谈及了北大之事。他们希望我入职中国社会科学院法学研究所。能加盟这个法学重镇，我自然十分高兴，但问题在于社科院历来不解决配偶的工作，也不办小学和中学，这使我忧心忡忡。尽管时任法学研究所所长的刘海年老师诚恳表示帮助解决我太太的工作，联系合适的小学，我也觉得情重泰山，何以回报？故难下决心。

期间偶遇大学同窗好友高鸿钧教授，他告诉我：法学研究所历次开会谈及你的工作调动问题，他都在场，感受到法学研究所领导和梁慧星、王保树二位教授确实诚心欢迎你，但不解决配偶工作乃法学研究所的惯例，无小学和中学也是事实。如果你愿意，他愿意向清华大学引荐，因为他时任法学研究所科研处处长，与时任清华法律学系党总支书记张铭新教授、主管日常工作的系副主任黄新华副教授有工作上的联系。

我当时对此求职未抱希望，没太在意，未下功夫撰写求职信，只是在稿纸上简要地写了五项成果了事，邮寄给清华法律学系。出乎意料，张铭新书记代表清华法律学系回函：欢迎你入职清华法律学系。

我来清华大学面商时，他和黄新华副主任代表法律学系接待了我，又把我引荐给时任清华大学党委副书记并主管文科工作的胡显章老师。胡显章老师接见并明确告知我：学校虽有三居室的住房，但依学校政策只给你两居室的住房，工作关系转入学校后再排队分房；你太太到学校图书馆工作，小孩入学清华大学附属小学。

后来，闻知国家教育委员会可能干预我调入清华大学，我立即前来，向胡显章老师汇报并求教如何应对。胡显章老师认为，这不合工作程序，劝我不必担心。过了数月，我又闻知国家教育委员会将阻止我入职清华大学，便再次来见校、系的领导，汇报情况。此次，胡显章老师告诉我：明天学校召开校长书记联席会，会讨论你的事情；你先住在近春园招待所，听候消息。

第二天，胡显章老师通知我：学校领导班子已经决定，即使你及夫人的工作关系长期转不到清华大学，学校也会按照规章制度安排你及太太的工作，发给工资及津贴，孩子入学清华大学附属小学。至此，我及太太都感觉清华大学办事果断，何事能办、何事不给办，说在明处，清清楚楚，毫不含糊，给人以踏实感，到清华大学工作放心，基本上决定落户清华。

诚然，北大法律系历史悠久，队伍齐整，积淀厚实，硕士点、博士点俱全，什么都是“现成”的，到那里工作会较为轻松。社科院法学所乃法学重镇，人才荟萃，成果丰硕，闻名遐迩，在那里工作会较为容易地成长起来。那时的清华法律学系仅有五位教师，等于“白手起家”，肯定困难重重。如何抉择，纠结难免。

学习、研究民法，养成了民主、协商的理念和习惯。我们夫妇向当时升入小学五年级不久的儿子透露信息，并半真半假地征询他的意见：北京大学、中国社会科学院法学研究所、清华大学三家都愿意接收爸爸的求职，你说应到哪家？

儿子不假思索地回答：清华。我们夫妇问他为什么首选清华大学，他回应：清华名字好。至此，我们一家三口一致同意落户清华大学。

在求职清华大学的整个过程中，我切身感受到胡显章老师的儒雅、睿智和宽厚，人事处的负责、高效，金处长和杨副处长的热情、周到、实在，调转关系顺利解决。这使我们全家感动不已，不止一次地诚心邀请金处长和杨副处长到餐馆一叙，但均被婉言谢绝，理由很简单：这是人事处的本分，不宜开启此风。多次想看望胡显章老师，也都被他老人家谢绝。这些都让人切身感受到清华大学的正气！

自 1996 年 8 月到清华法律学系工作至今，有苦有甜。自 1997 年年初接任清华法律学系副主任开始，便制订培养方案及教学计划甚至每学期的课程表；为在校学生顺利毕业，草拟法学硕士学位授权点的请示报告一份又一份，摞起来不知有多厚；陪同时任研究生院常务副院长的郑燕康教授奔波于学校与国家教育委员会之间，已记不清几次；七名教师根本满足不了教学的需要，不但讲授自己专业的民法学，还要主讲知识产权的课程；为引入人才不知耗去多少精力，如为引进马俊驹教授，我八下昌平，有一次扑了个空，左等右候，不见马俊驹教授的身影，当时又无手机，胡显章老师便给我们讲“程门立雪”的故事……

有苦不觉苦，因有温情在。那时，已经卸任清华大学党委副书记的张绪潭老师与其夫人王著谦二老，每逢节日便邀我到家做客，以排解我孤身一人在北京之寂寞；历任校长王大中教授、顾秉林教授、陈吉宁教授都接见、座谈，使我感受到校领导的关怀、重视。

苦尽甜来，这些年来收获颇丰，学术上有分量的成果产出，荣获“中国出版政府奖图书奖”等一系列奖项，入选“全国十大杰出中青年法学家”，成为教育部“长江学者”特聘教授，又获清华大学资深教授的殊荣！

面对这些，深感语言的贫乏，就说一句简单的话：诚心感谢！

访谈整理：连芮桦　郑中云

访谈形式：书面访谈

崔建远老师简介：

崔建远，清华大学首批文科资深教授，清华大学法学院教授、民事法研究中心主任。参与清华大学法律学系复建工作，1996 年入职清华大学法律学系，曾任清华大学法学院副院长、法律学系副主任。吉林大学法学学士、法学硕士。国务院政府特殊津贴专家，教育部“长江学者”特聘教授，第二届“全国十大杰出中青年法学家”。兼任中国法学会民法学研究会副会长，北京市物权法学研究会会长。参与全国人大常委会法制工作委员会主持的有关民事立法草案的研讨工作，任中国法学会民法典编纂项目领导小组物权法编课题组总负责人。研究领域为民法学。

高其才：齐心协力，共创未来

采访者： 您从 1997 年开始在清华大学法律学系、法学院工作，当时是什么原因吸引您选择了复建的清华法律学系？

高其才老师： 我原来的工作是在中南政法学院（现为中南财经政法大学），因为我本身老家也不是武汉的，在湖北工作了十二年，总感觉不太适应武汉的气候，冬天特别冷，夏天特别热。另外一个原因就是，在一个地方工作长了以后也想是不是变一下。当时我爱人在北大读博士，她正要毕业，毕业有一个重新选择的机会，我们就想是不是到北京，所以当时就联系了几家。联系到清华的时候，因为确实刚刚复建，人也比较少，所以有了这样一个机会，也就是说有些偶然性。

◀ 采访者与高其才老师（右）合影

当然选择来清华，主要考虑以下几点：第一个原因，清华大学比较大，虽然当时还以工科为主，理科也还在复建过程中，但毕竟它在全国的影响力很大，这一点还是很重要的一个吸引因素。第二个原因，法律学系因为刚刚复建，人比较少，所以感觉人际关系各方面会比较简单。因为原来系里面没有多少自己的人，基本上都是新来的，这样的话大家可能比较好相处。第三个原因，一个新的开始会有一种新的气象，教学也好、科研也好，或许有一种新的状态，个人的发展相对也会更宽松一些。

选择北京，因为毕竟北京有它的一些特点。选择清华，其实那时候也有顾虑，因为也有了解清华的人劝我。由于学校很有传统，在发展过程中，它有自己的一些特质，这些特质可能是两方面的，有一些可能是很优秀的、很好的方面，也有一些可能在某种角度来说不是特别好的方面。比如说 1952 年院系调整以后，清华的文学院、法学院都调整到北大去了，后来发展成为一个多学科的工科型学校以后，工程教学形成的一些特点对于我们社会科学的教研来说不一定完全有利。但是，我想反正主要是自己做自己的事情，学校的环境仅仅是一个方面。而从总体上来说，清华总是要恢复成综合性大学，所以长期办工科形成的一些特点不一定会具体影响到我们每个老师自己的教学科研。故而，虽然也有一些顾虑，但总体上经过综合平衡以后，还是做了这个选择。

另外还有一个很大的因素，我当时来的时候我们有一个通讯录，我当时排在所有教职工第 13 位，我前面就是马俊驹老师、曹南屏老师，我们差不多同时来的。崔建远老师当时已经来了，崔建远老师的正式加入对我影响很大，我觉得崔老师能够来的话，应该可以相信他的判断，这对我最后下决心还是有一定的影响。

采访者：刚复建时清华法律学系给您的整体印象是怎样的？

高其才老师：我记得是 1997 年 7 月份先把家搬过来了，12 月份最后把手续办过来的。7 月份来了以后，8 月底第一次开会，当时法律学系还在主楼上面，现在已经重建了。当时那个地方外面有一间比较大一点的房间，旁边有两间比较小一点的房间，我们在这其中的一间里开会，当时就有老师说人都坐不下了。法律学系在那里办公的时间很短，后来就搬到三教去了。那时候感觉人不多，在我之前有“两个半”老师，即黄新华老师、张铭新老师，“半个老师”是王振民老师，因为参与复建时他还是博士生。“两个半”老师后面调进来的有于安老师，施天涛老师是毕业之后过来的，然后有崔建远老师，后来又有马俊驹老师和曹南屏老师，这样的话，在我前面就有八位老师，还有五位行政人员。在 1997 年的时候，我们招的都是从其他院系转来读双学位的学生，当时他们那一拨刚刚转过来，研究生当时也才几个。所以那时候教职工人比较少，学生也比较少，地方也比较小。当时没有给老师独立的办公室，只有一个开会的会议室，办公、会议就都在这里。当时我们系主任是王叔文老师，他研究宪法学。很多课我们也请了中国社会科学院法学研究所的老师来上。后来 1999 年明理楼盖好，来的老师就比较多了。

第二个整体印象是大家心比较齐，因为大家不论如何都要逐渐地把法学学科做上去。大家来到一个新的地方，当然也都有一些思想准备，所以人心比较齐。条件相对来说是比较差一点，但是大家对未来的发展很有信心。科研方面从总的来说，大家按照自己的安排来做。当时因为学生少，所以我们与学生的关系也比较紧密。第一批学生是本科从其他院系转过来的法三，后面是法五，法三、法五都是本科双学位。法九是招收的第一批法学专业本科生，当时还不是全国招，只在个别省份招。那时候事务性的工作大家都是一起做的，没有分内分外一说，包括积极联系各个地方的老师介绍情况，因为当时还是要引进人才嘛。可以说复建之初的法律学系是朝气蓬勃的，大家到了新的单位，都希望有个新的开始。

采访者：对于清华法学院这二十年来在教学、科研、育人等方面的发展情况，您有什么评价？

高其才老师：我觉得整体来说，清华法学院能从"两个半人"、两间房发展到现在主要有以下几点原因：

第一，法学院发展首先靠人。当时，李树勤书记在引进人才方面做了不少工作。有了师资以后，进行学生的招收与培养、开展科研工作就有了基础。我觉得关键来说还是师资队伍比较整齐，当时的老师都是从国内外调回来的，老师的个体素质及对于教学的热爱、科研的投入都很可观，不论是年纪大、已经成名，还是非常年轻，大家在教学科研方面都很投入。其他大学有些老师兼职做律师的可能比较多，我们在这方面比较少，还是以教书育人为主。我们的师资队伍比较整齐，都把教书做研究放在唯一的位置，老师们来了之后都兢兢业业，是一支很好的队伍。

第二点，我们对本科生比较重视。很多学校人多，不一定是资深老师来教本科生，我们因为老师人少，不上本科生课就没人上。当然我们有时候也在想这种做法的效果怎么样，现在也不好说，但是至少国内没有其他任何一个法律院系本科生的师资能够有这样的情况。我们学院对本科生教学非常重视，赢得了学术声誉。

第三点，学院强调国际化。我们很多老师都是双博士，还招收海外的LLM，应该说这是国内最早的，影响也是蛮好的。国际化是我们学院比较突出的方面。

这里面有一个关系，学院的发展与老师个体的发展相辅相成，学术能力不断增强，产出也不断增加。虽然我们在有些国内评估中比较低，因为传统的教育部学科评估，有重点学科、基地等因素，但是我们在这方面因为时间短、历史不长，刚开始还比较困难，后来通过各种努力相对来说好了一点，也不算很吃亏。

刚开始我们讨论过要建一个什么样的法律学系，要不要有特色，比如强调与工科相关的知识产权、科技法等，后来逐渐觉得还是要入主流，和老牌法学院对话，要进行法学整体的学科发展，同时还要有特色。其实发展特色很难说，比如说农业院校，它要办法学院是不是进行农业法制建设？其实很多时候也不一定是这样的。当然有些民族院校，它的法学院可能偏重民族法制方面。总体上来说，从工科院校发展成综合性院校，我们的法学院发展还是比较成功的，比如上海交通大学、浙江大学的法学院在一定程度上受到了清华法学院发展的影响。

所以这里面其实是蛮复杂的，有些东西也不是三言两语讲得清楚，但是总体上来说，大家整体团结、齐心协力，虽然来自四面八方，但都形成一种共识，就是我们要把这个事情做好；集体做好之后，对个人发展也有利。如果说印象比较深的，还是人心比较齐，后来人多了似乎就有些常规化了。早期阶段两个因素很关键：民主、团结。第一，大家团结，没有小算盘；第二，大家有事都商量，制度氛围很好，关键还是人，发展的方向也对。总结来说，核心是人、制度民主、氛围团结、方向全面入主流。

还有我们的大楼，这也是很好的条件支撑，当时国内还没有一个法学院系可以单独有这样一栋楼。有了大楼，大家就会觉得清华法学院很有朝气，总体来说还是比较愉快的。

采访者：您在学术研究方面有哪些治学经验？

高其才老师：治学经验谈不上。第一个是兴趣。兴趣就是与自己的经历、思考和认识有关系。比如说，我们现在进行法治建设，到底怎么建设？这是一个很纠结的问题，我们的纠结其实和历史上变法修律时沈家本、张之洞的纠结是一样的。我们的道统要不要承继下来，我们的道统怎么样才能够有生命力，能够继续使我们的老百姓幸福，使国家强盛、天下太平？这些东西其实是核心性的问题，只不过大家不断地在试错，你方唱罢我登场。

我觉得现在进行法治建设很重要的一件事是要把事实弄清楚。我自己从大学读书的时候开始接触到西方的社会法学派。我觉得可能既要从国家角度，又要从社会角度进行多元认识，这样是不是能够更全面一点？以前人家认为我们的制度太落后，太不人道。我们先人道起来，先从文本上改变，选择以德日为模版是因为法典翻译快，这是个便宜、功利的想法，不是说从真正的生活需要出发，从而造成现在这个状况。所以，我自己个人的学术兴趣点就是能不能把事实描述清楚。描述清楚事实以后，后面比如说人家愿意在这个基础上进行一个价值考量、制度安排。我总觉得我们现在的制度相对来说确实缺乏一个本土基础，包括现在《民法典》的编纂。因为它确实来说很多地方可能没有充分地考虑生活以及文化的状况，总是要通过法律来改变或者说引导固有的一种行为模式。立意是不错，但是存在一个契合性的问题，所以我觉得可能各个方面的研究都有价值，比如说法文本的研究、法哲学方向的研究等。只有一个多样性的研究，才能够把中国的复杂性解释得更清楚。我们过去总是想要一个简单的逻辑，其实很明显做不到。我们的学生在中国学习法律，不知道学了那么多年什么感觉。我是越来越悲观，因为太难了，就是说你的很多立意是挺好的，但是实际上来说效果很成问题。另外，大家知道我们的法律与政治意识形态的关系，可能也有很多方面需要进一步探讨。我觉得我们学法学，一定要强调法学不是制定让人过得更难受的法律，法学应该是为人谋幸福。所以对法学的宗旨和目的要有一个自己的认识，否则的话会越学越痛苦。

第二，我觉得学法学确实比较有挑战性。因为在社会生活中，任何新的事件都可能会反映到大家对规则的重新认识或者说讨论这些方面。所以，你会不断地接触到新事物，不断地感受到社会发展的一种脉动。一般来说，我觉得除了新闻记者，法学界可能是比较会感知社会状况的。很多人觉得法律好像是保守的、滞后的，其实不然。特别是在现在这样的社会状态下，“变”应该还是一个主流性问题。所以在这种状态下保持敏感性，保持对生活的关注和热爱，对于法学学习来说意义很大。你不能只理解文本，我是 1981 年上大学的，那时候学的主要法律是刑法、刑事诉讼法等，这是当时有了法典的法律部门，而其他法律部门很多都没有法典。现在这些法典都有很大的变化了，所以对法条我们要保持所谓的严格法定主义，对于文本、规范法典的讨论是一个基本功，但我觉得也要看到社会发展的状况，因为现在我们这个社会还不能说是一个完全稳定、成熟的社会，社会关系变化很大。即使在西方社会，这个挑战性也非常明显。就像最近这一两年很热的人工智能，是科技发展引起的，它可能对于原来的法律观念有很大的革命性、颠覆性的挑战。所以如果你学法学是非常呆板、机械、静态地学，没有学到这个东西的精髓，没有关注到生活的话，就可能学不好。

第三，要多读经典。因为经典里面涉及对人性、人和群体之间、人和社会之间以及我们对国家的基本的思考模式。你需要掌握这些经典，再保持一种对人类的爱、对人类自由的关注，这样才能够适应社会的发展，甚至引领社会的发展。

我们经常说中国法学是火锅式的，既有我们固有的东西，也有外国传来的东西，而且外国的东西又分为两类，德日的多一点，同时也有苏联传过来的影响。火锅到底怎么样，能不能产出一个新的东西来，大家都很迷茫。法典要站在中国的大地上，为中国老百姓的自由和幸福服务。所以，我们现在学法学既有意思，也有意义，同时也很有意味。总体来说，需要每个同学在学习过程中好好思考。

采访者：最后，请您谈谈对清华法学院的展望。

高其才老师：我个人觉得，坏的话坏不到哪去了，发展得更好也很难。第一，老师少、历史短。我们影响力的形成需要时间，有自己的天然局限和不足。会退步到什么程度呢，也不会，但是说进步到第一第二呢，可能也不现实。而且我们现在也许最大的问题是年轻人的进入问题。随着学校人事制度改革，我们的编制、长聘岗位是有限的，而且我们远远超过了刚开始学校给我们的名额。所以在这样的状况下，学院从 2015 年后都没进人了。现在逐渐开始有老师要退休，怎么样再吸引一批有竞争力的年轻老师来充实清华法学院的师资队伍，这是现在最大的一个问题。但是，这看起来不是太乐观。一是我们的编制有限，这是一个技术上的问题；二是我们现在这种所谓竞争考核制度对有些年轻人来说可能也不太好接受，所以他们就到其他院系去了。这样的话，清华法学院怎么保持现在这样一个发展势头？我认为不能说是危机，但至少是没有近忧，也有远虑。

第二，我刚才也强调，关键在人，制度要民主，然后环境要团结，有相对的条件的支撑。现在来讲人多了以后，要注意管理成本，或者说民主的方面，比如说资源多了以后，人的名利心可能会逐渐滋长，有些人可能有他自己的小算盘。所以，现在这种状况像朝代更迭一样，有开始的时候、中期的时候，然后不知道有没有衰落，毕竟也有这种可能性。像我们刚开始来的时候，做社会性的工作、行政性的杂务，大家是不计条件的，都说工作总要有人做。但现在恐怕大家有时候不一定做，或者即使做的话，也不一定那么兴高采烈、心甘情愿。现在人事制度改革后至少从科研产出方面来说，还是很明显地逼着老师工作，特别是短聘转长聘制度对于年轻老师来讲压力还是比较大的。拼不上，可能就要走人。

话说回来，评估机制也有缺陷，它的指标体系是量化的东西。目前在学界和民间，清华法学院还是得到大家的认可，但是从官方数字上来说，肯定不可能太好看。比如与政法院校比，我们的老师太少了，北大、人大他们都一百来人。所以应该说我们法学院最关键的可能还是要抓住核心，核心是人的问题。如果以后每年能够至少有几个有竞争力的青年学者加入的话会更好，否则的话，随着年老的、学有成就的、很有声望的老师退休，可能会有问题出现。现在的制度从年龄规定上来说比较一刀切，因为你不一刀切，不腾出这个位置来，后面就没有指标，就没法进人。所以清华法学院需要考虑如何使这些老教师继续发挥余热，但是从制度上来说比较难。清华大学有自己的制度，法学院作为一个二级学院，怎么样在清华大学这个框架之内能够继续发展，这还要根据自己的特点来进行。

另外，还有资源问题。比如说，现在我们有两栋大楼，经费条件的支撑怎么办？怎么样创造好的教学科研条件为学生发展提供好的基础？物质条件也是一个问题。

清华法学院能够发展成这样已经很不错了，也很不容易，但是要继续发展可能更不容易。

访谈整理：尹子玉　乞雨宁

访谈时间：2019 年 2 月 28 日

访谈地点：清华大学明理楼

高其才老师简介：

高其才，清华大学法学院教授，习惯法研究中心主任。西南政法大学法学学士，武汉大学法学硕士，中国政法大学法学博士。1997 年起任教于清华大学法律学系、清华大学法学院。中国法学会法理学研究会常务理事，中国农业农村法治研究会副会长，中国人类学民族学研究会法律人类学专业委员会副主任委员。研究领域为法社会学、习惯法、司法。

于丽英：师生共建法律图书馆

采访者：作为清华法律图书馆馆长，您的日常工作有哪些？

于丽英老师：图书馆馆长和图书馆馆员所做的基本工作其实是差不多的，我们法律图书馆是一个专门性的图书馆，我作为馆长的首要工作是负责统筹安排各项事务，还包括与法学院、校图书馆的沟通联系等，然后我还负责整个法律图书馆中文图书资源的采购和入藏，外文图书资源主要由老师和学生推荐后采购，电子资源部分我也负责征求师生意见与评估结果。此外，还有师生们的各种咨询也由我来回复，例如老师课题需要哪些资料，图书馆缺少哪种图书这类咨询。大体上这就是我的日常工作内容。

采访者：请问您是什么时候来到清华法学院工作的？您与清华法学院的渊源可以从哪里说起？

于丽英老师：到 2019 年为止，我在清华法学院已经工作二十二年，我是 1997 年 12 月到清华法学院工作的，那时还是法律学系。当时我们还没有自己的办公地点，先是在主楼，后是在三教，我刚来的时候在清华大学图书馆办公室待了两年，从事法律图书馆的筹建工作。之前，我是在中国人民大学图书馆文献研究室工作，我也是通过很偶然的机会来到清华法律学系。那个时候，法律学系在学校图书馆有两个房间的法学专业资料室，当时除了我之外还有两个助理，此外还招了很多学生做图书馆的兼职助理，从整理资料到阅览室的开放等都主要由学生助理负责。从法律学系复建开始，学校和学院都非常重视法律图书馆的建设。

采访者：清华法学院有哪些老师令您印象深刻？

于丽英老师：这个要说的话有很多，毕竟图书馆与老师们的关系十分紧密，法律学系复建的时候老师也不多，那时候图书馆与老师之间更是密不可分，图书馆的工作离不开老师们的参与和支持。例如，图书馆初建之时，一个很重要的资料来源是图书的捐赠，这个捐赠包括老师将自己的图书捐赠，也包括老师们联系其他地方进行捐赠，很多来自香港的图书就是王振民老师联系的。当时还购买了一批旧书，来源于中国政法大学图书馆，并不是所有的书都适合上架，所以那时候马俊驹老师、高鸿钧老师、高其才老师等都一起帮忙进行选择图书的工作，大概有八千册左右的图书。我觉得法学院建设图书馆有两个值得说的方面：一个是目标非常明确，就是要建立一个专业性质的图书馆；另一个是历任领导的支持、重视。我们以前的惯例是法学院院长兼任法律图书馆馆长，第一任馆长就是原院长王晨光老师，王老师对图书馆可以说是事无巨细地关心，他参与了馆舍布局，甚至还和我们一起搬过桌子，还有图书馆楼道里的画、状元匾、木制对联、美国独立宣言复制件都是王老师捐赠的。第二任馆长是原院长王振民老师，他是一个爱书的人，法律图书馆里面很多有特色的特藏资源都是他决定采购、拍板落实的。后来由于王振民院长事务繁多，所以决定不再兼任馆长。2009 年，学院决定由张卫平老师担任法律图书馆馆长，我担任常务副馆长，2010 年张卫平老师辞去馆长，当年 9 月院务会议决定由我担任馆长，黄晓玲老师担任副馆长。从图书馆与老师的关系来看，学院老师对图书馆倾注了很大的热情与支持，例如贾兵兵、汤欣两位老师担任图书馆的教师顾问，贾兵兵老师曾三次获得“读者之星”的称号，汤欣老师获得 2018 年“读者之星”的称号。在图书馆的资源建设方面，这两位老师经常推荐图书，并提出专业的建议和具体的意见。我们图书馆还有一批德文图书，陈卫佐老师、王洪亮老师都提出很多关于图书质量与种类的建议，促成了这批德文图书的购置，这批书的经费也是王振民老师从学校争取来的。此外还有张建伟老师提供了一批日文图书的信息线索，约 500 册左右，我们后来联系学校图书馆采购而来。还有傅廷中老师也给我们推荐海商法书籍的信息以方便我们采购，还手写推荐信给我们，虽然我们的经费有限，常常无法满足老师的需要，傅老师还是十分理解我们。另外，一位日本教授退休后想把一批图书赠送给图书馆，周光权老师就帮助他联系了我们。至于法学院老师们的赠书，那真的是太多了，例如王保树老师去世后留下的约 3000 册图书都给了图书馆。所以法律图书馆的发展绝对离不开老师们的关心与理解，有师生们的支持，才有法律图书馆的今天。

采访者：请您介绍一下清华法律图书馆的历史发展过程，其中有哪些重大事件。

于丽英老师：清华法律图书馆从建立到发展，其规模、层次、水平在国内法学院系的图书馆中有一定的地位与影响力，二十多年的历史虽然发展时间不长，但是我们起点比较高，定位比较明确，即建设一个和清华大学、清华法学院地位相称的法律图书馆，建设过程也比较顺利。在清华法学院复建之初，在那么艰苦的条件下，学院还是决定建设一个自己的图书馆，这个方针是非常英明的。一开始我们借助学校图书馆的两间阅览室，这是法律图书馆的雏形，奠定了图书馆未来发展的基础。2000 年之后，随着明理楼的启用，法律图书馆搬入明理楼，开启了一个新的发展时期，即开始了自动化运行，可以说这是国内第一个在一个大学的法学院拥有自己独立的大楼和图书馆，我们图书馆的面积也不小，有两千平方米，而且还有电子阅览室。2001—2003 年是图书馆从基础建设到规范运行的关键时期，2001 年有一批关于香港基本法的图书资料得以被整理，我们开辟专门地方管理，这是法律图书馆在运行初期比较系统的、有特色的一个资料。我们的服务也逐渐规范化，在业务工作之外，还配合学院的法学特色制作一些专题的信息专栏，这个到现在也一直在做。还有一项一直坚持的服务是针对老师课程的指定用书，我们提供专架阅览，以方便学生们随时翻阅。我们现在做的一项工作就是将各课程的参考用书数字化，进一步为学生们的学习提供便利。2003 年，我和田涛老师一起开设《法律文献学》课程，这在国内法学院系里算是较早开设的。在 2008 年，我独自开设《法律文献检索》课程，这是研究生的选修课程，也是领先于其他法学院开设的同类课程。此外，在我的印象里，2001 年之前我们的数据库资源很少，2001 年之后我们增加了很多电子资源，尤其是从国外买到了一些法学类数据库的资源。无论是开设文献检索类课程，还是购置数据库电子资源，都大大提升了学生们利用资源的能力，有助于教学发展。还有一件大事，2014 年举办了清华大学法律图书馆的命名仪式，命名为“胡宝星法律图书馆”。

采访者：您对清华法学院院史编纂工作有哪些建议？

于丽英老师：我觉得院史的出版是必要的，尤其是法学院院史的史料梳理是很有价值的，可能经历者自己在当时经历的时候没什么感觉，但是回过头再看的话就有一种历史感，如果再过十年、二十年，就会有不同的感受。

采访者：清华法学院有哪些校友令您印象深刻？

于丽英老师：校友的话我个人可能接触的比较少，尤其是最近几年联系比较少。我记得当年法三的许多校友都是法律阅览室的志愿者，还有其他校友至今也印象深刻，如李旭、孟芊、葛英姿、王恒福、康震、魏南枝等校友，都积极参与了图书馆的早期建设和勤工俭学活动。

采访者：您如何评价清华法学院对本科生和研究生的教育？

于丽英老师：我不是专职的授课老师，对于学生的了解情况有限。从我个人的角度看，清华法学院整体的教育都很好，老师很优秀，还有很多教育资源，例如讲座、会议、交流等，我们的学生处于这种教育环境下也是得天独厚的。现在学生选课自由度比较大，法学院拓宽学生的视野，提供了很多非法学的专业课程供学生选择，但学生的选择可能具有盲目性，我个人觉得还是要培养学生扎实的法学知识基础，处理好必修课与选修课之间的关系，不至于让学生花费大量的时间、精力去学习各种选修课而影响专业课的学习与研究。

采访者：最后，请您谈谈对清华法学院和法律图书馆的展望。

于丽英老师：我对清华法学院和法律图书馆未来的发展充满希望，我们依托于清华大学，拥有完善的硬件设施、优秀的学生和雄厚的师资力量，将来是可以寄予厚望的。法律图书馆和清华法学院是紧密联系、相辅相成的共同体关系，共同建设、共同发展，学院对图书馆的重视使得图书馆发展很好，反过来图书馆又为老师的教学科研和学生们的学习提供了针对性的帮助。随着学院新大楼的建成，希望法律图书馆和清华法学院能够继续保持这种密切的关系。

访谈整理：翟家骏

访谈时间：2019 年 1 月 15 日

访谈地点：清华大学明理楼

于丽英老师简介：

于丽英，时任清华大学法律图书馆馆长。1997 年起在清华法律学系、法学院工作。北京市法律图书馆与法律信息研究会会长，北京市法学会常务理事。

陈建民：诊所式法律教育的践行者

采访者：您曾经在中国科学院和中国人民大学二分校工作，是何种机缘使您选择来清华法律学系工作？

陈建民老师：我1983—1986年在中国科学院科技法规处工作，主要参与科技立法调研、科技体制改革、科研成果管理等工作，我也参与了该处的筹建工作。1984年，我接受了中国首批专利代理人的培训，当年就获得了全国第一批专利代理人的资格，是最早从事专利法实践的专业人员。1986年秋季，我调到了当时的中国人民大学二分校任教，主授民法和知识产权法。

清华大学1995年恢复法律学系，尚未建立法学院。我调入清华法律学系之前曾经参与解决了清华大学一件在当时较有影响的知

◀ 采访者与陈建民老师（左）合影

识产权纠纷，在解决该纠纷的过程中，有机会得知清华法学院复建的消息。我当时也是一名兼职律师，主教民法和知识产权法。试讲通过后的 1998 年春季学期末，我调到清华法律学系任教。除了担任知识产权法学的教学工作，我还同时承担了一些法律实践性的课程，例如律师实务、仲裁、公证、法律文书写作等课程。

1999 年，我参与了法学院法律诊所课程的筹备工作，2000 年秋季该课程正式开课，我一直是这门课程的主要负责老师。我还担任了法学院本科和硕士生知识产权法学、知识产权案例研讨、知识产权实务研究、律师实务、仲裁法学、法律谈判等课程的任课老师，后来还担任了全校公共课程知识产权法与实务的任课老师。

我主要是带着问题在实践中学习和研究法律，方式是自学加接受培训。法律实践性课程的教学一定要紧密结合实践，需要教师具有一定的实践经验。就知识产权法学及其他课程而言，也是既要有理论、又需要了解社会的现实。知识产权法学综合了竞争法和民商法的内容，很需要理论基础和实际工作的能力。我很庆幸自己在清华法学院可以从事知识产权法学和法律实践性课程的教学与研究。

采访者：在您来到清华法律学系之初，对于清华法律学系有哪些印象？

陈建民老师：我印象最深的有三个方面：

第一，当时的清华法律学系是没有很多办公室的，上午的上课时间早于其他院校。有早上的课程时，我到学校后都是坐在车里备课和吃早饭，中午没有休息的地方，基本上也是在车里休息。那时候法律学系没有独立的办公楼，也没有独立的教室，工作环境还是比较艰苦的。在我印象中，那一段时间我来学校上课从未发生迟到、早退的情况。虽然我住在校外，早上有课时六点就要起床，六点一刻就要开车过来，但心情是愉悦的，上课对我而言是一项特别喜欢的工作。

第二，虽然当时清华法律学系的办公条件不好，但几乎每周都有一次例会，全体教职人员都会参加，大家都挺快乐的。当时看着在建的明理楼天天变化，憧憬着搬进明理楼的幸福感，因为那时候已经知道每个老师基本上都有一个办公室，所以很是期盼。

第三，我刚进入清华法律学系就参加了部分知识产权专业方向硕士研究生的论文答辩，我记得当时的研究生都是具有理工科与法学的复合背景，我感到挺新奇的。记得论文答辩也是在唯一的那间系综合办公室进行的，答辩的学生人数少，但是参加答辩的老师状态很好，积极提问、严格把关、认真热情，给我留下特别深的印象。

采访者：您认为清华法学院复建二十年来有哪些特色？

陈建民老师：清华法学院的发展经历了不同的阶段。

第一，好的法学院要有好的教学人才，清华法学院是复建的，引进的各专业学科老师来自不同的单位，学生也是来自不同的院系，后来又有国际学生。教师具有覆盖面广的特点，这样就可以将不同背景、不同院校、不同经历的教学研究人才聚合在一起，取长补短、各有特色。这也算是清华法学院教师队伍构建的特色。

第二，清华法学院迅速搭建了学科框架。复建时强调的是培养知识背景复合型的人才，由理科学生学法律，这在当时也是一个很强的特色。但在发展过程中发现，如果法学院只有研究生而没有本科生，就缺少了一个框架基础，于是开始有了本科招生。但即便这样，法学院本科是文理兼收的，还是强调了复合背景的特色。

第三，清华法学院强调法学本科教育是素质教育。学生将来成为什么样的人，由学生自己去选择。本科教育要完成素质教育，到研究生阶段则比较注重培养学生的法律分析能力。后来，有了法律硕士学位课程，在该课程中还比较注重法律实务的教育。

第四，清华法学院的学生规模不断扩大，在校学生规模一度达到一千多人。

第五，清华法学院一直注重国际化。很多年轻老师都有国外留学背景，学院开设了很多国际性的课程，引进和走出并重，扩大了清华法学院在国际上的影响，国家在经济建设中同样也需要很多具有国际化背景的学生。

采访者：您在清华法学院工作期间有哪些令您印象深刻的同事与学生？

陈建民老师：首先我要说的是，在我所有的任教课程中，法律诊所课程一定是最有特色的课程。这门课程也是清华法学院有特色的课程之一，很早就是清华大学的精品课程。当时这门课程的开设得到了王晨光老师和王振民老师的积极支持和帮助，王晨光老师担任法学院副院长、院长时，非常赞成开设法学实践课程并积极参与课程部分内容的任教。没有院领导的支持，这门课可能开设不起来。

第二，在法律诊所课程的教学过程中，我长期与黄新华老师合作教学，这也可能是清华法学院课程中唯一的一门。我们坚持合作，也使课程形成了一个特色。一门课程中的教师长期合作并不容易，但我们说好了，只要课在，就绝不单独退出。

第三，我们有很多出色的学生，但印象最深的还是担任过法律诊所课程助教的学生。其中之一是邓轶同学，零字班的本科生，后来是王亚新老师的研究生，现在新疆维吾尔自治区党委组织部人才工作处工作，他不仅选了我所有任教的课程，还担任了法律诊所课程四个学期的助教。李海明同学也是法律诊所课程的热爱者，不仅自己选课还担任了助教工作，他后来去清华公共管理学院硕博连读，毕业后在中央财经大学政府管理学院任教，也是清华法学院培养的优秀学生。之后的王瑞琦、陈翀翊、于成亮等学生都不仅选课还担任助教。我喜欢的学生都比较有公益心，这多少与法律诊所课程有些关系。

采访者：您对清华法学院的法学教育有何评价？

陈建民老师：我认为清华法学院在复建时就有明确的目标，虽然经过调整，但大方向是没有变化的。我希望法学院的教育理念还是要以学生为本，关心学生成为什么样的人，关注国家需要什么样的人，并给予学生正确、多元的引导。目前，我虽然办理了退休手续，但只要还继续担任一些课程的教学工作，就会根据社会的需要制订教学计划和内容，以帮助学生在毕业后可以根据社会的需求和自己的能力选择工作，服务于社会。

采访者：您认为在本科生和研究生教育中应当如何平衡学术与实务的关系？

陈建民老师：这是一个大问题，需要进行长期的研讨。我个人的看法是，法学院的课程菜单中应该给学生提供可以选择的多样化的内容。有的学生的理想是做法律实务工作，他们就可以找到相应的课程去学习和获得知识；有的学生的理想是做法律研究，他们也能找到相应的课程去学习和获得知识。课程菜单的丰富性还是挺重要的，因为社会的需求也是多样化的，法学院在满足基本素质教育的基础上，也需要根据社会的需要开设相应的课程，给学生以选择的机会。法律实践性课程不需开设太多，但还是要有的。通过开展实践性课程的教学，让学生有机会在老师的带领下走向社会、了解社会，了解法律与民众的关系，了解法律在社会中的地位和功能，发现法律规定的不足和缺陷等。

采访者：您长期开设法律诊所、法律实务等实践性课程，对于实践性课程的教学您有哪些经验？

陈建民老师：第一，互动式教学。在我的课上，所有的学生都是主角，我只是一个引导者，让学生表现创造力，让他们表达，即play和performance，这对于法律实践课程的教学是必不可少的。比如同一个观点，有的人在法庭上表达，法官爱听；有的人表达，法官不爱听，这其实和表达技巧有关系。我把学生当成主角，平等地看待学生，放手并鼓励学生勇敢表达和表现。

第二，要和社会保持密切接触，不能封闭在象牙塔中教学。例如，我们法律诊所课程主要关注劳动法领域中的劳动者权益保护问题，那么教师就要关注中国劳动法领域的发展动态，更新所掌握的知识。我们常说让学生走到社会去了解社会，法律诊所课程的特点是把社会搬进课堂，让学生通过对社会现象和事件的观察和分析来运用法律解决具体的纠纷，这是理论密切联系实际教学的一种模式。

第三，教学中做到教学相长。不要觉得自己是老师，学生就要听，有时候老师的想法并不总是正确的，因为学生做的搜索和研究比老师还多。老师要向学生学习，教学相长，很多时候学生出人意料的表现会让你特别地感动和受教。

采访者：您认为清华法学院的发展面临哪些挑战？如何应对这些挑战？

陈建民老师：第一，要不要像其他法学院那样做一个常规的法学院，要不要坚持自己的特点，能不能把特点一直坚持下去。

第二，要不断回访自己的学生，看看他们毕业后在做什么。我们自认为在培养法律人才，但他们到底在做什么。当然，这与社会需求有关，但也可能是因为毕业生的法律专业能力还不够突出。

第三，我觉得学法律要热爱法律，这样才能坚持。只有坚持，才能发展并且出成就。不是靠不断变化，不断往有钱的职业走才能出成就，这种理念也要坚持到教书育人中。

访谈整理：徐逸尘　南凯

访谈时间：2019 年 3 月 29 日

访谈地点：清华大学明理楼

陈建民老师简介：

陈建民，清华大学法学院副教授。1998 年起任教于清华大学法律学系、法学院。兼任北京市民商法学会理事、北京市技术监督法学会理事等。曾兼任中华全国律协知识产权业务委员会委员、北京律协知识产权专业委员会秘书长。研究领域为知识产权法学、诊所法律教育等实践性教学。

朱慈蕴：亲身参与和见证清华法学院的发展是我一生的荣耀

一、人的一生机缘很重要

清华法学院复建于1999年。当时我刚刚从中国社会科学院研究生院毕业一年，获得民商法的博士学位。而在1998年，我的导师王保树教授从中国社科院法学所调入清华法律学系，参与了清华法学院的复建工作，并出任首任院长。当时，法学院的复建基本上是白手起家，师资相对比较紧缺，从全国吸引了大量优秀的师资。而我恰好完成了博士学习，即遇到千载难逢的清华法学专业大发展的机遇，并有幸在1999年8月就来到清华法律学系工作，但正式入职手续却是在2000年8月以后才办成，因为我原来的工作单位

◀ 采访者与朱慈蕴老师（中）合影

天津财经大学不愿放我离开。1999 年 4 月，清华法律学系更名为清华法学院。应该说，能亲身参与和见证清华法学院的发展是我一生的荣耀。

二、清华法学院复建伊始便开启了跳跃式发展的模式

1999 年复建后的清华法学院开启了快速发展的征程，但那时法学院的老师比较少，大概二三十人，是一个非常精简的法学院。虽然刚开始学院在清华大学第三教学楼只有几间办公室，大多数老师在家里办公，但条件差并没有影响老师们教学、科研的积极性，先是开启了双学位与研究生的培养，后又于 1999 年 8 月开始招收本科生。当然，随着 1999 年 12 月明理楼正式投入使用，清华法学院又在全国率先成为拥有自己独立大楼的法学院。老师们拥有自己独立的办公室，这无疑为老师们进行高质量教学和高水平科研提供了非常好的物质条件。

清华法学院可以说起点很高，在发展过程中也逐渐形成了自身的特色。学院第一任院长是王保树教授，他带领大家开展了诸多制度建设。学院从院领导到老师的层级比较简洁，下面没有系和教研室，每个专业有一位老师担任责任教授，负责该专业的课程安排等教学工作。学院也非常重视老师们的自我管理，成立了由教授们参加的各种委员会，如学术委员会、学位委员会、教学委员会等，学院发展的许多事情都是由这些委员会来决定的。如果涉及院里引进人才，则一定会通过全体教授会议进行讨论和表决。同时，学院每年至少开两次务虚会，让全体老师有机会各抒己见，讨论学院发展的大情小事。

清华法学院在课程设置上也有独到之处：一方面遵循教育部的指导要求，考虑学生的全面素质培养；另一方面也注意发挥自身的特色，在开设课程和选用教材上保持一定的自由度。在清华法学院

所有教授都会给本科生授课，这是一个很好的传统，到现在一直坚持。另外，学院特别重视国际化建设，这符合清华大学努力建设成为世界一流大学的要求。我们最早开设《普通法精要》课程，对开拓学生的国际视野、加强跨国人才培养很有帮助，已故的何美欢教授为此做出了大量的贡献。学院的科研工作也紧跟国际化，开展了许多国际交流活动，并经常举办国际研讨会。目前，清华法学院的国际、国内排名都很好，这对于一个只有二十年复建历史的学院来说是很不容易的，因为全体清华法律人从清华法学院复建之初就怀有使学院成为一流法学院的美好希望。

三、我们永远怀念清华法学院首任院长王保树教授

清华法学院复建以来所取得的成果与王保树教授的卓越贡献是分不开的。王保树教授在清华法学院德高望重，能很好地处理方方面面的关系，懂得用人之道，充分调动老师们的积极性。王保树教授作为首任院长，特别注重学院的制度建设，在他任内起草的许多制度一直适用至今。很显然，这是一个好的领导的特质，因为制度建设就意味着对领导“自由裁量权”的限制，目的是要减少不确定的人治，事事有章可循。有了好的制度，不仅能吸引优秀人才，更能让老师们人尽其才，发展有方向。

王保树教授工作极为认真，可以说是一位工作狂，他的办公室利用率最高，甚至节假日期间他也都在办公室。作为院领导，王保树教授虽然工作极其繁忙，但照样能出优质的成果，成为学界的大咖。我作为他的学生和同事，对他敬佩不已。王保树教授也注重自身的道德修养，他心胸开阔、推己及人，对所有人都比较宽厚。王老师特别关爱学生，把指导学生当作自己的一项事业，那时候学生想与他交流都是随时去找他。王老师也不强求学生在学术观点上与自己一致，鼓励大家自圆其说，许多学生一直都对他非常感激。

我始终认为，王保树教授出任第一任院长是清华法学院的福气。王保树教授无论是在知识传授还是在为人处世方面，都是我们的楷模。

四、关于清华法学院的教学与科研工作

我是清华法学院经济法学科的责任教授。责任教授的工作主要是协调本学科的教学安排，与本学科老师保持紧密联系，在教学上做好本学科的课程设计、学生指导等一体化安排。在具体教学内容上，老师们保持比较高的自主性，但基本上都会紧密联系社会实践与理论前沿。同时，清华大学具有一套完整的学生评估教学效果的评价体系，在一定程度上是对老师们开设优质课程的一种约束。

清华法学院整体的科研能力很强，许多老师在加盟时就具有一定的成就。学校与学院没有明确要求每位老师一年要完成多少科研任务，但是老师们具有科研的自觉性，一直都在努力向前。法学院对老师们的科研工作非常支持，尤其是每年都会给予每一位老师一定的科研经费，保证老师们能够收集资料，保持全球范围内的学术交流。此外，法学院鼓励老师们积极参与国家机关、司法机关及社会各方面的立法、执法、司法活动，一方面保持学术研究紧贴社会现实，另一方面也将老师们的科研成果回馈社会，使社会活动与自身的科研工作形成良性循环。比如，从我们学科来看，最高人民法院、国家金融监管机构等经常向我们委托课题或者组织相关研讨活动。

五、清华大学商法研究中心的成就令人瞩目

王保树教授加盟清华大学时提出建立商法研究中心、筹划举办商法的国际研讨会的愿望。清华大学商法研究中心成立于 1998 年年底，在王保树教授的倡议与主持下，从 2001 年起每年举办 21 世

纪商法论坛国际学术会议，使之成为商法学科的国际交流平台，这是我们的“拳头产品”。我一直参与该论坛的组织工作，从2001到2019年，我们的国际研讨会共举办十九届，每年的讨论主题都是国内外的热点与前沿问题，在全球产生了重大影响。21世纪商法论坛与其他学术会议不同，该论坛所需费用主要依靠募捐，经费有限，因此，我们只负责落地接待，不提供差旅费的报销。但是，由于论坛具有高质量、高水平的特点，始终聚焦学界热点，所以影响力很大，许多著名学者都愿意来参加论坛。现在每年21世纪商法论坛的规模维持在一百多人，境外有四五十人，很多学者多年跟踪论坛，年年来清华参加。比如，有我国台湾地区学者从第一届到第十九届全部参加，而多次参会的境外学者也为数不少。我觉得21世纪商法论坛组织方面比较完善，我们努力做好会议安排、同传、研讨等各个环节，参会学者积极讨论学术热点，确实每年都有收获。21世纪商法论坛可以说是全国最早的国际性商法论坛。2020年是第20届21世纪商法论坛，我们也希望办得更加隆重。

2016年，中国法学会商法学研究会牵头组建了“金融法治研究方阵”，清华法学院是首批轮值主席单位之一。我们想到以此为契机成立青衿商法论坛，定位为以中青年学者为主体、理论联系实际的学术工作坊，使之成为国内商法领域另一个知名的学术研究交流平台，也希望能够秉承王保树教授的遗志，为我国商法学科的研究与发展贡献力量。自2016年首届论坛举行之后，青衿商法论坛每年至少召开两次论文研讨会，到2019年共举办八届。青衿商法论坛有几个特色：一是主要面向国内的中青年学者；二是紧跟金融领域的创新发展，研讨主题具有前沿性、理论创新性和实务性；三是邀请实务部门参加。目前，该论坛在国内也已具有一定的影响，有许多学校的法学院表示与我们合作，承办青衿商法论坛。

清华大学商法研究中心在王保树教授的带领下，自2014年起，与东京大学法学院成立了中日公司法制研究会，每年进行两次工作坊，每次历时两天，围绕中日两国的公司制度比较，就具体的、细致的专题进行深入讨论。到2019年上半年，共进行了10次工作坊，讨论了许多中日双方共同关心的热点问题，对我们互相深入了解对方公司制度的异同、制度形成的背景帮助很大。作为这一研究会的成果，我们通过2019年第2期《清华法学》，以专题方式发表了五篇由中日双方学者共同撰写的论文，在社会上引起较大的反响。目前，我们正在策划中日金融证券法制研究会，希望通过这样的途径，推进中日商事制度的相互借鉴。

此外，我们还与清华大学五道口金融学院合作出版了《清华金融法律评论》。

应该说，清华大学商法研究中心二十年的发展历程，创造了一个全球化的商法研究交流的高端平台，一个紧密联系金融领域热点问题的创新平台，以及与东京大学法学院的一对一交流平台，不仅提升了清华法学院在全国的声誉，也在全球具有极大的影响力。更重要的是，我们清华法学院的学生们受益匪浅，有利于清华法学院的人才培养。

六、清华法学院的教学生涯

我觉得教学工作最基础的对象还是本科生，从基础抓起，对于法学人才培养意义深远。清华法学院复建之初就坚持了所有教授给本科生开课的做法，因此也可以说，清华法学院的本科生是最幸福的，引领他们遨游法学知识海洋的是很多著名的教授。本科生教学一般而言偏重基础理论，强调系统化知识的传授，当然像我们学科与实践联系非常紧密，所以我在本科生教学中尽可能地将理论与实践相结合，以加深学生对法律问题的理解，使他们将来从事法律工作时能够有所贯通。

研究生和本科生的教学有所不同。法律硕士的教学倾向于本科生，但法律硕士的本科背景使他们的理解力更强，所以我在教学时会加强理论联系实践的广度与深度；法学硕士和法学博士的教学旨在培养科研型、专业型人员，尤其博士生是科研师资的储备力量，所以我在教学时偏重科研能力的培养，特别注重学生发现、聚焦、理解、处理问题的能力。在讲授课程时，我也以热点问题为主而不是系统地讲授，所有选课学生都要参与课堂讨论。对于博士生而言，我要求他们在选定报告题目以后先进行文献综述，因为文献综述是科研能力的重要基础。我特别关注课堂讨论环节，即要求所有同学不仅要将自己的文献综述和研究成果呈现给大家，而且作为听众也必须进行评论、提出问题，俗称“拍砖”。我认为，只有当同学们能够给他人的文献综述或者研究报告“品头论足”时，他们才有了真正的进步。这样的研讨型课程一方面对老师的要求很高，需要选题方向的恰当引导和课堂中的问题捕捉、恰当解答；另一方面不仅培养同学们的学习能力和科研能力，还培养了同学们一起讨论、共享文献、互相启发的团队精神。

七、法学领域的“半路出家”

对我而言，在法学领域可谓“半路出家”。20 世纪 70 年代初，我有幸在没有真正读过几年书的中学毕业之后去上了中专，学习财务会计专业，并且在天津劝业场做了将近五年的财务会计工作。我对财务会计专业非常感兴趣，所以恢复高考以后，我回到母校（“文革”期间降为天津财经学校，现为天津财经大学）继续就读商业经济贸易专业，并获得经济学学士学位。我本科毕业留校任教，所教专业为政治经济理论学，为此又到南开大学进修过宏观经济学和微观经济学等理论经济学。

在教学的过程中，我发现经济与法律的关系十分密切，做一个经济专业的合格毕业生，必须是个知法懂法的人才，而在 20 世纪八九十年代，天津财经大学还没有开展普遍的法律教育。于是，我凭着对法学的兴趣，利用业余时间参加了全国法律本科自学考试，直至全部法律本科专业的考试通过。此后，我在学校成立经济法教研室，承担对全校本科生的经济法课程教学。再后来，母校成立法学系（后为法学院），开设经济法和国际经济法两个专业，招收法学本科专业的学生。

我虽然完成了法律本科的自学考试，也有着法学领域的教学经验，但我深知，在法学领域自己依然是一个"白丁"，我希望有机会能够继续深造，而且这种要去学习法律的感觉越来越强烈。回顾自己艰辛的法学求学之路，我更加感谢我的导师王保树教授。因为在此之前，我曾多次求教于一些经济法领域的大咖或者拜访一些著名的高校，其对我没有正式法律领域的培养经历还是很在意。但在拜见王保树教授时，他的鼓舞成为支撑我一定要通过考试的动力，最终通过严格的入学考试，我有幸获得中国社科院研究生院民商法专业的博士生资格，师从王保树教授。

我读博的民商法方向其实与我之前学习的经济学领域的知识关系密切，以至于我经常用企业财务人的视角去思考公司法的问题，这无疑是上帝为我打开另一扇窗时赋予我的优势。攻读博士的过程是快乐的，但是更为艰辛，因为我是在职读博，在天津财经大学法学院还有副院长之公务以及基本的教学任务，同时还有一个小学即将毕业的女儿需要关照。但是，我深知这个读博的机会来之不易，于是几乎将所有的时间都用于学习，在天津与北京之间穿梭。

而就学习而言，读博也是一个自我净化和升华的过程。回想起刚开始读博时，我对自己的认知并不充分，而是更为理想化。比如我曾设想以"20 世纪的公司法"作为博士论文选题，面对这样的选题，一位师姐认真建议我不要写，因为这个题目不是一个刚刚入门的初学者可以驾驭的。当然，在王保树教授的指导下，我选了“公司法人格否认法理研究”这个题目作为博士论文选题，非常成功地完成了写作，顺利获得博士学位。当我的博士论文公开发表后，获得学界的好评，也为我带来了很多荣誉。我要感谢王保树教授对我的精心培育和学术引导，让我这个“半路出家”的法律人完成了“华丽的转身”，真正成为一位法学领域的前行者，一位希望承继了导师王保树教授真传而又继续指引我的学生们前行的引路人。

八、关于学术研究的心得体会

首先，我觉得做研究是需要有天分的，它是能不能做研究工作的前提。这种天分不仅控制了我们的逻辑思维能力，还控制了我们发现问题的能力。其次，是雄厚的法学理论基础，这种理论基础依赖于对法学知识的系统学习和认真思考、归纳和理解，要博览群书、大量阅读，更重要的是能将所有的知识（包括法学、非法学知识）和理论融会贯通，形成自己的知识体系和理论储备库。再次，作为理论研究者一定要紧密联系实际，时刻关注我们的国家、社会和企业的动态发展，追踪热点问题。今天的世界是全球化的世界，今天的理论很快就会被更新，我们作为研究者要有对宏观世界和微观企业的准确认知，能够迅速更新知识、快速发现问题，能够提出合理、合法、有效的解决方案与路径。特别是联系实际的能力，不仅涉及我们知识更新的速度，更涉及我们的研究成果对社会立法、司法、行政执法以及企业守法的回馈。

回顾自己的学术生涯，我的体会是：研究是一门苦差事，需要研究者具有冷板凳精神和长期吃苦精神。研究者既要知识渊博，更要具有善良美好的目标，不可随波逐流，应当坚持真理。研究者也应深入了解社会的复杂性，需要提供有效的、能够趋利避害的研究成果。因此，研究也是在寻求一种妥当的利益平衡。

九、对清华法学院的展望

我相信，在这么多清华法律人的持续努力下，清华法学院会越办越好，国际排名不断提高，成为当之无愧的世界一流法学院。我还希望，年轻的清华法学院未来能为我们的祖国培养出更多优秀的法律人才，在国内外产生更大的影响。

访谈整理：杨同宇　徐逸尘　路旸

访谈时间：2019 年 5 月 12 日

访谈地点：清华大学明理楼

朱慈蕴老师简介：

朱慈蕴，清华大学法学院教授，商法研究中心主任。中国社会科学院法学博士，1999 年起任教于清华大学法学院。中国法学会商法学研究会常务副会长。研究方向为商法学、经济法学。

车丕照：永葆青春的清华法学院

采访者：您来清华法学院工作有哪些机缘？

车丕照老师：我的工作证编号显示我是2000年入职的，但实际上我在1999年9月就已来到清华法学院工作。1999年年初，我得知清华大学即将为复建法学院而招聘师资，于是就通过原吉林大学的同事崔建远老师（时任清华法律学系副主任），将申请材料转给了相关领导。很快，清华方面同意接收，但吉大不放。后来，时任院长王保树为此专门去了一次吉大，但仍无效果。于是，清华说让我先来工作，这样就给我排了1999年秋季学期的课。1999年清华法学院第一次通过高考招收本科生，我与1999级新生一起参加了开学典礼。我在清华教了一学期课后，吉大可能觉得我去意已定，

◀ 采访者与车丕照老师（左）合影

便同意我办理相关手续。

采访者：在您加盟清华法学院后有哪些事情令您印象深刻？

车丕照老师：建院初期印象深刻的是学院在 2000 年 5 月举行的法学教育工作讨论会。全院教职工在这次会上围绕“办一个什么样的法学院”展开讨论。当时的主导思想是要办一所与现有法学院不同的法学院，学院可借助理工科优势，以科技法为发展方向，但我们这些来自五湖四海的老师们还是觉得办学思路需要进一步厘清。经过这次研讨，大家形成了“先入主流，再有特色”的共识。清华法学院首先得是一个传统意义上的法学院，要先得到别人的承认，如果不入主流，又何谈特色？从那次讨论会后，学院在课程设置、学分要求、论文训练、实习等方面都按现有法学院规格建设，此后再求特色。我觉得这次讨论会对于学院此后二十年的发展非常关键。与这样的大事同样让我印象深刻的是一些小事，这体现出清华法学院以教师为中心的理念。例如，在我即将来学院工作时，时任学院党总支书记李树勤老师就打电话向我介绍住房的情况，帮我挑房子，后来还帮我办理孩子入学手续，甚至为我修理家中的热水器。再比如学院里办财务手续非常简便，我们出差后把票据交给学院财务老师即可，不用我们过多奔波。

采访者：您觉得清华法学院复建二十余年来有哪些变化？

车丕照老师：最直观的就是规模的扩大。我入职时学院只有二十几位老师，到现在学院有六七十位老师，还有许多行政老师。同时，学院的本硕博教育规模也在扩大。在明确办学方向后，清华法学院很快就入了主流，进而引领主流。记得我刚入职时，清华法学院在国内的专业评估中排在近 30 位，但目前清华法学院已连续九年获评 QS 全球法学院 50 强，2019 年位列全球法学院第 28 位，名列中国大陆地区第 2 名。此外，清华法学院的特色也逐渐显现出来，在学生培养、学术交流等方面体现出国际化的特色。

采访者：您认为清华法学院的特色有哪些？

车丕照老师：除了上面提及的国际化特色，精干的教师队伍也是学院的一大特色。一个法学院办得怎么样，师资队伍是很重要的因素。我院教师规模在国内法学院中不算大，但老师们的勤奋程度在各法学院中是少有的。晚上 10 点之后，很多老师的办公室灯还亮着，并且老师们有着非常丰富的科研成果。学院既有大师，也有大楼。1999 年年底明理楼开始投入使用，学院可以给每位老师提供一间独立的研究室，这在国内法学院是第一家，为老师们提供了良好的研究条件。

采访者：您如何评价清华法学院的教学工作？

车丕照老师：除了科研，老师们在教学方面也做了大量工作。学院坚持教授要给本科生上课，许多资深教授都工作在教学第一线。与此同时，学院的学生素质很好，风气也很好，使法学院始终保持一股朝气。我曾任教学副院长多年，对学院严格的教学管理深有体会。学院的各个教学环节都很有章法，这样执行起来可有效保障教学质量与教学风气。

采访者：您觉得清华法学院国际法学科具有哪些特点？

车丕照老师：我们国际法学科的教师队伍比较精干，规模小而精。老师们的教育背景也很好，基本都是海内外名牌大学博士毕业。老师们都很敬业，有坐冷板凳的精神。我们经常承担国家部委的重大课题，在相关政府部门指导下进行一些针对性研究。同时，我们对现实的国际法律问题比较敏感，有使命意识和担当精神。

采访者：您的教学工作有哪些特色？在您的课堂上有哪些令您印象深刻的事情？

车丕照老师：如果说有什么特色的话，我在课堂上比较注重通过提问来保持师生互动，希望学生们参与进来，跟上我的思路。国际经济法是实务性较强的法律学科，所以我在课堂上注重案例教学的运用。我从1993年起担任中国国际经济贸易仲裁委员会仲裁员，积累了许多案例，我会在课堂上组织学生讨论真实的案例，培养学生对国际经济法律问题的感性认识。我觉得学生听课的积极性很高，每次开课总会有十几个学生始终坐在前排，认真听讲和思考，总能跟上课堂教学的节奏，而且会有自己的思路，他们后来都成为不同领域的精英。与二十年前相比，我觉得课堂教学的场景有了很大改变。以前是老师单向传授知识，但随着网络技术的普及，现在学生可以很容易地获取知识。在课堂上，学生可随时通过电脑、手机查询相关知识并与老师互动。现代科技发展已对传统教学方式带来了新的挑战。课堂教学中更重要的是通过师生互动来培养学生发现问题、分析问题和解决问题的能力，而不是简单地将知识告诉学生。知识结构永远是重要的，但在课堂教学中的比重可能会越来越低。

采访者：您如何选择国际经济法作为您的研究方向？

车丕照老师：最初选择研究国际经济法也是偶然。我1978年考入吉林大学法律系，1981年准备考研究生，当时我对刑法很感兴趣，但在准备考研的时候，有同学说我的外语很好（其实我是上大学后才开始学习ABC的），为什么不考国际法？后来我就报了国际法专业，跟随高树异教授学习国际法。我1985年毕业后留校，被公派至美国威斯康星大学法学院读LLM学位，选的是条约法方向。威斯康星大学法学院丰富的法学资料让我大开眼界。很快，我对美国的出口管理制度产生了兴趣，便问导师能不能选择美国对向中国出口技术的控制作为论文选题，导师表示同意，我便以此作为毕业论文的选题。回国之后，我在吉大教授国际技术转让法，之后高树异老师主编《国际经济法总论》，我承担了那本书将近一半的工作，从那时起我便转向了国际经济法的教学与研究。

采访者：关于学术研究您有哪些心得体会？您认为做好研究工作需具备哪些因素？

车丕照老师：法学研究可能不需要太多天赋，只要你喜欢它并具有较强的逻辑思维能力就可以。关于国际经济法的研究，我觉得有三个层次：第一个层次是“知其然”，我们首先要知道法律这套规则以及如何解释规则；第二个层次是“知其所以然”，要弄清楚规则为什么是这样的、以前是什么样的以及未来会如何发展；第三个层次是“不以为然”，真正做学问需要达到这个更高的层次，即有能力质疑现有的制度和理论并提出自己的观点。写论文、做课题都要抓住问题。许多同学的论文选题其实不是选“题”，而是选“领域”。“我要写反倾销”，这不是选题，选题应该是发现问题。看到了问题才有研究的过程，才会有结论。从这个意义上讲，社会科学与自然科学是一样的，都是一个从假设开始的证明过程。有的学生论文只是写了一个故事，说清楚了某项制度或某个规则的来龙去脉，最后作一下点评，但却看不到假设，看不到证明过程，由于没有发现问题，当然也就没办法进行证明。

采访者：最后，请您谈谈对清华法学院的展望。

车丕照老师：清华法学院是一个年轻的法学院，我希望它不要沾染上暮气。据我所知，学校对法学院的发展非常重视；从学院自身来看，我们有很好的师资队伍和学术传统，有很好的教学和科研条件，又有一流的学生生源，因此我相信清华法学院会朝气蓬勃地发展下去。

访谈整理：杨同宇　南凯

访谈时间：2019 年 2 月 28 日

访谈地点：清华大学明理楼

车丕照老师简介：

车丕照，清华大学法学院教授，学位委员会主席。曾任清华大学法学院党委书记、副院长。吉林大学法学学士、法学硕士，美国威斯康星大学法学硕士，1999 年起任教于清华大学法学院。中国法学会国际经济法学研究会副会长、北京仲裁委员会委员、中国国际经济贸易仲裁委员会仲裁员。研究领域为国际经济法学。

王晨光：把握时代脉搏，改革法学教育

采访者：您来清华法学院工作有哪些机缘？

王晨光老师：当时我在香港城市大学任教，准备回到北京，因此在找学校。北京大学也不错，我原来就在北大法律系工作十一年才走，北大法学院也拉我回去。到清华大学则是一个新的地方，那时候想找一个新的地方从头开始。清华法学院的明理楼在国内法学院系中是头一个，每个老师都有一间独立的办公室。我在香港工作，每个老师都有独立的办公室，北大法学院当时还没有。而且，清华法学院是一个复建的新的法学院，船小好调头，有很多发展空间。北大法学院我比较熟悉，人也熟悉，但是历史悠久、人员多。我来的时候还跟清华校领导说，大楼虽然没有大师重要，但是大楼没有，也是缺少一个平台，硬件条件也很重要。机缘巧合吧，几个原因凑在一起，2000 年 1 月我就来到清华法学院工作。

采访者：清华大学和香港城市大学的教学经历有哪些区别？

王晨光老师：我在北大法律系工作十一年，回到国内法学院，对我来讲并不陌生。我在北大法律系担任系副主任时提出不要有教研室，教研室把教师和学生的眼界束缚住了。你研究刑事诉讼法，怎么能不了解刑法？怎么能不了解其他的诉讼程序？专业表明一段时间的研究方向，不表明法律学科和法律实践应该分门别类进行划分。后来北大法学院逐渐做到了，清华法学院则开始得比较早，当时人也少，也分不了教研室，允许老师跨专业上课和做研究。清华

◀ 采访者与王晨光老师（右）合影

法学院跟我设想一样，我就过来了，环境也不是那么陌生，但这边的好多老师我都不认识，需要重新熟悉工作环境和清华大学的传统，这是新的体验。

我在香港工作六年半，再差半年就成香港永久居民了，但对我没什么吸引力。我在美国待了一年，对国外的情况也大致了解一些。自己的想法主要是要进入一个具有国际视野、能够创出先例的法学院，历史悠久的话可能阻力比较大。

采访者：在清华法学院的发展过程中有哪些重大事件令您印象深刻？

王晨光老师：我在清华法学院工作十九年，这是我工作时间最长的单位。清华法学院从无到有，经历几个大的阶段突飞猛进，进入全国法学院的前列，在国际上也有很好的声誉。这是大的发展趋势，不是一两个人完成的，是清华法律学系、法学院所有老师共同努力的结果。

不同阶段也有不同的争议。我到学院以后力图谈我的观点，能做到最好，做不到让大家参考。2001 年我担任清华法学院副院长，主管外事和教学工作，2002—2008 年担任清华法学院院长。在这期间，主要是力图把大家的设想、共识推动下去，一个大的思路是学院要有后发优势，这是经过院务委员会讨论的。我们虽然一穷二白，但是有好的基础设施和学生资源，这一点非常重要。

清华法学院的起点高，首先是学生素质高。我们一开始没有本科生，都是转系生，后来办了二学位，最后才有了全日制本科生，逐渐地走上正规化。前几届的转系生也很优秀，来的理工科学生分数都很高，学生素质也很不错。老师的素质高低不是决定性因素，关键在于学生，如果学生好，老师怎么教，他都能掌握，而且还能发挥；学生不好，你也不能把他提升到哪里去，这个观点虽然有些片面，但还是有一定道理的。其次是老师的素质。清华大学平台好，老师也愿意来，来的都是有一定建树和知名度的老师。另外，我们也有好的基础设施，办学条件很好。清华的教育资源非常丰富，我们的大楼在国内数一数二。当然，清华法学院的发展也离不开建立法治国家的天时、地利、人和。没有发展法治的时代背景，学校也不会重视、领导也不会重视。当时学校帮了不少忙，我们才拿到刊号，创立《清华法学》期刊，这体现学校的重视。地利不用说，清华在北京，很多老师愿意来。因此，天时、地利、人和，使我们有很好的起步平台和发展空间。后来我们认真分析什么是后发优势，后发优势意味着什么。我们提出利用学生素质好、教师队伍好以及清华的良好条件弯道超车，还提出要找到新的起跑线，再开一条跑道。为什么要跟着别人跑呢，虽然你追的也很快，但别人心理上总觉得你在后头，建立新的起跑线，后发优势会体现得更加明显。

比如说国际化办学。我们首创了招收外国学生学习中国法的硕士班，这在国内可以说是一个创新。从口碑、管理、学生出口各方面，我们做得还是比较好的。这个事情在当时也有很大的争议，我们反复与学校进行沟通，这个班是清华首个全英文招外国学生的班，所以从学校层面来说也算是首创。那时候我们有参考国外的项目是怎样的，就像做出的产品需要有销路，中国法如果没有外国人来学，只在国内比较没有意义，需要在国际舞台上进行比较。当时我们参考国外，安排硕士是一年制的，但是学校不同意，我们就变了说法，不说一年制，而改成学分制，只要修够了学分就可以毕业，这算是一个迂回安排。这也是时任校长顾秉林院士亲自过问的，也是在顾校长安排下，研究生院才同意。后来公共管理学院也开展了一年制的项目，是针对第三世界国家管理人才的培养项目，我们也就放心了，一年制的班也得到了认可。我们的收费也是突破了当时的限额，按照美元来定，一年收费十四万多。起初物价局不同意，说教育部规定了，学费都不允许涨价。教育部的政策是担心学生没钱上不起大学，但我们的项目是选择性的，而不是义务性的教育，愿意来就交，这是市场化的。后来物价局同意了，学校以及研究生院的领导也都同意了。办起来了就需要找师资，很多老师觉得困难，也算是赶鸭子上架，但是几年下来，老师们都感觉自己的外语水平提升了，在实践中锻炼了自己，学院在财政、教学上也都有了提升。清华法学院在国际影响力方面比较好是有这个原因，大多数毕业生回去之后都做着与中国有关的业务，也是对于清华法学院的一种宣传，总的来说收益还是很大的。国际化不是简单的概念，其他方面也要有，比如把何美欢老师请过来讲授《普通法精要》课程，那时在全国范围内也就是清华法学院能开设系统的英美法课程。何老师很精心地设计这个课程，2010年在清华去世。2008年，何老师的母校多伦多大学邀请她到多大法学院任教，我们想着能不能以双聘的形式将何老师留在清华大学，最后采取双聘的形式，何老师成为清华大学和多伦多大学的双聘教授。

再比如实践性的法律课程。清华法学院在这方面开设了很多课程，也包括组织、参加各种模拟法庭比赛。这些不是噱头，当时我们安排了“明理杯”模拟法庭比赛，本科生非常认真地准备，他们也从这段训练中受益颇丰。但是，也有老师觉得学生不来上课只去准备模拟法庭比赛，为了照顾老师的情绪，我们也让学生尽量不要请假。我们在维也纳的国际商事仲裁模拟法庭比赛、东京的“亚洲杯”模拟法庭大赛打得非常不错，国内其他院校也都逐渐参加起来。学院一些老师说得也有道理，本科三年级的学生很多课程都没有学完，怎么去准备复杂的问题呢？但是也要让学生学会自学，实现一种积极学习的风气。我们也主办了全国最有影响力的“理律杯”全国高校模拟法庭竞赛，这主要是针对本科生的模拟法庭竞赛。如竞赛涉及的江苏泰州环境污染一案，当时最高院的再审还没有结束，模拟法庭竞赛中的很多观点给最高院的法官也有很多启发。我从美国和香港高校回来，就发现中国怎么没有自己的模拟法庭比赛，这其实对学生来说是一个很好的体验、一个重要的机会，法律人的能力和素质都在这样一个场合得到了锻炼，这也算是全新的、让学生有体验的实践性教学。后来，我们规定法律硕士都需要修读模拟法庭课程，这都是在一开始进行推动的，我们学院的很多名声也是靠这样一点点积累来的。

还有一个事情是尝试减少核心课程的数量，从14门减少到8门，但是这个后来被否决了。比如，我们将《民法总论》设置为必修课，其他的民法课程都设置成选修课，这是一种姿态，课程不是僵死不变的，而是细化的、类型化的，一些课程上了之后，他就需要去上其他的相关课程。我觉得清华法学院可以有自己的设置，如果全国的法学院系都是一个模子刻出来的，就没有什么特点了。这个事情在当时争议很大，但实际上的反响是很好的，上海交大凯原法学院也就是按照清华法学院模式来走的。

还有就是硬件条件的配备，我们给每位老师都配备了独立的办公室。学院的老师都很敬业，有了办公室之后，晚上很多时候就待在办公室，书都放在这里，大部分时间都是在做研究。学院老师的平均发文数量是比较高的，研究能力是很强的，这些因素一综合，清华法学院就变得突出了。

我们现在也开展了国际仲裁与争端解决项目，本科生安排国际班，其实我们没必要限制本科生的眼界，可以尝试大类培养。学院现在出国交流的机会比较多，几届领导班子都比较重视。实际上，国际化也不等于出去走走，否则国际化就太容易了，我们追求的是实质上的国际化。将来国际化怎么做，就是要看研究内容、教学质量的国际化，外国学生来这里听也能听到很多收获，如果国际学生感觉没有收获，就说明这个国际化还不够成功。尽管现在反国际化是一个趋势，但这正是在国际化大背景之下的一种趋势。国际化的整个趋势是不会变的，不过这会呈现出不同的形式，所以我们在这方面要提升质量内涵，比如“一带一路”相关问题，国家提出了大的概念、方针，法律人才在具体内容上有没有相关的知识储备。如果哪个法学院能解决这些综合性的法律问题，哪个法学院就站住了高地，就能够在之后的发展中占领新的优势。空间永远是无限的，就看你能不能看到了。

采访者：在您担任院长期间，最希望给法学院带来的改变是什么？

王晨光老师：这不是个人的理念，都是学院整个领导班子讨论出来的想法，就是我们要充分抓住后发优势，看清自己的地位，尽量弯道超车，尽可能建立一些新的跑道，而且要解决社会最关心的一些问题。同时，我们要让老师专心教学和科研，所以清华法学院规定不允许老师在外面兼职做律师，但是老师做一些实务工作是必要的，我们也送过老师到商务部和其他机关挂职，老师们回来都说很受益。我们也鼓励实务界人士在法学院做兼职导师，这是清华法学院最先做的，实务界人士也很愿意，他们对学生论文进行一些指导、邀请学生去事务所参观、与学生餐叙等。推动国际化，推动法学教育的实践性课程，提供更多的实践机会，这些都是我们考虑的重要理念。

采访者：您认为清华法学院面临哪些挑战？如何应对这些挑战？

王晨光老师：法学教育是不断发展的，因为它面临的每一个时期、每一个阶段的目标都不一样，要求也不一样。现在已经建立的模式不可能解决之后的所有问题，所以要不断地更新和完善，将来的法学教育一定要抓住社会与法治发展进程中重大、核心的问题。20 世纪 80 年代，我在北大任教，当时能把课程开全面就行，后来就要做课程的精细化。在 90 年代，与市场经济改革相衔接的法律问题非常重要，其中最重要的就是所有权和管理经营权分配的问题。2001 年中国加入 WTO 之后，国际化进程不断推进，就需要加强研究国际化进程中的实务问题。下一步，我觉得更多的是与高科技相结合，与新的社会运行机制相结合，整个国家方方面面的体制都需要进一步跟上，也都要有相应的法律制度，使之真正建构出来，并且能够衔接配套。比如，互联网时代改变了很多人的生活方式和工作方式，现在学生上课都是拿电脑来记笔记。五六年前还曾公布过一年级的本科生不允许买电脑，当时我就觉得好奇怪，已经发展到这样一种高科技时代、互联网时代，大家都有了电脑，不允许大家带，就显得很奇怪。这就是时代发展、技术发展，法律规定还是按照原来的内容套用是不行的。我们应当重视新技术的发展，这背后有很多的法律规则，需要我们加强研究。社会发展是不可逆的，如果我们没有意识到很多新的问题，特别是如果法律人没有意识到这些问题，就很难提出很好的建议，也就与时代发展脱节了。我说的相对泛化，具体化的结合还需要理解背后的规律，这些规律在社会中有什么样的影响是特别值得关注的，而不是仅仅将高科技与法律简单地放在一起，这样就能跟上时代的发展，使得法学的发展与时俱进。

采访者：作为一位法理学和比较法学者，您的研究领域横跨合同法、诉讼法、经济法、法社会学等，您如何平衡学术的广博与专精？

王晨光老师：我可能算是一个例外，只要对某个学科有兴趣，都会去研究一下。我的学术研究不是靠纯粹的理论概念或者学科划分来推动，而是根据兴趣，与社会问题、社会实践相结合。如果与大的社会问题有关，我就愿意去研究一下，不太按照学科的严格划分。如果按照学科划分，好多问题就不在我的研究范围了。

我原来学的是法理学，留校教的也是《法理学》，当然也教过《法学通论》，《法学通论》是给非法学院系的学生讲法律课，主要是宪法、民法、刑法、诉讼法、国际法，每个部门法都要讲一点，那段经历我觉得不错。很多老师不愿意上《法学通论》，但是硬性规定必须上。我一开始也不愿意上，但是慢慢觉得挺有意思。当学生的时候，兴趣在某几个领域，对其他的领域不太关心。上课则不同，你给学生讲一瓢水，你要装满一盆，于是我把这些学科都捡起来了，发现这些学科都是相通的。因为都是法学，很多基本原则、基本理论差不多，只是适用于不同的社会领域而形成不同的部门法。

我在北大还做过一段时间的兼职律师，这是副业，主要还是在学校。那个时候比较宽松，社会上律师少，需要有人去律师事务所接案子。北大那时离海淀镇近，镇里面有海淀区法律顾问处，律师事务所是官办的，附属在司法局下面，我读研究生时就可以在那里实践。体验之后我觉得挺有意思，处理真实法律问题和上课考试不一样，你可以看到有血有肉的当事人，案件结果涉及他们的人身自由、财产得失等问题，是在真正帮助社会上的人实现其权利、解决其问题，虽然相对来说作用比较有限。我觉得研究法律的人应该有一些社会经验，慢慢培养自己的社会责任感。

我的教学经历和有限的法律实践让我觉得虽然法律课程是按照学科划分来讲授，但是现实中没有一个案件是纯粹的合同案件，哪个合同不涉及当事人的身份（自然人、法人、合伙）？各种经济组织你要了解，程序法你要了解，很多东西搅在一起。我感到部门法的划分有学理上的必要性，法学教育的课程设置也只能如此，但是从真正法律人的成长来看，应该看到交叉学科，打破森严壁垒，要不然没法成为一个好的法官或律师。

后来，我在北大担任负责外事工作的系副主任，当时让年轻人当系副主任很罕见。我们几个年轻人提出改革的设想，包括废除教研室的设置、开设实务课程等。我那时候给学生讲授英文的《合同分析》课程，专门讲英文合同应该包括哪些部分、权利义务如何设计。当时北大没人管我，没说这是民法教研室的课你不能管，这给我很多新的启示。我原来在哈佛大学读书，也上过国际法和其他跨学科的课，虽然不是深入研究，但还是收获很大。我一直感觉我们的法学教育要改革，如果一直按照老路子走，跟不上社会需要，无形中使学生的眼光固化、碎片化，导致他们缺乏优秀法律人的职业素质。

我也谈不上出色，属于打一枪换一个地方，经常跟着社会问题走，跟着社会需求走，有问题意识和社会责任意识。我不太在乎在某个学科里当教授、副教授，而比较关注是否真的抓住社会问题、是否对法治发展有自己微小的贡献。学者要有新的东西，不能永远在那里重复，这是我对法学研究的体验。从社会现实着眼，从立法、执法、司法着眼，都会发现很多问题，只要接触社会、接触案件，会发现背后都是深层的法理学问题。法理学并非都是纯粹的、关在办公室的，出几个康德、黑格尔无妨，但是如果大家都是康德、黑格尔，法理学就停滞了。很多人都以为做了实践，理论就会没有深度，但是我认为恰恰相反，你从实践中看到一些问题，从实践中抓住一个现实需求，然后才能更深层地分析它。比如我说的错案追究制的问题，实际上是人民代表大会职能在改革开放后如何行使的问题。人民代表大会是权力机关，能否过问司法个案？当时国内很多人说这是人大的权力，人大应该介入司法。后来我对错案追究制写过一篇文章，在全国人大机关内部转发了，最后停止了关于错案追究制的决定，要不然以后各省人大去过问各省高院，事情就麻烦了。我觉得这个挺好，背后有司法权、司法确定性的问题。我研究实践，最后回到了基本的理论问题，再进一步发挥又直接影响到立法中的措施和决定，我觉得很有用。

访谈整理：路旸　徐逸尘

访谈时间：2019 年 3 月 15 日

访谈地点：清华大学明理楼

王晨光老师简介：

王晨光，清华大学法学院教授，卫生法研究中心主任，药事法研究所主任。曾任清华大学法学院院长。北京大学文学学士、法学硕士、法学博士，哈佛大学法学硕士，2000 年起任教于清华大学法学院。中国卫生法学会常务副会长，中国法学会法理学研究会副会长，中国法学会法学教育研究会副会长，中国国际贸易仲裁委员会仲裁员。研究领域为卫生法学、法理学、比较法学。

官海彪：行政工作，事无巨细

采访者：您作为清华法学院综合办公室主任，日常工作内容主要有哪些？

官海彪老师：现在法学院主要有三个办公室，即综合办公室、党务办公室和教务办公室，综合办公室管理的事务也很繁多，向上沟通学校各部门，向下协调各办公室的业务，主要起到一个枢纽的作用，综合办具体包括行政、财务、科研、外事、信息中心等职能部门，还包括《清华法学》杂志。综合办的核心是行政办，我以行政办工作为主。

采访者：您是什么时候到清华法学院工作的？

官海彪老师：我是2000年3月份任职清华法学院的，之前是在清华大学自动化系工作。刚入职的时候我从事的工作主要是技术支撑和技术保障，包括网络的管理和老师办公室、模拟法庭的计算机设备维护等。

采访者：在您的工作中和清华法学院的哪些老师接触较多？令您印象深刻的老师有哪些？

官海彪老师：我们行政方面和各位老师都接触得比较多，令我印象深的还是老教师，例如李树勤老师、王保树老师、王晨光老师和王振民老师，他们都对清华法学院的复建和发展工作做出了巨大的贡献。

采访者：自1995年清华法律学系、1999年清华法学院复建以来，您所知道或经历的发展历史有哪些呢？

官海彪老师：我也是2000年以后调到清华法学院的，对于2000年之前的事情不是特别清楚，但对法学院的历史也了解一些，比如我阅览过1995年复建时的会议纪要。据我所知，法律学系刚复建的时候，好像是在主楼十楼办公，当时只有一间半的办公室，而且有“三个半”老师的说法，三个老师是王叔文、黄新华、张铭新老师，所谓“半个老师”是说王振民老师，当时他还正在读博士，所以才有这种说法。然后法学院还在三教办公了一段时间，最后在王振民老师的积极筹措下，明理楼建设起来，李树勤老师则延揽人才，为法学院充实教师队伍。当我来法学院的时候，法学院专职的老师有十多个，行政这边总共有六七位老师，例如有华琳老师，现在已经调到科技处了，还有负责人事的李旭老师，负责教务的李红老师、薛天慧老师和一位负责财务的老师。在2000年之后，法学院加大力度引进人才，陆陆续续来了很多老师，例如申卫星老师、王洪亮老师、程啸老师等等，2000年之前引进的老师基本上很多都退休了，例如马俊驹老师等。

采访者：关于清华法学院发展过程中的重大事件和会议，您有哪些印象深刻的经历呢？

官海彪老师：一是2005年清华法学院复建十周年的活动，二是2015年清华法学院复建20周年的活动，三是2018年新大楼的启用仪式，这些活动我也参与了。这三个活动分别是三位院长所主导的，2005年的活动是王晨光院长，2015年的活动是王振民院长，2018年的活动是申卫星院长。

采访者：清华法学院有哪些校友令您印象深刻？

官海彪老师：校友的话我接触的不是特别多，但有些校友之前在我们办公室做过助管工作，因此还有些印象，可现在联系也不多了。例如有一个校友叫刘磊，毕业后到甘肃基层工作了，还有王文军、郭小东、百晓峰、高杨等都在高校工作，他们都是博士。

采访者：您如何评价清华法学院对本科生和研究生的教育？

官海彪老师：我们行政方面跟学生的接触不多，在我看来，清华的本科生基础好、素质好，希望他们能把才能发挥出来，就像王振民院长说的那样，要做顶天立地的人。对于研究生来说，法律硕士和法学硕士都是我们法学院的学生，我希望法律硕士在学术上更严格要求自己。

采访者：最后，请您谈谈对清华法学院的展望。

官海彪老师：我希望清华法学院越办越好，学校方面对我们法学院也是有要求的，邱勇校长多次到法学院调研，校长说学校将来有两个重点发展学科：一个是数学，另一个是法学，对于清华法学院的未来还有具体的规划，2020 年、2035 年要达成相应的目标，我们还需要加倍努力。

访谈整理：翟家骏
访谈时间：2019 年 1 月 15 日
访谈地点：清华大学明理楼

官海彪老师简介：

官海彪，2000 年起在清华法学院工作，现任清华法学院综合办公室主任。

傅廷中：清华法学院的国际化视野和办学定位

采访者：请问您在2000年为何选择来清华法学院工作？

傅廷中老师：我来清华大学之前一直在大连海事大学从事海商法教学和研究工作，众所周知，大连海事大学是具有鲜明专业特色的大学，联合国国际海事组织称之为“享有国际盛誉的高等航海学府”。我在大连海事大学工作了二十年，学校的领导和老师们为培养我倾注了大量的心血，送我到国外攻读博士学位，使我从一名年轻的助教成长为教授（博士生导师），并担任了法学院院长、党委书记。应该说，我在大连海事大学有一个很好的学术平台和发展空间。但是，我始终有一个愿望，就是要进一步地开阔视野，广泛地学习和借鉴各种研究方法，不断地补充学术营养。清华大学于1999年复建法学院，学院的教师来自国内不同院校，在这个大家庭中与这些知名学者共同从事教学和理论研究正是我之所愿。所以，2000年11月我最终选择了来清华法学院工作。

采访者：您之前担任清华法学院副院长、党委副书记，相关工作内容主要有哪些？能否与我们分享一下您的工作经历和感想？

傅廷中老师：我初到清华时只想专心做好学问，并无担任领导职务的心理准备，但是进校不久，校党委任命我担任法学院副院长，分管教学工作。由于清华法学院组建的时间不长，有好多基础性的工作要做。当时，法学院的教务办公室只有两名工作人员，但要承担十分繁重的教学管理工作，其中不但包括本科生和研究生的教学管理，还要负责远程教育、培训和合作办学等工作的组织。在我主管教学期间，完成的一项最重要的工作就是学分制改革。当时，由于教务管理人员太少，大家的工作都很辛苦，我作为教学副院长，也必须亲自动手并参与许多具体工作。在改革教学计划的过程中，我们本着学院确立的“宽口径、厚基础”的原则，确立了十个课程组，每个课程组均以法学核心课程为前导，然后围绕这些核心课程配置若干必要的选修课和一些必要的人文社科类课程，目的是使学生既能奠定扎实的专业理论基础，又能丰富自己的知识结构。在制订教学计划的整个过程中，我们采取了自上而下、自下而上的做法，反复征求教师和学生们的意见，最终制订出了适合新形势要求且符合学分制特点的全新的教学计划。在此后近二十年的时间里，法学院的教学计划虽然多次进行调整，但都是在这个方案的框架之内进行的。

2002 至 2003 年，我以高级访问学者的身份先后去英国牛津大学和剑桥大学从事研究，回国之后，改任法学院党委副书记，主管组织、宣传和教工党支部等工作。从此，我的工作主要放在了党建方面。

在我来清华工作近二十年的时间里，我见证了法学院的成长和壮大，也亲身感受到了清华大学严谨求实的优良作风，由于清华对各项工作的高标准、严要求，使我从中得到了很大的锻炼，我先后被评为清华大学教书育人先进个人、优秀共产党员、优秀党建工作者和思想政治工作者，并于 2018 年受到校党委“从事党务工作 30 年”的年功表彰。

采访者：请问您觉得清华法学院的办学特色或成功经验有哪些？您在清华法学院工作期间最大的收获是什么？

傅廷中老师：谈到办学特色，我认为可以概括为两点：第一，有一个国际化的视野。清华法学院虽然复建较晚，但起点很高，从开始复建时就瞄准国际标准，不但在课程设置上借鉴国际一流大学的经验，而且在教师队伍的建设方面也注重引进具有国际视野的人才。法学院的教师基本上都有国外留学和访学经历，他们把国外的一些先进的教学理念融入教学和科研工作中，收到了良好的效果。第二，办学定位准确。在创办法学院之初，围绕着清华大学的法学教育如何定位的问题，在校内是有过争论的，其中有一种观点大致是：清华的法学教育应体现出工科院校的特点，应该针对科技领域的问题开设法学课程。但是，我们法学院的老领导们在经过充分的调研并组织教师进行周密论证的基础上，力排众议，确定了清华法学教育应该入主流和培养高端法律人才的指导思想。事实上，我们的法学院利用短短二十多年时间就能跻身于国内法学院系的前列，这本身就证明了当初的办学定位是十分正确的。可以设想，如果我们简单地秉承服务工科教育，为增加学生的法律素养开展法学教育的理念，清华法学院今天会游离于法学界的主流之外。

采访者：关于清华法学院发展过程中的重大事件和会议，您有哪些印象深刻的经历？

傅廷中老师：谈到清华法学院的重大事件，可以说有很多，但我认为最重要的是两件事：一是博士点的建设；二是《清华法学》期刊的创立。关于博士点的建设，大家都知道，在清华法学院创建之时，全国高校中的法学博士点为数不多，关于博士点的设立条件十分严格。对于刚刚恢复法学教育的学校来讲，要申办博士点，其难度可想而知。但是，由于老院长王保树教授在法学界享有崇高的声望，并且引进了法学界的一批知名专家学者，我们首先创设了一个二级学科（民商法学）博士点，短短的几年之后，又从民商法学博士点升级为一级学科博士点，从而在很短的时间里，实现了跨越式的发展。关于《清华法学》期刊的创立，大家都知道，要真正办好法学教育，使法学院成为具有重要影响的法学院，除了要有一流的教学和研究队伍之外，有一个高水平的学术期刊也是不可缺少的条件。在这一点上，校党委有着非常清晰的认识，正是在校党委的支持下，《清华法学》期刊得以创立。经过十几年来的努力，《清华法学》已经成为在国内高校和法学界中具有重要影响的学术刊物。

采访者：请问您的教学工作有哪些特色？在您的课堂上有哪些令您印象深刻的事情？

傅廷中老师：我所从事的教学属于应用法学，到清华法学院以来，我先后为本科生、硕士生和博士生主讲过《海商法》《保险法》《国际贸易法》等课程。由于这些课程都属于选修课，所以开始时我担心学生们不感兴趣。可是，当实际授课时，我发现有很多学生对这些课程兴趣浓厚，每年选修这些课程的学生数量常常超出我的预料。学生们以很大的热情学习这些课程，积极地与我探讨一些理论和实践问题。特别是近几年来，由于党中央提出建设"一带一路"的倡议，并确定要建设"海洋强国"和"海运强国"的战略目标，有很多学生更加关注国际经济活动（包括贸易、运输、保险）中的法律问题，选修这些课程的学生数量也在逐年增多。我们的学生走上工作岗位以后，很好地运用了在学校学到的理论，有相当一部分毕业生已经成为业务部门的骨干。看到学生们的成长和进步，我的心里有很大的成就感。

采访者：您在清华法学院工作期间有哪些老师令您印象深刻？

傅廷中老师：我所从事的研究领域（特别是《海商法》）是一门综合性很强的学科，例如，与民法、商法、国际公法、国际私法、诉讼法，有时甚至与刑法等学科都有紧密的联系，这就决定了我经常要与各学科的老师进行交流，探讨一些在实务中发生的实际问题。例如，我与崔建远教授、车丕照教授、李旺教授、韩世远教授等就国际经贸活动中发生的法律问题都进行过深入而具体的探讨，这也符合我来清华博采众家之长的目的和愿望。

采访者：您在清华法学院工作期间有哪些学生令您印象深刻？

傅廷中老师：来清华以后教过的学生很多，大多数已经记不住名字了。有时到外地出差或者开会，经常有学生过来看我，对于大多数同学来讲，我知道他们是清华法学院的毕业生，但无法准确地叫出他们的名字。当然，对于我指导过的学生而言，包括博士生、硕士生（含法学硕士和法律硕士）以及一些本科生，印象还是比较深刻的。这些学生的进步都很快，例如在我所指导的二十几名博士生中，有十几名已经成为国内高校（包括中国政法大学、浙江大学、南开大学等著名高校）以及国外一些高校的教授和副教授，有五名成为著名企业的高管人员，有三名在党政机关担任重要岗位的工作。当有关单位的领导对我们的学生给予肯定和赞扬时，我都为他们感到自豪。

采访者：最后，请您谈谈对清华法学院的展望。

傅廷中老师：清华法学院比国内其他一些高校的法学院晚成立了十几年，但是，我们经过二十多年的发展，与兄弟院校的差距初步被消除，现在已经进入了发展的快车道。虽然我们一批老教师正在逐步退出这个大舞台，但值得欣喜的是一大批青年才俊已经成长起来，从他们身上，我们可以看到法学院光明的未来。这些年轻教师思维敏捷、视野开阔，相信在不远的将来，他们会创造出更加辉煌的成绩。

访谈整理：刘书凯

访谈形式：书面访谈

傅廷中老师简介：

傅廷中，清华大学法学院教授。曾任清华大学法学院副院长、党委副书记。吉林大学法学硕士，韩国海事海洋大学法学博士，2000

年起任教于清华大学法学院。英国牛津大学、剑桥大学高级访问学者。大连海事大学法学院原院长、党委原书记。兼任中国海商法协会常务理事，中国法学会世界贸易组织法研究会常务理事，中国法学会保险法学研究会常务理事，中国海洋法学研究会常务理事。中国国际经济贸易仲裁委员会仲裁员，中国海事仲裁委员会仲裁员。研究领域为海商法、保险法、国际经济法。

王兵：突飞猛进，迈向国际

采访者：您 1995 年在清华法律学系兼职任教，2001 年转为全职任教，在此之前您在清华化工系、校科技处任职，是什么原因促使您转变了工作方向？

王兵老师：我从清华化工系毕业后被分到了化工系高分子专业任教。1983 年，时任清华大学宣传部部长是原来化工系的书记，他当书记之前曾经当过副书记，负责学生工作，而我做过一个年级的级主任、学生辅导员，和他是老的上下级关系。有一天，我在工字厅门口碰到这位部长，他说学校要招几个专利代理人，要求英语好、有一定的组织能力，他觉得我很合适，问我有没有兴趣。当时“专利”对我们来说还是一个陌生的词语，我一听还挺新鲜的，于是报

◀ 采访者与王兵老师（左）合影

名参加考试，然后被录取了，就这样从化工系调到校科技处，走上了研究知识产权的道路，可以说挺偶然的。到校科技处第二年，我被派到加拿大学习知识产权法和专利代理业务，主要是跟着加拿大一个律师事务所的律师学习，还在渥太华大学法学院选修知识产权法的课程，包括专利法、商标法、版权法等等。在加拿大一年，我一边学法律一边学英语，一天最多能背 300 个单词，可以说很辛苦，但提高得也很快。回国后，学校成立清华大学专利事务所，我在该所做专利代理人，负责化工、化学、材料等方面的专利代理，专利代理证也拿到了，就这样走上了专利代理人的路。后来事务所组织大家通过函授班学习法律，每个周日去听课，民法、刑法等等一门一门地听，我们一共听了大概八九门课。课程学完后就考试，我都通过了，各科平均分九十多分，法律基础就这样打下来了。因为那时候申请专利的人不太多，我的工作量不太满，我这个人闲不住，就向科技处领导申请回化工系工作，在清华大学专利事务所兼职做代理。校科技处领导商量后把我调到科技处内部的科研科做管理，同时兼职做专利代理人。90 年代初，学校成立了学术交流科，和国外开展科技合作，需要谈判、签合同，因为我英语可以，又有科技和法律方面的专业知识，当时校内同时有这三方面专业背景的人比较少，这个工作比较适合我。我做科长的时候，几乎所有涉外科技合作都是我和外方来谈，后来从科长提到了副处长。在这期间，清华法律学系于 1995 年复建，在清华校内搜罗研究法律的老师，当时比较有名的是经管学院研究经济法的王承继老师，因为我在全校讲过专利法的课，也有点名气，于是就到法律学系兼职，主要开专利法方面的课程。

后来我考虑到自己在校科技处待的时间长了，觉得自己还是喜欢做业务的，想在退休前去化工系或者法学院做几年业务。一次偶然的机会，法学院请了一位来清华做访问学者的美国教授讲知识产权法，我去旁听了一节课。课上我回答问题引起了这位教授的注意，课间我和他聊天，提起自己是校科技处的工作人员，在加拿大留学期间学过知识产权方面的法律，于是他和我交换了名片。过了一段时间，这位美国教授回国后给我发了一封电子邮件，大意是想和我共同申请一个中美之间的知识产权法律研究项目。我们共同申请，项目批下来后互相派出访问学者。我们的交流名额先后给了崔建远老师、我和我手下的一位老师，每个人去美国富兰克林·皮尔斯法学院一年。我去那待了一个多月的时候，发现课都能听懂，就萌生了念知识产权法学硕士学位的想法，当时自己已经五十五岁了。在读期间很辛苦，第一学期学习紧张，我晕倒过好几次，还是坚持下来了，成绩也不错，学院院长对我印象很好。第二学期恰好清华法学院的院长、书记、副院长等一行五人访问美国哈佛法学院等院校，他们也安排了一天访问我所在的法学院，我担任翻译。美国这边法学院的院长做介绍的时候，提起我在读知识产权法学硕士学位，表扬了我几句。当天中午接待完吃过饭以后，王保树老师、李树勤老师来找我，问我想不想做业务，邀请我来法学院工作，让我回国后不要到科技处报到，他们先去和学校交涉，确定到法学院后直接到法学院上班。科技处也不愿意放人，主管科技处的副校长找我谈话。我的态度很坚决，表示愿意到法学院当老师，本来我就是做业务的人，一直对业务有兴趣，而且法学院也需要知识产权人才，我没有别的要求，给我个地方上课就行。谈到第三次，他同意了我去法学院。所以 2001 年，我的人事关系正式到了法学院，从兼职转为全职。之前法学院两次引进过知识产权方向的法律人才，第一位是纽约的一位香港出身的法官，引进一年多后被解雇了；过了一两年又从台湾成功大学引进了一位副教授，也只待了半年；第三位就是我，那年我已经五十五岁了。

采访者：您自 1995 年开始在清华法律学系任教，刚复建时清华法律学系、法学院给您的整体印象是怎样的？在这二十多年的发展历程中，有哪些经历令您印象深刻？

王兵老师：清华法律学系复建之初的条件还是比较差，原来的办公室好像在三教三楼一个很小的地方，当时李红老师的办公桌还放在房间的外边，因为我去法律学系一上楼就能碰见她。那时候很艰苦，搬到明理楼以后条件就很好，但我也没有信箱，没有办公室，就是带研究生，我有时参加研究生答辩小组，但接触也不是很多。2001 年正式过来以后，感到法学院的硬件条件还是不错的，但其实也是很困难。

那时我们的收入里面除了国家的工资之外，还有学校的奖金。按理讲大家都说法学院挺好，我来以后发现，工资条上的工资比在科技处少多了，但工作却辛苦多了。以前在科技处我已经干了那么多年了，轻车熟路，特别是当了副处长以后基本上就不用自己写东西了，写什么东西都是科长、副科长去写，写好了以后我看看改改。到法学院当老师，什么事都是自己做，如做 PPT，当时计算机也才刚刚普及，还有课也比较重，所以工作比在科技处辛苦多了。我这里讲一个故事：我到法学院报到时好像是 8 月下旬，时任院长王保树老师接待我，给我分配任务，让我先把《知识产权法》本科课程接下来，因为我们学校的法学院是建立在清华理工、科技背景下的，所以最好再开一门《科技法》，还有一门课让我自己选。我觉得自己英语还可以，就壮着胆子说我想开一门《国际知识产权条约》课程，用英语来上。王保树老师听了后吃了一惊，说："呦，王老师，用英语开这课行吗？我们这个法学院你也知道，在引进的人才里相当一部分都是在国外读博回来的，英语都很好的，到现在还没有一个人用英语开课，你行不行？"我估计因为我还不是博士，年岁也大了，所以王老师不放心。我说："我也不能说百分之百行，既然说出来，我就觉得我能开，您是不是给我个机会？"王老师很开明，也比较痛快，就按一般的开课程序把课程名称报告到学校去，就这么开课了。开学是 9 月 10 号左右，那时也就剩下十几天时间，当时教材都没有。但是，我之前在化工系做老师时经常碰到临时开课的情况，有这方面的训练，所以我也不慌。我就在这十来天把三门课的课程大纲写出来，把头一堂课备出来，然后到时间就上课，三门课都开了，以后逐渐将教材和讲课的材料补齐。那门用英语讲授的课还很受欢迎，选课的人挺多，因为大家都有点稀罕。还有一件事，在那个秋季学期我组织了一次知识产权国际会议，这个国际会议一共二百多名代表，有五十多人是国外代表。这五十多人里面就没一个黄皮肤、黑头发的，都是白皮肤、黄头发的白人，因为我原来在校科研处的时候也经常去开国际会议，在国际上有知名度，所以能组织国际会议。这次国际会议应该说是很成功的，可能这是在清华法学院开的第一次国际会议。这一学期下来，在寒假前王保树老师找我谈话，满脸笑容，说我的课反响不错。然后又说，咱们成立一个知识产权法学研究中心，你当中心主任，把知识产权法学这一块做起来。他这话一说，我心里就有底了，说明王保树老师考验了我一个学期，现在终于对我信任了。当时知识产权中心只有我和陈建民老师两个人。

我喜欢做科研，我觉得作为一个老师，除了讲课以外，一定要做科研，把科研成果放到教学里面，使教学能随着形势的发展而发展。所以我就开始在外面活动，以知识产权法学研究中心的名义接课题。一开始课题比较小一点，几万块钱，做完以后有研究报告，在课堂上就可以把这个研究成果讲出来。后来课题做多了，我在同行里面做研究的名声也起来了，所以就不用自己出去找课题了，而是国家知识产权局和一些国际组织、大公司主动来找我。我印象中做得好的是微软委托的计算机软件知识产权保护的课题。当时，计算机软件的保护是用版权保护还是用专利保护在国际上是有争论的。美国从它的利益出发，主张所有软件都要用专利保护，美国最高法院判决里面有一句著名的话：凡是阳光之下人间人造的东西都可以用专利保护。微软把这个课题交给我，我带了四个研究生做，研究报告里专门有一段话是对这句话的分析批判，我认为这句话是错的。为什么错？我的基本观点是：计算机软件本身的性质可能既带有技术性，又带有表达性。对计算机软件，既不能只肯定技术这一方面，忽略表达那一方面；也不能只看表达那一方面，不看技术这一方面，这是从本质上对这个东西性质的认识。这个在美国法院的判例中没有讲。不是每个软件都有这两方面性质，有的两种性质兼具，有的只有表达性没有技术性，但是不存在没有表达性的软件。所以我认为软件保护要具体问题具体分析，整体来讲，所有的软件都可以用版权法保护，因为都具有表达性，对没有技术性、只有表达性的软件就不能用专利保护。所以，结论就是所有的软件都要用专利保护是错误的，阳光之下，所有人造之物都要用技术专利保护更是错误的。一年之内，研究报告就做出来交给微软了，微软知识产权工作的负责人很重视，表示以后要长期合作。然后，我又把报告交给国家知识产权局，局长看了后说，其实我们知识产权局前几年也做了这个题目，做了三年到现在还没做出来，你做得真快，还挺有创见，你们清华做事真是认真。这个课题成了我在国内外做研究、出名声的一个转折点。

边教学边做研究项目在当时成为我在清华法学院工作的特色。我做项目一方面学术上去了，课堂讲课内容也丰富了；另一方面经费也有保障了，我的国际研究项目都是按照国际行情开价，项目最多的时候，一年有一百万的科研经费，不光在清华法学院里面科研经费是最高的，在国内知识产权界也很让人羡慕。我对清华法学院的贡献也包括经费这方面。

清华法律学系招第一批、第二批研究生的时候，我就带研究生了。我早期带的研究生里比较有名的学生有常宇，他毕业的时候是学校的十佳研究生之一，还写过话剧《紫荆花开》，自己做编剧、导演和主演，非常有才华，现任北京市委宣传部副部长、北京冬奥组委新闻宣传部部长。另一位是陈维国，他现在是美国一个很大的知识产权律师事务所的合伙人。

采访者：对于清华法学院这些年来在教学、科研、育人等方面的发展情况，您有什么评价？

王兵老师：清华法学院的发展应该说是突飞猛进的。

突飞猛进的原因，首先我觉得院党委原书记李树勤老师功不可没，这个应该肯定，我始终觉得他对清华法学院的复建立了头功。因为法学院的复建需要高水平的学术带头人，老师的引进主要是李老师负责，他非常尽心尽力，到各个大学挖人才，他有办法而且也会弄。老师来了以后，他又从各个方面给老师创造条件。

其次，法学院的发展主要取决于老师。比如王保树老师、马俊驹老师、崔建远老师、张明楷老师、章程老师等等，都是当时在他那个学科里同龄人中数一数二的学者，有了人之后，教学水平当然就提高了。这些老师来了以后对于清华的环境很快就适应了，对清华的校风是认同的，而且不同学科的老师、本学科的老师之间总体来讲很团结。所以，这样的一个个学术带头人，这样一种学问人品，还有老师们对清华环境的适应性，应该说对清华法学院的突飞猛进发挥了最基础的作用。

第三，我觉得是法学院的办学条件。1999 年明理楼建成之后，我们的办学条件有了很大的改善，在当时国内同类法学院里面，与北京大学、中国人民大学、中国政法大学法学院相比，我们的硬件条件应该是最好的，每个老师都有各自的办公室，这是其他学校没有的。这里面我倒是做了一点贡献，因为我来法学院之前给法学院争取到一千万的学科建设费，那在当时很不得了。一次下来一千万，给每个老师配笔记本电脑，还有老师出去开学术会议、出版书都用这钱来出。我们不但不给学校交钱，还从学校拿了一千万的学科建设费用，大概用了两三年，这是一方面。第二，在老师个人收入方面，我也做了一点微小的贡献。刚才讲了，我正式到清华法学院的第一年，我的工作多了，但收入比在科研处还低，因为当时法学院老师不接课题，办班、办学也很少，学院没有什么收入，我心里就觉得这个局面要改变。正好碰到学院改选，我来了一年以后被选为副院长，当时管的工作一个是科研，再一个是财务，还有院里的人事，后来我把人事工作交给李树勤老师负责。我通过对比感到老师收入这么低，不利于学院的发展，因为我记得当时学院有老师到外面去当兼职律师，我就对李老师讲这个观点，我说可以对比，来了咱们院以后收入低了。我说我们的老师要稳定住，让他全心全意来做教学、做科研、做学术，一定要让他生活无忧，甚至比较高，他得有钱买房子，家里所有事都能够解决，这样他就不会到外面去挣钱。我就提议：第一要办班，这个也是咱们的特长，后来学院就开始在深圳招法律硕士生。有些老师觉得法律硕士生学术性不强，不愿意招，但是法律硕士生一年交一万八千元的学费，是创收的一个重要方面，而且也可以带法学硕士生做学术。然后，我们和香港大学合办了开始招本科生，后来招硕士生的班。香港的学费收得高，当时这一块也开展起来了。另外我自己动脑筋，利用自己的能力办了中国知识产权国际学习班，向外招生的学费按国际标准收，时长六周，后来发展为四周，收一万八千元美金。当然学费不是全到我这儿，我跟富兰克林·皮尔斯法学院合作，学费跟他一家一半，我们拿九千美金，我们这边是我一个人来负责，暑假也不休息，项目是经美国律师协会批准的，学分是所有美国法学院都承认的，每年大概有三四十名学生。我只拿讲课费，收入的大头都交给法学院了，这也是我们发奖金的一个渠道，但主渠道是在香港办学，后来在深圳办学。所以我当了副院长以后，老师的收入一下子上来了。我们还开了面向外国学生的中国法学硕士项目，全英文上课，讲中国法律。这都是既创收又创学术声誉的好事，两者兼顾，不只是为了挣钱，这样老师的收入就上来了。我记得有一年李老师说，在全校收入排名里面，法学院是前五名，原来有一段时间，老师要发奖金都需到学校去借钱，一个月才发三百块钱，年终发个一两千块钱。所以老师们收入高了，就不在外面做兼职律师了，百分之百的精力拿来做教学、做科研，这也是我们法学院迅猛发展的原因之一。老师待遇好以后，人才也愿意来。所以，后来我们引进人才都是挑最好的引进，本科、硕士、博士都必须是国内外的名校，学术上确实要有东西，还有外语要好，主要从国外引进。像崔国斌老师是北大毕业的，后来我也给他创造条件，送他到耶鲁大学留学；吴伟光老师也被派到美国进修过；冯术杰老师是从法国引进来的；蒋舸老师是从德国引进来的。所以说，你得筑巢引凤，假如凤凰来了，这窝不好，凤凰就飞了。我们学术上起来了，待遇上也起来了，对年轻人的吸引力就大了，他自动就来了。所以，我们法学院发展起来的一个条件是人才，这是很重要的一个方面，也是我们的优势。

说起法学院的特点也就是我们的办学方向，当时学院提出来是“入主流，有特色”，这种方向还是很对的。入整个法学的主流，但是清华要有自己的特色。我觉得我们的特色应该是国际性和开放性。像我们引进人才，有国外留学背景的老师很多。比如说，从我来法学院的那年开始，我们两年开一次国际会议，我在学院待了十二年，一共开了六次。王保树老师是每一年开一次，开了十一次，现在从国际上来看都是有影响力的。还有我们办的知识产权法暑期学习班，王晨光老师办的中国法硕士班，在国际上也很有影响。还有我们的论文不仅在国内刊物上发表，也在国际刊物或国际会议上发表，这表明我们法学院是开放性的，是国际性的。我个人认为至少在知识产权界，清华法学院在国际上的影响力比较大。我和德国的马普研究所、美国的富兰克林·皮尔斯法学院以及微软课题上都有合作，这是我们的优势。我们法学院可能按照国内的评价标准来讲排在其他法学院后边，但是从国际影响方面来看，我个人觉得清华还是领先的。

采访者：您对于清华法学院知识产权学科建设也做出了很大贡献，在您印象中，清华法学院知识产权学科的发展历程是怎样的？

王兵老师：就知识产权学科而言，国内原来影响力比较大的学校有北京大学、中国人民大学，研究机构有中国社会科学院法学研究所。中国人民大学的刘春田老师、中国社会科学院法学研究所的郑成思老师以及中南财经政法大学的吴汉东老师等等比较有发言权，他们是学民法出身的，主张把知识产权放在民法学科里。北京大学的郑胜利老师主张独立出来，我和郑胜利老师的观点一致。我们之间各有特色，北大办知识产权教育算是最早之一，但法律背景、外语这两方面我有自己的优势，但我和法律本科出身的刘春田老师、郑成思老师、吴汉东老师相比，我的法律基础没有他们那么雄厚。这反映了各自学校的特点，也和知识产权学科独立问题有关系。

原本我们的知识产权学科是放在民法下面的。我当了副院长后，有一定的影响力和发言权，最主要的原因还是知识产权学科本身有特殊性，知识产权具有民法的内容，它是私权但需要国家审批，和一般的民法权利不同。我一直主张独立出来，也向这个方向努力。通过我们的工作，包括上课、培养学生等等，使知识产权学科在清华法学院有了自己的特色，很多学生愿意学，开的课也比较多。这个学科真正独立出来还要得到院里其他老师的认可，马俊驹老师在这个过程中发挥了很大的作用。马俊驹老师负责知识产权学科，他慢慢地对这个学科的特征有所了解。还有一个很偶然也很重要的机会：在我做副院长的第二年（大概是2003年）春季学期，我和马老师都在深圳给法律硕士班讲课。有一天早晨散步正巧偶遇，便一起聊天，聊到我用英语开《国际知识产权条约》的课程，最后马老师说退休之前想为学院做点贡献，让知识产权学科独立出来，他也不懂知识产权，让我负责就行了。我自己分析，可能原本他心里认为这个学科是有特殊性的。我们日常都很忙，接触不多，他对我不大熟悉，但听我说完用英语讲知识产权国际条约等等，他可能认为我有能力把这个学科做出来。后来我听说马老师在退休前给法学院领导写了一封信，建议知识产权学科从民法学科独立出来。

在这一年暑假的教学讨论会上，我发言说希望知识产权学科独立出来，发言的反响很好。崔建远老师当时是民法学科负责人，他首先表态完全同意，之后张明楷、章程老师也发言表示同意，其他差不多每个老师都表态同意，只有时任院长王晨光老师、院学术委员会主任王保树老师没表态。会议快结束的时候，我就大胆地请他们两个人表态，他们表示要回去研究研究，我心里就比较放心了。可是秋季学期开学以后很长时间都没动静，我又去找王晨光老师和王保树老师，我估计他们可能是工作忙而忘记了。之后学院又召开会议，和上一次会议的流程差不多，在这次会上王晨光老师表示同意独立，但王保树老师没说话，我又像上次一样请他表态，他也表态同意。但是我现场查看会议记录，记录中却没有关于知识产权学科独立的记载。我问王保树老师，王老师让记录人重新记下来，然后王晨光老师在会上宣布知识产权学科从民法中独立出来。从此，知识产权的排课、研究生招生、培养计划等等都和民法分开了。从学科建设来讲，清华法学院知识产权学科应该算是最早独立出来的一批。

采访者：关于研究工作您有哪些心得？

王兵老师：首先要有信心。我们国家目前是从大国向强国迈进的时期，你们这一代及下面几代人在清华法学院学习，清华法学院又具有国际化特色，在这样的条件下，很多人可能会活跃在国际舞台上，要将这个作为目标去努力，增强自信心，眼光放长远。在一个人的成长过程中，会看方向非常重要。拿我的个人经历来说，改革开放以后，我想到将来的国际交往肯定很多，英语非常重要，所以下决心学英语。当时一个月工资才 46 元钱，我拿了 14.9 元钱去买收音机学英语。后来正是因为我英语有优势，才抓住了做专利代理人等机会，才比其他人有优势。所以年轻人也要看准国家发展的方向，为了将来在国际上活动，现在起就要做好准备。

第二点要重视实践。法学院安排一个实践环节，不能开个证明、盖个章就完了，要老老实实地真去实践，了解社会才能把法律学好，把工作做好。只会闷头念书，每天只去食堂、宿舍、教室，其他地方不去是不行的。学法律的人要特别重视实践，不能只看书，对社会上发生的事都要关心，虽然这不用考试，但也是很重要的学习，对提高能力非常有好处。不能忽略实践能力，不能做书呆子，应该对社会案例、社会风气等等各方面的事都了解，这才能成为真正的法律人。

采访者：最后，请您谈谈对清华法学院的展望。

王兵老师：清华法学院虽然复建得比较晚，但应该说发展很快，有后发优势，前途无量，至少在国内还是很有前进空间的，在国际上的声誉也很好。在国内清华法学院可能排在前五名，将来可能进入前三名，甚至前两名、前一名都有可能，我对此充满信心，

我对清华法学院乃至整个法学教育的希望是要加强实践环节，这是我们从改革开放以来欠缺的地方。改革开放前，我们强调实践、忽略理论，所以我们的论文在国际上名不见经传，基础研究也比较差。改革开放之后，我们开始强调理论、强调基础，忽略了实践的重要性，这在我们的法学教育中也体现了出来。比如，我们比较重视博士、法学硕士，稍微忽视了法律硕士，因为前两个项目是做研

究的，与写论文挂钩，法律硕士不是这样。从学术角度来讲，论文非常重要，但不能忘记法学是应用型学科，不都是理论的东西。法学教授做科研主要是提供理论支持，这是我们法学教授和律师、法官不同的地方，他们偏重于实践操作方面，但大家都是为了解决问题。我觉得从教学或者文献里看到什么概念不清楚去做理论研究只能是极少人做，多数老师还是要针对国家立法、执法中的现实问题从法理的角度来考虑解决办法。从培养人才上来讲也是这样，我们培养的博士、法学硕士并不都是做研究、做老师，多数都是做实务的。毕业后不会写诉状、不懂程序上的东西、没有口才、不会写作、英文不行等等，怎么能做好呢？这些不能等到当了律师、法官才去培养，应当在学校就具备这些能力，工作后就能上手，然后在实践当中提高。所以我们学院在这方面要加强，现在有模拟法庭、法律文书写作课，但我觉得还不太够，老师讲课时还应该多讲一些实际案例，讲法条的时候，要讲立法的社会背景、利益冲突，讲法条如何贯彻等等实际问题。我觉得现在我们老师在这方面还是有欠缺的。这也不能怨老师，因为他们就是在重理论轻实践的环境下培养出来的，但他们要注意尽量纠正这种偏向。在个人培养方面，不管是法学博士还是法学硕士，都要加强实践能力的培养。我觉得我们和美国的法学教育比较，在这方面存在差距，他们的实践环节课程很多，比如《专利文书撰写》等等，有一门课还让学生在法庭上控辩，由真正的法官主审和打分。我们对于人才也很有吸引力，这一点我是蛮有信心的，而吸引涉外人才方面还要努力。

另外，社会发展和科技密切相关。清华有理工科的底子，应该比其他法学院更有条件首先接触到科技知识以及科技引起的社会变化。我们老师做研究要有这样的意识，要有敏感性，了解科技发展对社会和法学的影响，利用好清华的科技优势，这方面我觉得还要加强。最近我们法学院开展的计算法学项目就很好，它就是和网络技术相结合的。研究知识产权的学者肯定要关注网上的版权保护、专利保护和商标保护等等，其他方向的学者也要注意，比如对于网络证据、网络犯罪等等问题也应该多研究，这方面我寄希望于年轻老师。紧跟科技的发展，研究技术发展给自己研究领域带来的新的法律问题，那么我们就能真正在国际上走在前列。希望我们能真正成为国际一流的法学院，这是完全有可能的，要有信心，朝着这个方向去努力。希望所有学科的老师都一定要在自己的学科领域内走在国内的前面，努力走在国际的前面。

访谈整理：尹子玉

访谈时间：2019 年 2 月 26 日

访谈地点：清华大学明理楼

王兵老师简介：

王兵，清华大学法学院教授。曾任清华大学科技处副处长、专利事务所专利代理人，法学院副院长、知识产权法学研究中心主任。清华大学工学学士，美国弗兰克林·皮尔斯法学院知识产权法学硕士。1995 年在清华大学法律学系兼职任教，2001 年起全职任教于清华大学法学院。研究领域为知识产权法学。

王亚新：相伴清华民事诉讼法学二十载

采访者：您长期在日本学习和工作，是何种机缘让您选择来清华法学院工作？

王亚新老师：那时清华法律学系刚刚复建，老师虽然很少，但都比较活跃。那时候我记得有张明楷、崔建远、王振民、高其才、黄新华、李树勤等老师，还有已经去世的张铭新老师。我本科就读于北京大学法律系，北大和我联系过，我也和他们联系过，反复考虑以后如果回来，是回北大还是来清华。王振民老师和崔建远老师告诉我不少清华的信息，热情地邀请我来加盟。此外，还有某些机缘使我觉得清华发展比较好，尤其是和学生接触，让我觉得比较满意。我没有正式回来之前就以在假期集中开课的形式进行任教。像

◀ 采访者与王亚新老师（左）合影

吕晓杰老师、李小武老师，那时他们还是研究生，都上过我的课。我觉得清华的学生非常优秀，虽然是理工科的本科，但来这读研究生，和他们讨论问题，讲民事诉讼法很深入，这是一个因素。另外，李树勤老师负责人才引进，和我有些接触，他对我的情况也有一些了解，希望我来工作。还有高其才老师和我也有一些接触，在生活上、工作上提供了帮助。在这种情况下，1998 年我决定到清华法律学系工作，但那时在日本还有些收尾的工作，就签了一个双聘的合同，在清华工作一段时间又回到日本，中间再回来开课，一开始两三年是这样。2002 年我全职复归清华法学院。

采访者：清华法律学系复建期间有哪些事情令您印象深刻？

王亚新老师：印象深刻的事情有三件：一是进人，二是盖楼，三是招本科生。因为我之前不是一直在这里，有些事情记不清楚了。最初在三教北边楼的五楼有两间办公室，挺少的，外语系那时也在那里，当时条件比较差，但已经开始盖明理楼了。明理楼建成的时候，我也过来看了，还接待外国老师看过。那时进人的力度比较大，有些老师比如王保树、高鸿钧、张卫平、许章润、车丕照、傅廷中、江山老师以及一些年轻老师都是那时进来的。那段时期是发展得比较快的时期。我们 1999 年开始招本科生，也是在那段时间。王保树老师那时已经当院长了，我刚来的时候还是王叔文老师当系主任，不过我没见过他。

采访者：您认为清华法学院复建二十年来有哪些特色？

王亚新老师：那时我参与讨论的就是把国外经验引进来，把必修课削减，开足选修课。清华法学院能够获得批准，尝试更有弹性的教学方案。各个老师的点子也比较多，大家有德国、日本、美国等国家的留学背景，认为不需要很多必修课，老师的自由度应该增大，教学方法要多样。最后达成共识，本科生、研究生教学都要如此。虽然后来由于各种原因必修课增加，但都没有回到最初要求的那么多。确实，我们这里的弹性比较大。当时，清华法学院必须要有自己的特色这一意识深入人心，要和既有的法学院不一样，清华的谈判能力又比较强，只要学院达成共识，通过学校和教育部谈判，都能有所突破、放松管制。后来别的学校有效仿的，我们也有所调整，使之更加规范，但是要创新、要有特色这一点延续下来了。我们那时外国回来的人多，大家都首选清华。别的学校人太多，不做科研当律师的多，开课有很多制约因素，而清华法学院人少、课程不足，可以自由发挥，科研也有比较好的条件。

采访者：您对清华法学院的科研环境有哪些评价？

王亚新老师：当时法学界整体的科研环境还是比较缺少规范的，论文写作的方法及引注、内容表达等，现在看来问题挺大，但是思想相当自由。我们那时正好赶上学术规范的讨论，从国外回来的人都不习惯，哪有这么写文章的，引用别人也不说，文章都大段被抄袭，无处说理，注释很少，最多引点马列毛选。当时很多老师如邓正来、贺卫方、朱苏力、高鸿钧、张志铭、梁治平、赵晓力、王振民老师等都参与了跨院系的学术活动，讨论法学领域的学术规范化问题。不过现在好像又有走向另一个极端的倾向，引注非常全，规范要求多，出现形式化的问题，但是思想上反而没有那样开阔自由了。我们当时不太适应国内的科研环境，也通过自己的努力在改变这一状况，但是改变的结果又未必特别理想，还要慢慢探索。

采访者：您为何选择民事诉讼法作为您的研究方向？

王亚新老师：我考研出国时学的是犯罪学（青少年犯罪），后来在日本读了刑事政策和刑事诉讼法，也发过文章，最后又改成民事诉讼法，拿的也是民诉领域的学位，最后在日本教授民诉，回来也继续教授民诉。你们有兴趣可以看看我最早在国内出版的论文集《社会变革中的民事诉讼》，序言里面讲得比较清楚。

采访者：关于学术研究您有哪些心得与体会？您曾经翻译、解说过《明清时期的民事审判与民间契约》《权利与冤抑：寺田浩明中国法史论集》等与法律史相关的著作，为何会做出这样的学术选择？

王亚新老师：我原来做的是民诉基础理论。中国的民事诉讼和国外很不一样，都要法院去调查收集证据，“当事人动动嘴，法官跑断腿”，外国人很难理解，为什么私人的事情，国家要花那么多钱、费这么大的力，让法官去解决个人之间的争议，还看得特别重要。国外都是当事人主义，原告、被告都得自己出钱出力收集提交证据，不努力就得输掉官司。中国当时为什么和外国不同？一种观点认为中国落后，但也不是这么简单。仅仅通过现状对比解决不了这个问题，我们也不接受中国仅仅是因为落后的观点。再落后，这一套东西能坚持这么久，是有内在需求的。这种需求是不是还依然存在，还是要改变，当时能看出苗头，但看不出来龙去脉，没法预测未来。要回答这些问题，就需要通过法制史和社会科学两个抓手来研究民事诉讼。我当时有篇论文在《中国社会科学》发表，就是讨论为什么中国要“法官跑断腿”，为什么国家要投入很多资源。到了今天，中国也好像理所当然地成为当事人主义了，但是以前不是这样，我通过前期的研究就是把这个梳理清楚，用基础理论和法制史结合，讨论为什么中外差别这么大，以前是怎么回事，将来会怎么样。到 2010 年以后，中国大体上也变成西方这种当事人主义式的诉讼了，西方的许多概念拿到中国也都没有大的问题，我也转向了民诉法学解释和运用程序规范的具体领域，比如裁判文书、法条适用等。这正好说明了这三十年来的变化。

我自己这三十年来最重要的工作就是出版了两本书。一本是 2002 年出版的《对抗与判定》，是一部关于比较法研究的作品，讨论中国和外国民事诉讼制度分歧，各自内在的逻辑究竟是什么。到了 2017 年出版《民事诉讼法重点讲义》，这是一本体系性的程序法教科书，纯粹讲中国，只讨论中国语境内的司法实务、法条适用和程序规范。中国社会的民事诉讼在这三十多年内发生了翻天覆地的根本变化。和我们同样年龄的法官，80年代工作，现在已经退休，都觉得这是两重天了，硬件、软件完全不同，年轻人完全不知道以前怎么样。法官那时候骑着破自行车追当事人，法院里的人川流不息，和医院一样，法官抽屉里都是诉状，什么时候出判决也不知道，院长都不知道收了多少案件。一个法院也就几十人，一年也就几百个案件，但就是这样粗放的办案和管理也能解决当时的问题。办案就是在外面跑，现在这些高大上的明亮审判庭及坐在里面坐堂问案、法袍法槌等都不存在，现在年轻人都没法想象。司机和法官都是一样的待遇，也没什么资格，现在开车，过段时间就办案了。商店里的党支部书记，说不定就能调到法院做副院长。法院和调解委员会、人民法庭的审判员和乡里的干部没有区别。因为人民法庭的审判员就是人民公社的司法助理员，编制工资都在乡镇，只是业务上受法院指导而已。当时的司法局、检察院、法院都是这样组成的，司法助理员过段时间没准去农技站了。这些人直到九十年代才收归法院，由法院发工资，调到城里来。他们看上去很不专业，但是能解决问题，延续了很长时间。其实民国时期的情况与之也很类似，但现在的派出法庭就是法院的一部分，法官都住在城里，每天开车下乡去上班了。

我们的研究对象变了，之所以会变，就是因为社会变了。学术研究反映的就是社会变迁，我们的方法也在改变。

采访者：您认为理想的课堂应该是什么样的？如果套用您曾经在学院开学典礼演讲中所做的归类，您觉得自己是“严格要求派”还是“宽松学习派”？

王亚新老师：要看情况，看学生要的是什么，学生是什么类型。研究生尤其是博士生必须宽松学习，本科生尽可能严格要求，尤其是年级低的时候。我也没有结论，还是根据具体情况来。有时候宽松学习会把学生害死，比如最近发生的中科大博士生自杀事件，导师长期不闻不问学生情况，应该有很大责任，但是老师一直盯着学生也不好，把学生当劳动力，师生关系也非常紧张。还是要因材施教，最主要的是老师要有责任感。

采访者：最后，请您谈谈对清华法学院的展望。

王亚新老师：清华法学院现在遇到很多挑战，还是比较严峻的。我们当时走的路比较独特，有很多有利的条件。我们复建时间短、历史包袱小，可以灵活选择办学方法，也不随意扩大招生规模，但很多评估比较吃亏。我们当时曾想学美国的 law school 不办本科，但后来被否决了，还是要符合中国国情。不管怎样，我们发展到现在，很多条件都变了，国际化别人也能做到了。课程设置方面大家都有各种尝试，我们和规模大的学校比开始没有优势，中国政法大学可以同一门课很多老师一起开，学生自由选择，或者一个主干课开出各种附带的课，我们人力有限做不到这一点。我们当年的优势不复存在，还有很多劣势，未来怎么办需要考虑。现在科研环境也变了，规范但是不太自由了，各种条条框框怎么去突破也很困难。清华法学院的未来当然还是在于优质的学生，在于年轻的科研力量，现在看来形势还是很严峻，条件虽然好了很多，但一些条件不利于自由思想和大胆尝试。我觉得将来如何在既有格局中找到新路，需要积极又冷静地继续摸索。

访谈整理：徐逸尘　南凯
访谈时间：2019 年 3 月 8 日
访谈地点：清华大学明理楼

王亚新老师简介：

王亚新，清华大学法学院教授。北京大学法学学士，日本京都大学法学硕士、法学博士。1998 年在清华大学法律学系双聘任教，2002 年起全职复归清华大学法学院。国务院政府特殊津贴专家，中国法学会民事诉讼法学研究会常务理事，中国仲裁法学研究会常务理事。研究领域为民事诉讼法学、法社会学。

申卫星：我对年轻而古老的清华法学院充满感情和期待

采访者：您觉得开展清华法学学科发展史编纂工作具有哪些意义？

申卫星老师：第一，2019年是清华法学院建院90周年。清华法学院是一个年轻而古老的法学院。说其年轻，因为我们复建法律学系只有二十四年，复建法学院只有二十年，但在短短二十多年的时间里，我们实现了跨越式发展，开辟了具有清华特色的法学教育发展道路；说其古老，清华法学院始建于1929年，有丰富的历史底蕴可以接续，有宝贵的历史资源可以挖掘，因此要讲清楚我们既年

◀ 采访者与申卫星老师（右）合影

轻又古老的历史，要更加有底气、有自信；第二，通过院史编纂让我们记住传统，记住对清华法学教育做出杰出贡献的诸多先贤和老师们，以更好地传扬清华法学的优良传统，发掘清华法学发展的重要历史与时代意义。清华法学院的发展离不开历任院长（系主任）、老师、校友等的共同努力，我们要尊重他们做出的贡献，树立正确的历史观；第三，对当代而言，我们要充分认识到每一个当下都是未来的历史，对当下做出的任何决定既要慎重，又要有奋斗和进取的精神，这样才能不辜负未来的历程，不为未来的发展留下遗憾。总之，通过院史的编纂，能够汲取历史，发扬传统，同时以史为鉴，找清未来发展的方向，我想这是最核心的使命与意义。

采访者：您觉得清华法学院以往历史发展有哪些值得总结的经验？

申卫星老师：我觉得经验包括三个方面。第一是兄弟院校的帮助和支持。清华法律学系复建之初，在师资队伍、学科建设、教学大纲、教学资源等方面存在“一穷二白”的局面，中国社会科学院法学研究所、北京大学、中国人民大学、中国政法大学、吉林大学、武汉大学等兄弟院校对清华法学教育提供了很大的帮助。以社科院法学所为例，法学所原所长王叔文教授出任清华法律学系首任系主任，时任法学所副所长王保树教授出任清华法学院复建后的首任院长，时任法学所科研处处长高鸿钧教授在建院之初担任清华法学院副院长兼党总支副书记，刘海年、梁慧星等教授担任清华法学院的兼职教授。此外，我院学科建设的发展离不开兄弟院校诸多老师的帮助，例如我院 1998 年第一个硕士点（民商法学）、2000 年第一个博士点（民商法学）的申请都离不开中国政法大学江平教授为组长的专家组的大力支持。第二是名师的加盟。清华法律学系复建以来，大批海内外学者纷纷加盟，很多是来自于兄弟院校的支持。第三是良好的研究条件。我院一直重视研究条件的建设，有尊严、体面地做学问对许多学者而言具有吸引力。比如 1999 年明理楼建成后，我院为每位老师提供独立的研究室，这在当时全国法学院校中是首创，而现在我院已经拥有两栋大楼，研究条件得以进一步提升。

采访者：您觉得在清华法学复建后的发展历程中有哪些变与不变？

申卫星老师：首先，清华法学的规模在变。从最初只有“三个半”老师，94 级文研只有一位学生，95 级文研只有九位学生，到现在我院有六十多位老师，接近一千四百位学生。我院从全国各地乃至世界延揽人才，组建起了清华法学雄厚的师资队伍。而从办学条件来看，我院已从拥有一栋大楼到拥有两栋大楼。其次，清华法学的学科建设在变。我们早期只有一个硕士点（民商法学），到现在全部学科都有一级学科硕士点、一级学科博士点。早年复建时，有一种意见认为清华法学应发展与清华工科相结合的科技法与知识产权法，但是经过充分讨论，时任校长王大中最后一锤定音，确立“先入主流，再有特色”的发展方针。经过二十余年的发展，清华法学学科入选国家“双一流”建设学科名单，在教育部第四轮学科评估中被评为 A。“入主流”之后，清华法学开始着重发展“有特色”的新学科。目前我院借助学校强大的工科优势，强调法律与科技的交叉学科发展方向，为我院今后的发展奠定坚实的基础。法律与科技的交叉学科研究，这里的科技指的是生物科技与信息科技两个方面。我们要未雨绸缪，在看到强大技术发展给人类社会带来福利的同时，也要充分认识其可能引致的法律风险与伦理危机，法律不可袖手旁观。因此，我院既要重视传统学科，又要发展法律与科技的交叉学科，这是清华法学未来发展的重点。此外，在学术刊物方面，我院现在已创办《清华法学》《清华法治论衡》《历史法学》《清华法律评论》以及 *Tsinghua China Law Review* 等多种刊物。再者，清华法学的国际化办学方式在变。早先的国际化以学生交换为主，到后来则逐渐出现合作办学的方式，如LLM项目、国际仲裁与争端解决项目、国际知识产权项目、清华天普法学硕士项目等，目前我院也已启动与美国杜克大学的“4+2”和与不列颠哥伦比亚大学（UBC）、悉尼大学的“3+2”学生联合培养项目，体现一种实质性融合，在全国领风气之先。

说起清华法学不变的地方，我觉得主要体现在两点：一是明理楼的老师们孜孜向学、以学术为生活的状态始终没变，明理楼始终是明理学子的精神殿堂和心灵寄托的地方，灯光不灭；二是清华法学一以贯之地坚持国际化特色的初心未变。

采访者：在廖凯原楼建设过程中，有哪些细节令您印象深刻？

申卫星老师：随着清华法学院的发展，一栋大楼不敷以用，所以我院对新大楼的建设筹划很久。廖凯原楼2011年4月奠基，2016年7月正式开工建设，2018年9月启用，两年多风风雨雨，记不清多少次进出工地讨论建筑细节，我至今还记得2017年6月30日令人激动的新大楼封顶仪式。这座新大楼凝聚了学校领导和学院老师们的大量心血与期待，前任院长王振民教授对新大楼的筹建、设计和建成做出了杰出的贡献，校图书馆原馆长邓景康教授对新大楼也非常关注，比如起初旋转楼梯修错了，邓景康教授坚持要进行修改，后面我们与工程方沟通将其改了过来。从规划来看，早期新大楼选址在校设备处，即校人文社科图书馆附近，但考虑到离明理楼有点远，于是我们与有关方面协商选址于现处。对于新大楼的建成，我们要感谢教育部及学校的支持，感谢廖凯原先生、胡宝星先生、李兆基先生的捐资，感谢设计方、建设方、施工方、监理方等单位的工作，感谢社会各界的关心与帮助。

采访者：您如何评价清华法学院的教学与科研工作？

申卫星老师：清华法学院教学严格，重视本科教学，我院学生普遍具有很高的素质，课堂反应比较积极，因此能够形成教学互动的课堂氛围。不过，现在的教学模式还得有所改变，须更多地从以教为主转向以学为本；而从科研工作来说，清华法学院的特色是“小而精”。在全国法学院校中，我院率先为每位老师提供独立的研究室，给老师们提供了很好的研究场所。老师们都把书放在研究室里，视学术研究为生活的重要组成部分，只要老师不出差，学生去研究室总能找到老师。清华法学院很早就形成了这种良好的学术氛围，年轻教师加入后也纷纷效仿学习，我想这是我院科研能力突出的一个重要基础。

采访者：您觉得清华法学院民法学科具有哪些特点？

申卫星老师：作为清华法学院起家的学科，民商法对清华法学院的发展具有重要影响。在复建之初，随着民法崔建远教授、马俊驹教授的引进，清华法学院的民法学科迅速壮大。如今的民法学科，我觉得一个突出的特点是团结合作，大家在崔老师的带领下以学术为志业，潜心研究，能够形成一股合力，遇到重大学术活动，我们民法学科的老师都是集体出席、集体参与。分工相对明确也是我们民法学科的一大特点，围绕民法体系的各个组成部分，老师们的研究方向亦有侧重。总之，我觉得大家有一种共同体意识，致力于维护、珍惜共同体的学术声誉，从而推动民法学科扎实、稳健的发展。

采访者：您认为清华法学院的学院文化有哪些？

申卫星老师：我觉得主要有三个方面：第一是我院形成了良好的学术氛围，孜孜向学、潜心问学，许多老师都以办公室为家；第二是我院具有团结向上的精神，复建后的清华法学院是一个年轻的法学院，来自五湖四海的老师们都具有强烈的使命感，在为着清华法学院的发展努力奋斗；第三是我院敢于领风气之先，具有创新精神，这让学院的发展充满活力。比如，《清华法学》刊物的创办、LLM 项目、国际知识产权项目、国际仲裁与争端解决项目、计算法学的兴办等，都体现了这一点。

采访者：您觉得清华法学院的发展面临哪些挑战？

申卫星老师：清华法学院面临的挑战，第一是师资队伍。早期加盟的教师们大多都接近或超过六十岁了，我院面临着老教师退休后学科带头人的培养问题，即如何做好师资的代际传承。第二是学科转型。现在清华法学院的传统学科已经做大做强，而面对生命科技和信息科技给法学带来的挑战，清华法学院如何应对？在传统学科与新兴交叉学科并重的情况下，应如何实现二者之间的实质性融合，使得传统学科为新兴交叉学科提供理论根据，新兴交叉学科为传统学科的核心提供动力？这需要全院凝聚共识，深入讨论。第三是教学模式。传统的法学教学模式互动性不足，与生活过于疏远，教学固然要给学生以经典理论的教育，同时还应使学生了解 law in book 与 law in practice 之间的差别。虽然反转教学等新的模式已经出现，但老师们大多对传统的教学模式比较熟悉，如何从以教为主转变为以学为本是一个挑战。记得已故的何美欢老师在中国大陆地区系统引进了普通法教育，并引进了很好的教学方法，何老师一个人教授四个学期的《普通法精要》课程，可以说一个人撑起了一个法学院，这值得我们传承并进一步发扬光大。

采访者：您觉得清华法学院未来发展需重点关注哪些方面？

申卫星老师：一是注重人才培养的内涵式提升。现在的学生大多满足于上课、考试、记笔记，学习能力比较单一，缺乏与老师的深入互动，尤其是学生的口头和书面表达能力有待提高。因此，如何引导学生自我学习、自我创新，如何加强能力培养、提升培养质量，是我院未来关注的重点。二是拓展新的学科，更新知识结构。法律本身应具有很强的实践性，要在解决社会问题、推动社会进步方面发挥直接作用，故而我院着力于推动计算法学等学科建设。总之，清华法学院的发展要有大楼、有大师、育英才，通过人才培养、质量提升、学科拓展，为中国法治的建设贡献力量。

采访者：2018 年，学校同意由法学院牵头成立清华大学智能法治研究院，并批准了法学院的计算法学全日制法律硕士项目，您认为计算法学的学科建设有哪些契机？

申卫星老师：最大的契机就在于新兴信息技术的迭代更新与迅猛发展，计算 + X 已经成为法学与其他学科交叉的典范。我觉得现代人工智能的发展有三个原因：一是大数据的普遍采集；二是算法的运用和算力的提高；三是整个生活全部信息化。这种变化改变了人类社会生活，可以说产生了基础性、全方位的影响，对传统法学理论也带来了一定的冲击，比如无人驾驶汽车的产品责任归设计者、拥有者还是汽车本身？人和机器人区别的标准为何？是血肉之躯，还是思维与情感？2008 年，我在《比较法研究》第 4 期上发表《时代发展呼唤"临床法学"——兼谈中国法学教育的三大转变》一文，倡导未来中国法学教育的三大转变，即从学科主导转向问题主导，从规范分析转向实证分析，从理论法学转向临床法学。一个社会问题往往牵涉包括公法、私法很多领域在内的学科内容，任何一个单独的学科都不能提供解决问题所需要的全部知识和技能。法学是一门社会科学，要服务于社会发展。在全面数据化背景下，一切都是可计算的，法学结论的得出不仅依靠价值判断和逻辑推理，还需以坚实的客观数据和事实为基础，以增强法学科学性的一面。因此，计算法学要以问题为导向，综合运用公法和私法手段解决问题，其主要研究体现为三个方面：一是作为研究内容的计算法学，即探讨现代信息技术应用引发的法律问题；二是作为研究方法的计算法学，即运用大数据对传统法律问题进行定量分析；三是作为研究手段的计算法学，即通过科技手段推动法律问题的计算化，也称法律科技。

采访者：您来清华法学院工作有哪些机缘？您与清华法学院的渊源可以从哪里说起？

申卫星老师：我与清华法学院最早的接触是 1996 年在清华园宾

馆举行的荷兰合同法培训班，那时我是吉大法学院的讲师，参加了这次培训，记得班主任好像是王保树老师和高鸿钧老师，包括我的硕士生导师崔建远教授等多位国内外老师给我们授课。还有一个机缘是我 1998 年到中国政法大学读博，导师是江平老师，读博期间，我受国家公派留学计划支持前往德国科隆大学作访问学者，去德国之前又在北京语言大学学了一年德语，北京语言大学离清华大学比较近，应崔老师指派，我兼任清华大学二学位《合同法》课程的讲授，一学期完整的授课使我有机会近距离接触清华法学院，当时便对清华法学院产生了很好的印象。2001 年博士毕业后，我在北大法学院跟随魏振瀛老师作博士后，2003 年博士后出站时面临是留在北京还是回吉林大学工作的选择，当时我经常参加崔建远老师组织的“民法九人行”等学术活动，便对清华大学充满了向往，于是向清华法学院提出了求职申请，并顺利通过了各项程序的考核。2003 年 6 月我来到清华法学院报道，这比正常报道时间偏早，当时正值“非典”之后，学院有一门《合同法》课程马上要补课，记得教的第一届学生是 2002 级法律硕士。回顾我的学术经历，我很感谢吉大法学院、中国政法大学、北大法学院对我的学术滋养，特别感激我的三位导师——崔建远老师、江平老师和魏振瀛老师，三位导师的言传身教，对我的学术培养和人生发展都具有很大的影响。

采访者：您个人的教学与学生培养工作有哪些特色？

申卫星老师：我个人从事法学教育二十七年，历经吉大法学院、北大法学院、清华法学院，一直很享受教学相长的过程。我教学的特点是喜欢与学生互动，鼓励学生多提问题，学生的提问对老师的思考也有帮助。教学工作其实就是师生之间的信息互动，因此每一次授课于我而言都会有新的感受，尤其是当我看到学生们点点滴滴的进步，便能更深刻地体会到教学的育人价值；关于学生培养，我觉得最重要之处在于培养学生的研究兴趣，有了兴趣学生便会想尽一切办法展开研究。作为老师，我们一方面需尊重学生的想法，另一方面也应严格要求学生，使学生明白做学问没有捷径，学术研究必须得做到勤奋与投入。此外，我觉得加强外语学习也很重要，对于研究生而言更是如此，多学一门外语就意味着多打开一扇窗户，学生由此可以充分利用国外资料、出国交流或攻读学位，这对他们未来的成长有很大的帮助。

采访者：您如何选择民法作为您的研究方向？

申卫星老师：我选择研究民法主要有两个原因：一是受崔建远老师的影响，二是被民法学科的魅力所吸引。我在吉大法学院求学时，崔老师给我们讲授民法理念、英美契约法、民法解释学等内容，崔老师谈起民法基本制度和法条规定可谓信手拈来、滔滔不绝，我非常崇拜崔老师，自身对民法的兴趣也愈来愈浓，便逐步展开对问题的研究。我在本科时发表了第一篇学术论文《环境权初探》，当时我对“环境权是财产权”这一说法不太理解，虽然大百科全书介绍的“共有财产说”和“公共委托说”实际上也主张“财产说”，但我觉得环境不仅是一种财产与资源，更是保障人的身心愉悦的基本要素，因此可将其视为一种基本人权。在郑成良教授的指导下，我完成了这篇学术论文，在文章中主张环境权是一种有别于财产权的新型权利。我的本科毕业论文则探讨“民事法律行为的本质”这一问题，后以《对民事法律行为的重新思考》为题发表在《吉林大学社会科学学报》1995 年第 6 期，是我国较早对法律行为的合法性要件提出质疑的学术论文。《民法通则》第 54 条规定民事法律行为是合法的，当时的教科书也认为合法性是民事法律行为的本质特征，我对此不太理解，便从概念、特征等入手展开研究。我查阅《辞海》，发现它将“特征”定义为一个事物区别于另一个事物的根本标准，我想既然法律行为与事实行为相对应，合法性这一标准便无法对二者加以区分。作为当事人双方之间的行为，法律行为需具备主体、标的、意思表示之要素，合法性则是国家对法律行为的外在评价，最多只能作为生效要件，强调民事法律行为的合法性实际上没有将成立要件和生效要件、事实机制与评价机制区分开来。2017年颁行的《民法总则》已对此作出了修改，不再认为合法性是民事法律行为的成立要件，我觉得这有利于促进当事人自我决定、自我负责，从而充分发挥自身的主动创造性。

采访者：关于民法研究，您有哪些心得？

申卫星老师：回顾三十年的民法研习历程，我认为民法最核心的理念在于其平等和自由的私法精神与价值，民法不是简单的、冷冰冰的法条堆砌，它是有灵魂的。作为部门法的起点与核心，民法在维护人性、促进人的发展与社会进步等方面发挥着重要作用，可以说民法学乃是循着人性的需求而设的一门学问，是一门深具“美”的学科，魅力无穷。

访谈整理：杨同宇　路旸

访谈时间：2019年2月19日、4月9日、7月7日

访谈地点：清华大学明理楼

申卫星老师简介：

申卫星，清华大学法学院院长，教授。吉林大学法学学士、法学硕士，中国政法大学法学博士，北京大学法学院博士后，2003年起任教于清华大学法学院。国务院政府特殊津贴专家，中宣部文化名家暨“四个一批”人才，国家社科基金重大项目和科技部重点研发计划首席专家，第七届“全国十大杰出青年法学家”。美国哈佛大学富布莱特访问学者，德国弗莱堡大学高级访问学者，科隆大学访问学者，德国洪堡学者。兼任教育部高等学校法学类专业教学指导委员会委员、中国法学会常务理事、中国法学会民法学研究会常务理事、中国

法学会网络与信息法学研究会副会长、中国卫生法学会副会长、中国法学会法学教育研究会副会长，并担任国家卫生健康委员会、工业和信息化部、交通运输部等国家机关立法专家。研究领域为民法学、计算法学。

第三篇　桃李芬芳谱新篇

复建以来，清华法学院坚持以培养国家法治建设亟需的厚基础、宽口径、复合型、高层次的法律人才为办学宗旨，目前已培养了近万名毕业生，他们分布在各行各业，为国家的法治建设与社会发展做出了大量的贡献。校友是清华法学院宝贵的资源，清华法学院的发展离不开校友的支持，一些校友也积极参与了学院的复建工作。本篇的访谈对象是复建后清华法学院（法律学系）各阶段的二十三位校友，访谈稿以入读清华法学院（法律学系）的时间先后为序，兼及姓名首字母。时光荏苒，岁月如歌。回望几载求学时光，诸位校友对个人经历的讲述，记载着清华法学教育的发展轨迹与实践效果。

李启迪（94 级文研，入学时法律学系筹备中）

采访者：您是“清华法律学系第 0 届硕士生”，在您开始学习法律时清华法律学系还未成立，您从土木工程系本科毕业后转而学习法律是基于怎样的考虑？

李启迪校友：当时没有招生通知，是老师告诉我清华法律学系复建的消息，我学习法律的考虑可以用一句话概括：基于理工和文法相结合的知识背景。

采访者：您在清华法律学系学习期间有哪些印象深刻的事情？

李启迪校友：印象最深的是法律学系最初办公的地方在主楼十楼，我们上去很麻烦，而且空间也很小，但是以王叔文教授为系主

◀ 采访者与李启迪校友（左）合影

任的学院老师都很用心办系，并不会因为条件简陋而有丝毫懈怠。

采访者：您对清华法律学系的哪些老师印象深刻？

李启迪校友：我对王振民老师印象深刻，王老师能够与学生打成一片，全身心投入到清华法律学系的筹建工作；黄新华老师教我们研究生不多，教本科生和双学位多一些，记得系里打算办好知识产权法，黄老师曾组织成立了北京市清华律师事务所，律所必须要三个人才能开办，我当时有律师资格证，还找我做了律所的合伙人；我的导师崔建远老师是勤勤恳恳的“老黄牛”，具有很深的学术造诣，我自己毕竟工科出身，但老师让自己的民法驶入正道。当时系里还邀请了校外老师来给我们上课。我对梁慧星老师的课堂印象深刻，他讲得非常系统，记得也是梁老师建议我找崔老师指导硕士论文；刘海年老师对于清华法律学系的定位比较高；王著谦老师、许崇德老师给我们讲过宪法；罗豪才老师和我们有过座谈；王泽鉴老师来系里作过报告。

采访者：您对清华法律学系复建之初的培养模式有哪些印象？

李启迪校友：我在清华法律学系读了4.5年，当时没有培养方案，课表也是反复更改，我读硕士上过的课可能比其他法律院系的学生多好几倍，常常根据课表上完一门课后，又要根据新的课表上新的课程，如此反复几次，包括毕业论文要写成什么样都是反复多次才定下来的。这是因为当时对法律学系到底要办成什么样子还没有定论，不断地摸索定位，重点也在不断地改变，最后确定先发展民商法学科。清华法律学系不能一开始就什么都有，当时没有那么多的师资力量，所以系里的决策还是很正确的，民商法也一直是清华法学院重点发展的学科。那时候，系里还支持我去北大听课，因为没有培养方案，所以我就照着北大的课表，看看有什么课、喜欢什么课就去听，比北大的一些学生听得还全。清华法律学系在复建之初与北京大学、中国人民大学、中国社会科学院法学研究所等院校存在良好的互动，否则清华法学教育也不会在这么短时间之内就发展起来。

采访者：您觉得复建之初的清华法学教育有什么特点？

李启迪校友：清华法律学系的复建其实面临着很实际的压力，那时候有人对学习法律有不同的看法。当时，明明已经有许多法律院系，为什么清华还要复建法律学系？这正是因为需要处理好中国共产党执政与依法治国的关系，需要清华法学教育为此做出贡献，这是清华法律学系成立之初就承担的任务。如果清华法学教育能够解决好这一问题，院系就能很好地生存和发展。如今，习近平总书记科学地阐释了中国共产党执政与依法治国的关系，2018 年我国宪法修改将“中国共产党领导是中国特色社会主义最本质的特征”增写入第一条第二款，这也是习近平新时代中国特色社会主义思想的重要内容。所以说，法律人最根本的是要拥护代表天道的中国共产党，然后再遵循法律的专业规则，法学院要顺着天道和时势培养人才，由于自己经历过非常艰苦的基层生活，对此有深刻的体会。坦率地讲，现在一些老师并没有完全处理好学术情怀和家国情怀的关系，也不太愿意与学院党政部门互动，而复建之初就来到学院的老师，如李树勤老师、王振民老师等则对此处理得很好，他们具有浓厚的家国情怀。

采访者：清华法学教育对您的个人发展具有怎样的影响？

李启迪校友：理工和文法的结合，让我能够更好地处理金融经济实践中需通过许多元素才能解决的事情。

采访者：最后，请您谈谈对清华法学院的展望。

李启迪校友：金融经济领域的毕业生已经饱和，而据我了解，到司法机关工作的毕业生比例不大，希望法学院未来可以有更多的毕业生到司法机关工作。以前司法机关存在逆向淘汰现象，如今让法学院的毕业生进入司法机关工作非常有价值，可以增强司法工作队伍的专业性。同时，我觉得法学院毕业生去立法部门的比例也需大大提高，这有助于充实立法工作队伍。我本科在土木工程系学习，所以特别赞成理论与实践的结合，希望法学院的同学能够注重实践，不要只是埋头研究，实践方能出真知，这对每个人而言都是很好的锤炼。

访谈整理：杨同宇　李嘉彧

访谈时间：2019 年 3 月 22 日

访谈地点：国家开发银行总行

李启迪校友简介：

李启迪，清华大学法律学系 94 级文研，是复建清华法律学系招收的第一位学生。清华大学工学学士，法学硕士。现任职于国家开发银行总行。在校期间，曾任清华大学学生求是学会会长、研究生党支部书记、本科生政治辅导员兼党支部书记等。

范春燕（95级文研，法律学系）

采访者：您在清华法学院的日常工作内容有哪些？

范春燕校友：主要是综合性的事务，文书处理方面比较多，例如要起草报告、规划书、准备会议的材料等等。还有部门协调的事情也比较多，法学院有党务人事、教学、综合办等职能部门，综合办又有科研、外事等很多部门，如果涉及跨部门的事务，例如大型的活动，则往往需要学院牵头组织。此外，还有很多零碎性的事务。

采访者：您与清华法学院的渊源可以从哪里说起？

范春燕校友：我是1995年清华法律学系复建后的第一批学生，当时和我一批的有七个应届毕业生，从清华本科毕业后校内推研到法律学系就读硕士，此外还有两个在职的同学，还有李启迪师兄，严格说他是1994级的，但他来的一年法律学系都没有开课，他与我们一起上课，所以当时就这十个人一起上课。1998年硕士毕业后我留校任教，开始时担任《法律基础》课程的教学，后来就是教授商法专业的课程，例如《信托法》《票据法》等。2012年，我才由教学转入行政工作。

采访者：清华法学院有哪些老师令您印象深刻？

范春燕校友：清华法律学系刚复建的时候，教职员工不是很多，所以大家之间都比较熟悉，例如我熟悉的有李树勤老师、王振民老师等。也是因为当时人手少，从做学生时候起我们就参与系里的很多工作，从外事接待到系办搬家等等，现在想起来还是很有趣的经历。还有一些趣事，例如李树勤老师对待新进的老师特别关心，当时李老师骑着自行车，带着施天涛老师还是崔建远老师在清华校园里面转，去见校领导，去看住宿的地方等。

采访者：您所知道或经历的清华法学院的发展历史有哪些方面？

范春燕校友：清华法律学系刚复建的时候，条件确实比较艰苦，最开始的办公室在主楼，面积不大，也就一间半，后来在三教有两间办公室，当时三教楼下有个小花园，花园里面有一家茶社，据我听说当时一些老师还组织了啤酒协会，在茶社里经常小酌。法学院在主楼和三教的办公历史不太长，在1999年明理楼盖好之后，我们就从三教搬到了明理楼。我记得法律学系刚复建后的一段时间里很多老师都是外请的，其中一位是王著谦老师，原来是全国人大常委会法制工作委员会副秘书长，当时已经退休。她的家在清华园里面，所以我们都到她的家里上课，大家在沙发上一坐就开始上课，对于工科出身的我们来说是很新鲜的经历。那时候也就三个全职老师，其他老师都是兼职的，而且请的老师也很好，诸如梁慧星老师这样的著名学者。当时的清华法学教育也是摸着石头过河，主要针对本科是理工科、没有任何法学理论准备的学生，学习三年后颁发法学硕士学位，全国都没有这样的教育经验，可以说是摸索着向前进。

采访者：关于清华法学院发展过程中的重大事件和会议，您有哪些印象深刻的经历？

范春燕校友：例如，我全程参与了清华法学院复建20周年会议，主要是负责会务工作。因为正好赶上清华法学院主办当年的中国法学会法学教育研究会年会，所以来参加的人员特别多，活动的效果也很好，嘉宾有很多正面的反馈，对于清华法学院的影响力有了很多切身的感受，可以说是与有荣焉。

采访者： 清华法学院有哪些校友令您印象深刻？

范春燕校友： 我的同学都是法学院校友，那就举一个例子吧。我的同级同学周福民做过学院校友理事会副会长，他曾在基金公司工作，所以我还请他来给法学院的学生上了一节《信托法》的课程，毕竟他有很丰富的实务经验，对基金行业有切身的体会。校友以类似的形式参与到我们的教学活动中来，对于学生的教育和培养很有益处。

采访者： 您如何评价清华法学院对本科生和研究生的教育？

范春燕校友： 在从事行政工作之后，我和学生们的接触不多，但我接触的老师对清华法学院的学生评价很高，尤其是本科生，总体上是非常厉害的，优秀的学生数量很多，但是也有提高的空间。例如，最近几年清华法学院学生参加国际性的模拟法庭比赛的结果不太理想，发挥不稳定，有的年份排名靠前，有的年份排名靠后。此外，学生的眼光还可以放更长远些，例如我们学校每年和不列颠哥伦比亚大学（UBC）有联合培养的项目，在培养时间上较以往正常获得学位的时间缩短了两年，还有两个关于仲裁法的国际项目，以前还有人报名，但最近几年都没有学生申请报名这些项目，所以我们的学生对于参与这种国际交流项目的积极性还有待提高。

采访者： 最后，请您谈谈对清华法学院的展望。

范春燕校友： 我当然希望清华法学院越办越好了，能在国际上成为一流名校。还是那句话，学院发展得好，我们作为校友也好、作为工作人员也好，都是与有荣焉。

访谈整理：翟家骏

访谈时间：2019 年 1 月 14 日

访谈地点：清华大学明理楼

范春燕校友简介：

范春燕，清华大学法律学系95级文研。清华大学工学学士、法学硕士，美国杜克大学法学硕士，荷兰格罗宁根大学法学博士。现任清华大学法学院业务办公室主任。曾任清华大学法学院院长助理。

吴伟光（95级文研，法律学系）

采访者：您曾于1995至1998年在清华法律学系攻读民商法学硕士研究生，是清华法律学系复建后的第一批硕士研究生吗？

吴伟光校友：可以这么说，不过当时有点复杂，实际上我本科就读于清华大学工程力学系，但到后来我突然发现我对法学特别感兴趣，同时对理工科有点失去兴趣了。高中时我对科学家有种理想化的想法，上了大学跟老师接触了以后，到了实验室才发现科学家并没有我想象的那么好玩。当时清华条件很差，在当年我们上大学的时候，学校一年的经费可能才六七千万，所以那时候的清华是很穷的，也没有办公室，来了以后就发现跟想象的完全不一样。我学的是航空航天专业，20世纪90年代我们与美国关系比较好，也没

◀ 采访者与吴伟光校友（中）合影

怎么研发火箭、导弹，当时这个行业处于低谷期，我们都在想毕业以后干什么，我就决定学法。我本科时自学了很多法律知识，参加了职业考试，大专文凭的课都学完了，也参加过考试，拿到了大专文凭。1995 年清华大学要复建法律学系，免试推荐一批学生，当时因为院里的高年级辅导员知道我学法，所以他告诉了我这个消息，于是我去参加了相关面试。面试主要是黄新华老师负责，我经过面试成为法律学系的学生。我们这一批九个同学，可以说是第一批，但在我们之前还有一个同学，是现在在国家开发银行工作的李启迪学长。我们是本科五年制，我是 1990 级本科，1995 年本科毕业，李启迪学长是 1989 级本科，1994 年本科毕业，当时学校留下他，可以说既读研究生又帮助复建法律学系，我们经常说他是法律学系第 0 级的学生。所以，如果说我们是第一批学生的话就会出现一个问题，李启迪学长是第几批的？但是如果说我们是第二批的话，第一批就只有一位同学，当时也还没有复建法律学系。那时的情况挺复杂的，你说第一批在严格意义上也可以，但实际上在我们之前还有李启迪学长。

采访者：清华法律学系给您的整体印象是怎样的？

吴伟光校友：复建的时候法律学系只是人文社会科学学院下的一个系，不是独立的。印象中当时的条件非常差，法律学系能不能办下去、怎么办，在当时都处于未知的状态。初建时期，系里只有三四位老师。来得比较早的如黄新华老师，他本身喜欢法律，也自学法律，考过律师资格考试，但他本身没学过严格意义上的法律，在经济管理学院教过经济法相关的课程，可以说当时清华也就只有几位与法律有关的老师，就把他们调来主持工作，任法律学系副主任。系主任王叔文老师是从外边请的。王振民老师、张铭新老师也是来得最早的两位老师。接下来又来了施天涛老师、崔建远老师、于安老师，这些早期来的老师都教过我。所以，我们第一批学生只有这几个老师教课，大部分的课也都是在外面上的，比如去人大、北大上；还有一种方式是把外校老师请过来上课，印象中如梁慧星老师教过我们民法总则，阮齐林老师教过我们刑法，当时还在北大的李兆杰老师教过我们国际法，周旺生老师教过我们法理学，还有已经去世的许崇德老师教过我们宪法，我记得有好几位老师来教宪法。所以，当时清华法律学系的老师配置不齐，上课也是五花八门的，比如诉讼法，我们只上过一门诉讼法，是于安老师把三门诉讼法合在一起讲的课，到现在严格意义上我都没有上过诉讼法的课。而且，整个法律学系就只有一个办公室，大概一百多平米，在三教最高层，那个办公室当时就一间房。

采访者：您认为清华法学教育对您的个人发展有哪些影响？就读期间有哪些令您印象深刻的经历？

吴伟光校友：印象深刻的事情很多。第一点，系里老师很少，老师跟学生的关系比现在紧密得多。那时候学生和老师之间可以说真的是亦师亦友，老师就那么几个人，学生也就那么几个人，我们第一批学生在某种程度上又像是半个资源，经常在院里给老师跑腿，干这干那，例如当年我们在办公室安装日光灯，在机场接送老师等等，这些事情都是我们来做，没有行政人员。反过来，其实老师们也干过很多他们现在也不想干、不能干的事。举一个例子，当年我们从很旧的办公室搬到明理楼的时候，家具是从河南一个公司定制的，从一楼到五楼，包括法律图书馆有很多家具，所以家具送过来要送一夜，当时需要有人负责这一夜，我印象中是高鸿钧老师带着我们这些学生整整干了一夜。当时很多老师是以这种方式来工作的，他们要同时做很多与教学、科研无关的事。当时是创建初期，法律学系就那么几个人，没有互相计较这些事情，责任心比较重。

采访者：您在 1998 年硕士毕业后留在清华法律学系、法学院工作，为何选择这个职业方向，受到了哪些方面的影响？

吴伟光校友：实际上这是很偶然的事情。第一点，我当时才是硕士毕业，按照现在的话门儿都没有，博士都不一定进得来，而1998年的清华法律学系还是一个初复建的、很一般的法律系，无论是在社会的影响力还是经济基础来看都很差，当时调人、请人、引进老师不是很容易的，所以不是一个竞争特别激烈的状态。第二点，20世纪90年代在大学里面当老师还不是一个特别火热的行业，当时都到社会上创业、下海，所以很多同学都出去当律师、当小老板、出国，高校在当时是一个挺穷的地方，不像今天这么难进。第三点，我自己那时候也没想留下当老师，我也想出去当律师，但当时法律学系的领导、老师主动找我，让我留下当老师。而且，我们不像现在消息那么通畅，那时候什么都没有，既然老师能看上我们，我们也挺有感情的，就这样留下了，所以还是很随机的，而不是一个特别理性的选择，或者说为此做过很多努力，领导、老师要不找我，我可能就不当老师了。留下的一个原因是当时系里真的缺人，我留下之后百分之八九十的时间都是做行政工作，做过科研秘书、外事秘书、级主任，我们1999年开始招本科生，第一届的本科生有两个班级，班主任都是我当的。我做了很多行政工作，当时大部分行政工作都是我们几个承担的，所以系里留下我们的主要原因可能是因为这些工作确实人手不足。

采访者：您见证了清华法学院的复建与发展，您对于清华法学院在教学、科研、育人等方面的发展有哪些评价？

吴伟光校友：第一点，清华法学院为什么发展得这么快，必须要承认是基于清华大学这一非常大的平台，有很多别人没有的机会。举一个例子，像1998年我们第一批学生毕业的时候，实际上清华法律学系还没有硕士研究生授予的资格，也就是说我们那时候根本拿不到法学或民商法学的硕士毕业证书，当时很可能给我们的毕业证书上写马克思主义教育专业这样的名称，因为把我们往马克思主义教育专业靠，后来系里的同学也有意见，我们读了三年法学，却给我们马克思主义教育专业而不是民商法的法学硕士学位，我们挺失望的。当时系里的领导，也包括学校负责文科工作的校党委副书记、人文社会科学学院院长胡显章老师就到教育部开始游说这个事情，教育部说要是给你硕士点的话，那么一定需要很多条件，其中一个条件是你要先招本科生，本科生要招多少年之后再有硕士点，这是一批一批的，但是你们连本科生都没有，硕士点就招了第一批，给你们硕士学位授予资格在程序上不太可能。然而我们虽然晚了半年，后来也还是拿到了授予资格，我感觉就是因为清华大学这个平台，其他学校很难做到。所以，我觉得清华大学对法学院在平台上的贡献是很重要的。第二点，清华复建法律学系对其他高校也产生很大的影响。举一个例子，我们是清华大学法律学系的时候，北大那边也是北京大学法律学系，后来我们组建为清华大学法学院的时候，北大还是北京大学法律学系，所以他们的压力特别大，你看人家都变成院了我们还是系，后来北京大学法律学系组建为北京大学法学院，实际上它比我们建得要晚，我们是先有院，他们是后有院。1999 年清华法学院明理楼启用，产生了特别大的影响。据说清华法学院是当时整个中国大陆法学院中条件最好的法学院，我们有一栋独立的大楼，每位老师都有自己的办公室，其他院校老师觉得这是难以想象的事情，因为那时候的大学基本上都是几个人一间办公室。建院以后，人才引进就变得越来越顺利了，大量的人才就开始引进过来了。

采访者：您在学术研究方面有哪些研究经验？

吴伟光校友：研究经验谈不上，因为每个人的研究路径都不一样，每个人的方式和习惯也不一样，文科研究更是如此。理工科的研究则有相当标准化的研究方法，相对来说比较成熟，比如数学工具就是一套稳定的研究工具，你要想研究的话，必须掌握数学；实验室条件也是一个重要的外界条件，如果没有实验条件的话，研究出来的理论就没法验证，所以理工科的研究方式是标准化的。理工科导师带博士生、硕士生相对来说也是比较标准化的，一个老师带一个学生在实验室里面，学生跟着老师做五六年的研究，就很可能成为这方面的专家。但是，我觉得包括法学在内的文科专业不是一个特别标准化的学科，它没有一个特别标准化的培训或培养方式。从这方面来看，我们在培养学生也包括自己做研究的时候不能特别的专断，比如说我不会要求学生必须看我指定的笔记和阅读材料，按照我的思路来写文章，不会要求学生不能与我的思想背离，不能批判我的观点，这都不是我想做的。在某种程度上讲，这其实也是挺危险的事情，因为学生可能根据自己的天赋、爱好、直觉走他自己的一条路，也许比老师走的这条路更有想法，更有角度、更加新颖，如果给学生这种可能性的话或许会更好。就经验分享来说，实际上并没有一个特别标准化的研究经验。而且，每个人的工作方式其实也非常不一样，有的人属于集中型，可以在一个小时之内特别集中地做事情，其他时间就干别的事情；但有的人属于松散型，他做事情可能有一点拖延症，就看得很慢，持续性比较长，所以每个人的性格都不一样，让他按照你的节奏来做的话，对他来说是很大的痛苦，因为这会影响他的节奏，影响他的创造力、思想力，甚至就变成一个工具了，这是很麻烦的事情。所以在研究或学习的过程中，一定要把自己当作主体来看待，也许这样研究后发现这辈子也没做出什么研究，那可能是因为本来就不适合这事，所以研究不出来，但至少按照自己的想法在做了，可能会比按照别人的想法研究一辈子更有快乐感。

我自己在研究过程中觉得几个方面比较重要。第一点，保持自己的兴趣。如果没有兴趣的话，说明对这个事情不热爱，不热爱的话研究起来就很痛苦。第二点，要持之以恒。有一件事情我印象比较深，我们当时的《侵权责任法》课程是请人大法学院张新宝老师来上的，说实话我对张老师上的内容几乎全忘光了，但张老师有一次上课的时候，说当时人大一位挺有名的教授去世了，好像是马克思主义或哲学研究方向的老师，他去世前说过一句话，长寿比教授重要。我对这件事印象比较深刻，所以我现在也想对大家说，保持长寿是最重要的事情，教授可以有，也可以没有，但长寿很重要，你要保持身体的健康和快乐，一直要到长寿。有一位著名学者说过，如果学文科想成为大家的话，只有两个条件：长寿加勤奋。如果你活得很长，那么你就一定是最后剩下的人。第三点，你要不断地努力工作。文科需要很多的积累，你活得越长，知道的事情越多，看的书越多，想不成为大家都难，所以这两句话都觉得长寿很重要。

采访者：清华法学院刚复建时没有知识产权法专业，您是后来转到这个方向的吗？

吴伟光校友：一开始确实没有知识产权法专业，起初我们关于学科建设有一些争论，后来理工加法学的思路被学校领导和院领导们否定了。这个否定来自一个教训，因为清华大学是理工科学校，所以文科比较薄弱。在清华法律学系复建之前，清华经济管理学院已经成立十年了，但当时在社会上的影响力还很小，为什么影响力很小？那时的校、院领导认为，在清华经管学院建立的时候，选择以计量经济学为研究重点，因为计量经济学注重数学，注重与理工科相结合，这个研究领域比较狭窄，所以在社会上的影响力很小。当法律学系复建以后，校、院领导就说要吸取经管学院的教训，不要把自己局限在某一个很窄的学科，所以当时有一句话是“入主流，有特色”。“入主流”就是说一定要成为法学院里面的主流法学院。主流法学院首先是发展大学科的法律，比如说民商法、刑法、行政法，这些学科一定要发展，因为这是主流。如果法学院连主流学科都没有的话，就永远处于边缘，只能是一个小的法学院。同时，我们也说要“有特色”，那时我们的特色并不是知识产权，而是想学习美国法学院的接力模式，我自己就是典型的接力模式，本科不是法律专业，研究生在法律专业就读，我们一个很大的追求是培养适合有中国特色社会主义、适合中国市场经济要求的复合型法律人才。当时这个口号喊出来以后，好像在美国法学院，包括美国的一些媒体引起了很大的影响。清华法学院是后来复建的，影响力不是很大，条件也有限，但美国的一些重要人物都来过，我印象中至少来了两位美国最高法院大法官，像肯尼迪、斯卡利亚大法官都来过，还在我们这里作过讲座，我那时候是外事秘书，与他们有一些接触。但是，这个口号在今天已经不是一个特别适合的口号了，因为今天我们要办好中国特色社会主义大学，不是对美国亦步亦趋，就像习近平总书记所说，不要把北大办成“第二个哈佛和剑桥”。中国的大学是为中国社会服务的，不可能跟着美国模式，走美国大学的路，所以当时的那种思想后来也慢慢发生了变化。如果我们不招本科生的话，在教育部的所有评价指标里会处于非常落后的状态，会认为你一直不是严格意义上的大学学院，大学一定要招本科生。从 1999 年开始，我们第一次通过全国高考招收本科生，在某种状态上已经开始打破之前的口号，学院的本科生在进入本科时就开始学习法律，所以说这样的模式就不是唯一的模式了。不过，法律硕士一直是学院看重的生源，我们的法律硕士本科都不是法律专业的，这就是我们最初设计的一种本科不学法律、研究生学法律的复合型人才。我们学院的法学硕士、法律硕士在所有待遇上完全平等，包括奖学金、出国、上课等是完全平等的。

知识产权法在当时不是一个刻意要发展的学科，但因为毕竟是清华大学，而且我们这些留下来的老师本科都是理工科专业。我硕士学习民商法，导师是崔建远老师，写论文也不是知识产权法方向。只是当老师以后，时任院长王保树老师跟我们商量，说你们这些老师将来专业是什么可以看学院的情况，我们院里有哪些老师，哪个学科比较弱。当时王老师暗示我可以研究保险法，保险法很重要，而且院里还没有，但那时可能由于受理工科的影响，我还是想研究知识产权法，知识产权法在当时不是一个专门的学科，只是民法的一部分。那时候，王兵老师也加盟学院了，王兵老师本科期间在清华学理工科，他在美国读 LLM 学习知识产权法，那时候他负责学院的知识产权法学科。

采访者：在您印象中，清华知识产权法学科从民法分离出来成为一个独立的学科经历了哪些过程？

吴伟光校友：我没有专门记过这件事，好像是在学院关于学科建设的一次会议上，提出希望知识产权法学科独立出来，因为独立以后，可以单独招研究生、配置老师，成为一个专业方向。清华法学院只有院没有系，这与其他法学院相比是一个很大的不同点。我们认为有院有系可能不适合老师之间的合作，会让老师之间互相隔离、有所疏远，到今天为止我们都只有院无系，那就意味着知识产权法其实分离不分离没多大关系，只是在排课上有一些区别，原来排课都是与民法一起排，后来分开排，在其他方面没什么变化，所以说这不是一个重大的事情，具体方面我也不太清楚。

采访者：最后，请您谈谈对清华法学院的展望。

吴伟光校友：从 1995 年清华法律学系复建到现在已经二十多年了，我一直有这样的期望：希望清华法学院不要与其他法学院进行同质竞争。建立法学院的目的是什么？如果仅仅说是为了扩招，为了培养更多的学生，那么其他学校一扩招就可以了，也不是为了让我们这些老师有一个容身的机会，这些都不是目的。法学院重要的社会功能应该是提供一种制度贡献，一定要给社会提供新的东西，你只有给社会提供新的制度贡献，才会得到别人的尊重。人家羡慕你，但是人家并不一定尊重你，这是两回事。在社会上我们可以羡慕强者，然而实际上我们不一定尊重强者，在某种心理上对强者是一种怨恨的状态，因为你抢占了别人很多资源，强者不会天然地得到尊重，得到尊重的一个重要前提是为社会做出了贡献，用儒家思想的话说就是“己欲立而立人，己欲达而达人”。你的存在使别人从你身上得到了好处，得到了更好的发展，这样人家才喜欢你，这才是一个大的逻辑。说到发展的路线，我个人理解就是不要因为强大而到处抢占别人的资源，你不能到各个学校把人家的好老师都挖过来，不能到各个学校把人家的好学生都挖过来，不能把人家重大的基金项目都抢过来，人家说你来了以后占据了很多资源，而我们的资源越来越少，我们变得越来越弱，这样的话法学院就不会得到别人的尊重。问题在这里，由于我们国家这种评价机制，学校和学院的领导也不能完全忽视这种评价机制，所以造成一个后果，就是现在法学院之间的同质竞争，我觉得这可能越来越明显，而且我们自己培养的学生的素质越来越失去了特征，那就变成了同质竞争，学院对社会的贡献也会比较有限。如果是这样的话，法学院存在的意义并不大，只是每年多招了几百个学生，实际上人家扩招也可以实现。

我的期望就是清华法学院能够为中国法学教育，包括为中国社会提供制度贡献，提供新的解决方案，这个解决方案能让社会变得更好，这才是最重要的。比如说，我们的教育方案让学生变得更好，我们的评价体系让老师觉得更科学，对社会治理体系的研究让中国社会变得更好。如果你是一个制度的贡献者，而不是一个资源的索取者，大家都会从你身上得到好处，当然人家会尊重你，我觉得这是一个最重要的转变，但这个转变实际上还是没有实现，正在探索中挣扎。因为一方面受到评价体系、社会功利性的影响，法学院越来越注重资源争夺，我们往往在评价法学院好坏的时候，经常看是谁争的资源多，这是一个非常有问题的评价体系。比如说你发了多少期刊，但实际上期刊资源非常有限，你发了别人就发不了，你发的越多别人越怨恨你，因为你影响了别人的发表。还有大课题，大课题国家就这么多，给你以后别人就拿不到了。为什么我有这种想法？因为这个社会的规则是强者制定的，反过来也只有强者才能理性地改变这个规则，强者改变规则的成本实际上是最低的，清华法学院某种程度上已经成为中国国内法学院的强者之一。那么我的基本想法是，清华法学院要做清华法学院该做的事情，而把资源留给其他法学院，比如说，我们有些机会可以留给第二梯队、第三梯队的法学院去做，这些法学院的老师们可能更需要这些资源，也需要这种研究机会。清华法学院可以做一些更高级、更务虚一点的研究，也就是说为长远打算，而不仅仅是为了课题的完成，而且有些课题研究某种程度上就是知识的重复利用，并没有真正意义上的制度贡献。我觉得清华法学院有这个条件，它可以站得更高一点、看得更远一点，真正发挥中国法学院发展意识上的、制度上的领头羊作用，而不只是和别人处于一种同质竞争的状态。因为这个条件是其他法学院没有的，其他法学院可能面临囚徒困境、被淘汰出局的危险，没有这些资源的话人家可能会认为你是很差的，连招生都招不到，人家一看评价指标，你没有这个、没有那个，就招不来学生。不过，清华法学院不存在这样的担心，即使评价低了，我们每年的招生也不会太差，就是因为我们有清华大学的平台，而且我们的研究经费、科研经费包括老师的待遇也不会因为这个下降，所以从这点来看，清华法学院已经具备了改变或者引领中国法学教育方向的基础和能力。现在的关键是要下决心来做，这就是我的期望了。

访谈整理：尹子玉　乞雨宁　南凯

访谈时间：2019 年 1 月 18 日

访谈地点：清华大学明理楼

吴伟光校友简介：

吴伟光，清华大学法律学系 95 级文研。清华大学工学学士、法学硕士，中国社会科学院研究生院知识产权博士。美国南卫理公会大学（SMU）法学院比较法学硕士，获中欧法律与司法合作项目欧盟法文凭。现为清华大学法学院副教授，健康医疗大数据应用与治理研究中心主任。兼任中国法学会知识产权法学研究会理事，中国法学会网络与信息法学研究会理事。

周福民（95 级文研，法律学系）

采访者： 您担任清华校友总会法学院分会第一至五届副会长、第一至二届秘书长，校友会成立经历了哪些过程？

周福民校友： 法学院校友会是在 2000 年 7 月 97 级文研的毕业聚餐上正式宣布成立的，当时学院对成立校友会是很支持的，我们作为早期校友也做了大量工作。第一届校友会的会长是李树勤老师，副会长是王振民老师、常波和我，我同时担任秘书长。

采访者： 您是清华法律学系 95 级文研的研究生，请问为什么称 95 级文研呢？

周福民校友： 原来清华的文科研究生都放在人文社会科学学院统一管理，仅有经管和英语单独管理。1995 年法律学系复建时，当时学校规定，法律学系对外单独称清华大学法律学系，对内归人文社会科学学院统一管理。

采访者： 我们之前在采访李树勤老师时，李老师告诉我们清华法律学系第一批学生有本科生也有研究生，但对研究生的情况介绍得不多。

周福民校友： 清华法律学系是在 1995 年 9 月 8 日复建的。1994 年，学校在考虑复建法律学系时，就招入了李启迪学长当第一个硕士研究生"实验品"，我们都公认李启迪学长是清华法律学系第一个学生；1995 年秋季，第一批硕士研究生入学，即 95 级文研的学生；1996 年秋季，第一批本科生入学，他们都是从 1993 级本科生中转系过来的学生。

采访者： 请问当时的文科楼现位于哪里？

周福民校友： 当时的文科楼就是现在的文北楼，原来的人文学院在文科楼。学校最早还没有成立人文学院时，只有中文系、社会学系等等，后来成立人文学院主要是以马克思主义理论教育为基础，负责全校所有的政治课和文科课，学院办公室设在文科楼。

采访者： 当时有哪些事情令您印象深刻？

周福民校友： 谈一谈文科楼七层的法律图书馆吧。1995 年法律学系复建以后，办公室很小，不可能建图书室或图书馆，何况当时也没有什么法律图书，看书完全依赖学校的大图书馆。后来，图书需求高了，王振民老师就买了一些书，但无处可放，就先是放在我们宿舍里；再后来书越来越多，必须有一个单独的图书室，经过系里申请，最终在文科楼顶楼七层的房间建立了最早的法律图书室。文科楼没有电梯，到七层必须爬楼，对老师们不太方便，而我们学生却比较习惯。七层是顶层，仅有这一个房间，面积很大，又很安静，是学生图书馆的最佳场所。一直到我 1998 年毕业时，那里一直都是法律图书室。法律图书室一般是学生来管理，96 级文研的杨晋萍、林朝晖和我，我们三个人管理的时间最长。有时候开玩笑说，我是法律图书馆第一任馆长。

采访者： 请问清华法律学系第一批学生是如何选拔的？

周福民校友： 我本科就读于材料系，是纯粹的理工科学生。入学以后，我开始对人文学科感兴趣，大三被选为因材施教生，开始参加马克思主义哲学专业的学习，当时全校仅有两名，系统的人文学科学习令我受益匪浅。1994 年秋季，学校免试录取了十人进入法律学系读研究生，其中八人是 1990 级本科生，两人是学校教师在职读研究生。这十人经历了怎样的考试，我不太了解，可以去问问他们本人。我并不在这十人之中，那时不知道有法律学系，也不知道招法学专业研究生，当时我参加了材料系的推研并被录取。在寒假回家的火车上，我遇到了丁惠玲（后来的同班同学），才知道法律学系招研究生，感觉很遗憾。春节过后，因为参加分团委书记培训，我提前一周返校，就试着到人文学院了解情况，正好碰到了刘美珣老师，她曾经教过我当代资本主义这门课，我学得很好，成绩超过了 90 分。刘美珣老师当时参与法律学系的复建工作，就把我的申请带到了学校。恰好当时有一个已经录取的同学放弃了资格，很快我就接到了黄新华老师的面试通知，黄老师的面试问题至今令我难忘，“怎样才能让材料系放你？”1995 年秋季入学后尚未开课时，又有一位同学决定出国而退学。于是，我们 95 级文研共有九人，其中刘全友和顾思海是在职研究生。

采访者：当时清华法律学系是不是还没有招收研究生的资格？

周福民校友：当时还没有。1998 年系里获得了民商法专业硕士点，这是不断争取的。我们 1995 年拿到的研究生入学通知书上的专业是专门史，入学以后的课程安排最初是法学专业，后来则增加了马克思主义理论教育专业，所以那时要上两个专业的专业课，课程特别多。我们在研究生毕业论文答辩前一天到工字厅去找时任校党委副书记、人文社会科学学院院长胡显章老师“抗议”，因为当时系里安排按照马克思主义理论教育专业答辩，我们要求学校授予民商法学位，胡老师表示要相信学校会给我们满意的答复。我们当时基本上都已经找到工作了，如果按照马克思主义理论教育授予学位，和工作单位不好解释。时任法律学系常务副主任李树勤老师在过程中也帮了我们很大的忙，最终我们先拿了派遣证去工作，1999 年的 3 月份又重新按照民商法专业答辩，上一次的答辩就算作废了，但我们的毕业证书和学位证书上写的教育时间是到 1998 年 9 月，最终没有影响我们的工作。比我们早一年的李启迪学长是法律学系第一位学生，他的学位证书上写的是 4.5 年，其实他学满三年便去工作了，但他的答辩和我们在一起，硕士生学位证书上写了 4.5 年是比较特殊的。在这件事情上，胡显章老师就像父亲一样紧紧地护着我们这些孩子。李树勤老师夹在学校和学生中间，不知受了多少压力。我们毕业离校前，由于还没有毕业证和学位证，李老师为此不惜得罪人文学院的一位老师，最终破例为我们拿到了派遣证，让我们得以顺利地去用人单位报到。

采访者：当时系里有为您这一届研究生制订专门的培养方案吗？

周福民校友：我们没有感觉到有培养方案。

采访者：那么系里对大家是如何培养的？

周福民校友：我们先按照法学专业学习，但后来涉及学位问题，又增加了马克思主义理论教育专业的全部课程，结果我们把两个专业的硕士课程都学了。当时法律学系只有王振民、黄新华、张铭新老师，严格来说，法律学系开创时只有他们三位老师。如果从对学生进行系统性法律教育的角度看，黄新华老师是清华自己培养的非法学专业的学生，只有张铭新和王振民两位老师经历过系统的法学教育，张老师擅长法律史，王老师擅长宪法学。那时候的培养讲究的还是“小而精”，更倾向于专利等偏理工科的课程。

采访者：您这一届研究生分不同专业吗？

周福民校友：我们严格来讲没办法分，大家上的课程都是一样的，包括实习都是去的海淀区人民法院刑二庭。

采访者：当时上过的课程有哪些？

周福民校友：除了公共课和与人文学院学生一起上的马克思主义理论教育专业课以外，法学类课程我们基本都上过，当时对我们是按照类似于美国 JD 模式培养的。我们的刑法课老师是中国政法大学的阮齐林老师；宪法课由许崇德老师讲了第一课，后来全部是王著谦老师讲授的。王著谦老师是全国人大常委会法制工作委员会原副秘书长，她住在清华，我们的上课地点就在王著谦老师家里，还记得去王老师家上课的时候，王老师的先生都会事先把水果准备好。沈宗灵老师为我们讲过一次法理课，沈老师当时是国内法理学专业的泰斗，后面的法理课由周旺生老师讲授。当时的课程大部分是外请的老师来讲授的。

系里的张铭新老师给我们上了中国法制史和中国法律思想史课，张老师为了帮我们满足马克思主义理论教育专业的学分，还上了一门马克思主义法律史课，讲授《家庭、私有制和国家的起源》，张老师知识渊博，调整得很快。马俊驹老师当时据说要到中国政法大学任教，后来被我们“抢”来了，马老师担任了校学术委员会副主任，这在当时的清华文科里已经很特殊了，是一个很高的职务。物权课和债权课是崔建远老师讲授的，崔老师来清华据说是梁慧星老师推荐的。崔老师的课程要求特别严格，我比较得意的是在崔老师的课上得了 90 分，是全班最高分，崔老师的课为我打开了学习法律的大门。我觉得之后法学院的学生所接受的民法教育很难超过我们。我们的民法总论课是梁慧星老师讲授的，梁老师讲得很好，他在中国社会科学院的研究生也一起过来上课。梁老师讲授诚实信用原则给我的印象非常深刻，让我感到很佩服。据说梁老师还曾经考虑过加盟清华法律学系。另外，侵权法课是张新宝老师讲授的。

采访者：您这一届研究生本科都不是法学专业，大部分是理工科专业，您刚才提到了知识产权法，能回忆一下这方面的事情吗？

周福民校友：我们那一届几乎没有来自文科专业本科的学生，只有我还算有些文科背景，因为我是马克思主义哲学因材施教生。实际上，清华法学院当时并没有按照知识产权法、科技法的方向发展，我们那一届最后有两个人是学专利法的，所谓学专利法并不是专门去学，而是说写关于专利法方面的毕业论文，我是其中一个，另一个同学目前在国家知识产权局工作。当时学校为我们找的论文指导老师是国家专利局两位副局长，1998 年我们毕业时，法律学系的教师资源已经比较多了，其他同学的论文指导老师都是我们自己的老师。一开始听说研究知识产权法的王兵老师要调到法律学系，但等我们毕业离开系里时王兵老师才过来。我们没有上过专门的知识产权法课，但上过专利法课，授课教师是原来创建国家专利局的国务院参事、国家专利局顾问汤宗舜先生，他被称为国内专利制度的鼻祖，给我们上课时已经七十多岁了，当时国家专利局给了清华法律学系特别大的支持。

采访者：您这一届研究生当时住宿情况是怎样的？

周福民校友：在职的两位同学住在家里，剩下五位男同学中我和三个同学住在一间宿舍，吴伟光跟其他同学住在我们斜对面的宿舍，吴伟光每天吃饭都来我们这里。

采访者：当时大家互相之间的交流多吗？

周福民校友：我们天天都要讨论、辩论甚至争论，晚上关了灯以后还要开卧谈会。那时候学校的本科生也是这样。我是 1990 年入学的，当时学校每周还有半天的政治学习时间，班级也会组织各种集体活动，那时候班级的观念比现在要强一些。

采访者：您之前提到了去海淀区法院实习，能回忆一下有关情况吗？

周福民校友：这是系里专门安排的环节，研究生必须要实习，黄新华老师和海淀区法院关系比较熟，所以我们就到海淀区法院实习。我们七个人当时都在刑二庭实习，刑二庭审理特种刑事犯罪的案件，我在少年庭。我们的实习时间不到一个月，少年庭的案情比较简单，在实习期间可以从头到尾参与八九个案件，实习效果很好，我在实习结束时手写了两万多字的实习报告。我所在的少年庭只有三个法官，其中一位是获得过“法官妈妈”称号的尚秀云法官，我跟尚法官学到了很多知识。

采访者：请问当时专业课的考核方式是怎样的？

周福民校友：我们基本上都是闭卷考试。记得崔老师的课程有一次是开卷考试，崔老师当时问我们是希望写案例分析还是写论文，我们都说写案例分析，他笑着说写案例分析很难，写论文简单，又问我们希望开卷还是闭卷，我们说开卷，崔老师说开卷更难，所以我们最终选的是最难的考核方式。

采访者：在您这一届研究生毕业时有没有就业方面的指导？

周福民校友：没有，那时完全不懂。毕业时有三位同学选择留校，一位同学当年没有毕业，只有三个同学选择找工作，我们三个刚开始都找不到工作，我和丁惠玲报考公务员，我考的是中纪委，她考的是国家专利局。李树勤老师在我找工作过程中给予我很多帮助。现在学校的就业指导很有意义，因为职业起点的选择对于今后的发展很重要，找工作的时候有些事情还是不懂，需要一些具体的指导。

采访者：您还有没有其他印象深刻的事情？

周福民校友：因为我们是清华法律学系第一届学生，当时法律学系从零起步，我们不仅仅是学生，更把自己当作法律学系的开创者，亲身参与系里很多的事情，包括 1995 年 9 月 8 日清华法律学系复建大会。记得张铭新老师当时总说要把我们培养成大法官、大律师、大政治家。法律学系第一届本科是法三，这些同学本科入学是 1993 级，1996 年进入法律学系学习。他们双学位里的第一专业是法律，第二专业才是他们原来的专业，其实他们不算双学位，到法律学系后已经把以前的专业都丢掉了，后来为了就业又把本科的专业拿回来。严格来讲，法三确实是第一届本科生，法九则是通过全国高考招入法学院的第一届。学校最初的想法是从理工科专业的学生中选一些来学法律，并没有直接面向全国招生。我们知道理工科和人文社科的思维方式是不一样的，那时候胡显章老师每年都会和我们集体谈话，主要谈从理工科转到法学专业的感受是什么，记得我们在第一次、第二次谈话上还说理工科的逻辑思维很强，但到了第三次就没有人再这么说了，因为我们已经慢慢了解到人文社科的复杂性。

采访者：您对清华法学院的发展有哪些展望？

周福民校友：我记得梁慧星老师当时到系里上课，都是吴伟光骑自行车先到学校南门，然后搭上梁老师接到教室，中午和梁老师在学校吃饭，下午再把梁老师送回去，我们其实是把自己当作创业者了。你没法想象当时主楼十层的房间，那是特别破旧的，主楼的电梯直到九层，还要走楼梯才能到，一旦停电会很恐怖，女生们晚上根本不敢上楼。法律学系第一任系主任曾听说请王汉斌同志担任，但后来没有实现。第一任系主任是王叔文老师，他很少管系里的事情。我感觉清华法学院目前已经渡过了创业期，已经发展到其他知名法学院在发展过程中都会遇到的瓶颈期，面临的问题会比创业期更复杂。创业的时候大家心气还是很足的，在学院的凝聚力方面，像王振民老师就做得特别好，他一直从骨子里把自己当作清华人，把清华法学院当作自己的家，他所做的是一份事业，而不仅仅是一份工作。清华法学院要有自己的特色，希望法学院团结起来，继续前进。

访谈整理：常悦

访谈时间：2019 年 2 月 25 日

访谈地点：清华大学校内 1911 咖啡厅

周福民校友简介：

周福民，清华大学法律学系 95 级文研。清华大学工学学士、法学硕士。现为量极投资管理有限公司总经理，清华校友总会法学院分会第五届理事会副会长、理事。

廖莹（96级文研，法律学系）

采访者：清华法律学系的教育对您产生了怎样的影响？清华大学强调的“双肩挑”传统为您之后担任管理岗位提供了怎样的帮助？

廖莹校友：清华法律学系1995年复建，大家问得最多的问题是学院要培养什么样的人。我1996年到法律学系读研究生，记得当时告诉我们是要培养立法者。复建之初按照JD的模式进行培养，我们大多数同学是清华工科的本科生。学院请了很多名师给大家讲授基础课，非常强调要使用法言法语，这对于我们工科生是一个很大的转变。当我有机会回到学校工作，得以从老师的角度来观察我所获得的教育，觉得法律思维对我产生了很大的影响，既包括理性逻辑，又有对于公平正义发自内心的朴素追求。这种思维也有利于处理社会生活中纷繁复杂的社会关系，了解每个人在其中的权利义务，这对我之后的工作有很大的帮助。

从我个人而言，清华强调的“双肩挑”传统从某种程度上塑造了人生的发展方向。我出生在艺术家庭，在剧团和艺术学校长大，当我在大学刚开始做学生工作的时候，其实是非常游离的，对细节不是太考虑，比较追求一种自由、自我的生活。我觉得清华这种“双肩挑”的传统塑造了我的价值观，这需要时间，也需要机会。清华是一个真正可以讲理想的地方，对付出努力、贡献公益、承担责任的人给予真正的尊敬。在年轻的时候你就会跟着有理想的人一起成长锻炼，逐渐成为内心的一种认同。学生工作锻炼了我的综合组织协调能力，包括怎样承担责任，如何与不同意见的人或相同意见的人协作，与不同专业的人交流，以及与老师、同学之间的沟通与协作。这不仅塑造了一个人的能力，而且也塑造了一个人的人生选择，就业是人的价值观长期思考的结果，这不是临门一脚，不同的选择是与个人的长期价值观一脉相承的。无论是在学术岗位上，还是在基层，抑或是做律师，学生工作的锻炼都非常有帮助，这会塑造一个青年人。

成熟就是能真实地面对自己，勇于选择，并能坚持选择。教育是最大的公益，我可以去农村支教，也可以在清华对那些渴望成长的年轻人在他们最需要的时候提供一些帮助。有同学问我，我的同学在做教职，而我在学校做行政工作，这会不会有落差？我说不会，因为每个人都要选择自己喜欢的岗位，行政岗位也有自己的专业性。我之所以觉得选择这份工作没错，因为我在回学校之前做过一段时间的工程师并且有过 IT 创业经历，回到学校之后，我觉得教育所追求的价值和我个人所追求的价值是一致的。同时，我会提醒问我的同学，你有没有想过一个问题，即使你和我在同样的岗位上，你不一定快乐。什么叫成熟？我年轻的时候认为说的话少，说的话中间保持停顿是成熟。但是后来才明白，真正的成熟是对自己的选择负责任，无论你是选对了还是选错了，都要勇于去调整。我忠于我自己的选择，真心享受这个过程。对我而言并没有行政和学术工作的区分，都是在整个高校环境中的教育环节。你有最优秀的学生和团队，你伴随着学生和学校在成长，从这个意义上来说，还有什么比这个更令人振奋呢？

采访者：您在清华法律学系就读期间有哪些老师令您印象深刻？

廖莹校友：我们在清华法律学系读书的时候，因为老师特别少，学生少，基本上是亦师亦友的关系。记得崔建远老师刚从吉林大学法学院调过来，我们经常去他家讨论问题，有时候还能陪着崔老师去水房打开水，这些体验是很难复制的。包括以前在明理楼设计的阶段，王振民老师会拿着设计图来征求同学们的想法，后来法律图书馆搬家都是我们自己完成的。李树勤老师为法学院复建付出了很多，最开始的很多老师基本上都是他亲自引进的。比如黎宏老师从日本博士毕业就直接到法学院任教，第一天到了北京都没有地方可以住，宾馆也没有订上。后来在学校近春园宾馆门口台阶那里带着行李坐着的时候，李树勤老师骑着自行车来接他。我听说崔建远老师刚到清华的第一个晚上是睡在办公室里的。在法学院“创业”阶段，的确很艰苦，但学生和老师的关系非常亲密。老师们也经常在一起，以前老师们经常晚上在三教一段的楼下喝啤酒聊天，大家称为“啤酒协会”。大家真的是奔着一个创业的目的去的，大家都坚信能在清华法学院开拓出一个新的天地，在这里能够教到最好的学生。何美欢老师曾经说过她为什么到清华法学院任教，那就是她在这里能够教到最好的学生。曾有一篇报道《一个人的法学院》，讲的就是何老师。很遗憾何老师过世了，我经历了那一段艰难的抢救过程，真切感受到法学院师生展现出的人性的光辉。你们可以看看网上的文章，比如《君子务本——怀念清华大学法学院何美欢老师》这本书，里面有很多回忆性的文章，你们看完以后会非常有感触。

2007年我有幸回到清华法学院工作，也成为一名老师，赶上了学院发展很快的一个时期，让我能从不同角度重新锻炼审视自己。因为我做学生工作，会面对全院的学生，从一个老师的角度更能感觉到一个学院发展的不容易，以及在这个过程中自己的付出与成长。可能很多同学觉得有点害怕老师，但是真正能留住老师的是学生，选择一直在课堂上的老师都是真的对教育有热情的人。

采访者：清华法学院的学工组织一直在学校享有良好的声誉，

学院培养学生干部有哪些方法与经验？又有哪些有趣的故事？

廖莹校友：我觉得清华法学院培养学生干部的能力比较强，因为和专业结合比较紧密，法学院的学生有很多专业理念，比如公平正义等，这些理念与做社工密切相关。而且，年轻人在大学中受到的所有的民主训练会影响他们对未来社会的理想。二十年以后，你们可能就是这个社会的管理者，你可能就制定了各种各样的管理办法，而你如何制定政策反映了你的理念。法学院的学生工作应当为法学院的学生营造一种什么样的氛围，让他来理解社会，学生干部又可以在其中扮演什么样的角色，这是非常关注的方面。我一直说咱们党团班的干部，你不是一个行政性岗位，你不是未来要改造世界么，现在就放着一个班，放着一个支部，你身边有最聪明的团队、最好的人，你就可以开始改造了。所以，我觉得学生工作本身实际上就是给你提供一个治理社会、改造社会的一个小试验田。我也鼓励参与学生工作的同学应该到学校的学生组织中去发挥自己的能量，理解什么是公平正义、什么是程序、什么是民主集中制，你怎么看待比如现实生活中的党性要求，你怎么将信仰与生活连接。什么是中国特色社会主义？就是你所处的现在，你现在的学生会是票选的，还是别的方式？是一班一票还是一人一票？这就是中国特色社会主义高校的学生工作实践。怎么开民主生活会，为什么政党和宗教不同？ 2008 年，王振民老师曾对清华法律人提出三个要求：要有严格的道德自律，要有悲天悯人的人文关怀，还有就是对于社会的使命感。这些素养与学生工作是一脉贯通的，我们不仅要在法学院的氛围里面实现这个，同时，还需要到更大平台上去影响别人。

我在法学院做学生工作时主张要有不同的声音，一定要提出一些不同的意见，如果不提出反对的意见我怎么能知道呢？奖学金也是一样的，之前奖学金经常会有人投诉，我就觉得投诉很好，我说每一个投诉你都得听，你可能听了九十九个错误的意见，但你可能等到了第一百个，而这就是一个正确的意见。你能够听到不同的意见，首先就是管理能力很好的体现，如果人家都不愿意跟你说，这只能证明你的管理能力太差了，也很可悲，你不符合作为一个法律人的基本素养，要让不同的声音，特别是少数人的声音被听到。这个过程就体现了法律人观点中的改造社会的方法，从这个角度来做学生工作与从行政性的方面来做学生工作是两码事。比如说一个有趣的事情，咱们每年的本科学生会主席的选举，其他院系很多人来参加，有一次活动都到了很晚的时候，真正出现了两个人同样的票，最后投了四轮，过了 12 点还不断有其他院系的人赶来参观我们的选举，来感受这种民主氛围。同样，在选举的时候还会不断有同学提出自己的质询，比如有同学质疑做年度总结报告即将卸任的学生会主席为什么当年法学院没有参加“马杯”开幕式，有没有征求其他人的意见，如何征求的意见，这其实是对于能力的考验，会真的有人来挑战你，质疑和监督你的工作。

采访者：您认为清华法学院的国际化传统应如何与学校强调的“全球胜任力”相互衔接？

廖莹校友：清华法学院的国际化传统从一开始就有，从 1929 年建院开始，毕业生都是国际法领域的大师。1995 年复建法律学系时强调“双语双法”的培养，也是一种特色。习近平总书记提出参与全球治理的理念，相信清华法学院一定能有更大的施展空间。我相信再过十年、二十年会更明显，因为我们的毕业生在不同的法系中不断在成长。我现在所在的校全球胜任力中心注重于培养更基础的素养，强调的是对于世界知识、全球议题的关注；强调语言，通过语言理解、欣赏文化差异；强调开放与尊重；强调沟通与协作；强调自觉自信；强调道德与责任，在这六个素养基础之上，还需要有专业领域所需要的素养，才具备了全球胜任力。要参与全球治理，首先是怎样在一个跨文化团队中胜任的问题，你必须要开放，才能和团队中不同的人沟通。

采访者：您认为清华法学院未来的发展面临哪些挑战？如何应对这些挑战？

廖莹校友：清华法学院肯定要做世界一流法学院，所以事实上需要判断的是，世界一流法学院培养出来的人才是什么样的，有怎样世界一流的师资能够实现这样的培养，以及法学院整个的发展路径如何选择能与此相匹配，我觉得这是一个很大的挑战。我坚信清华法学院始终是真正讲理想的地方，并有所坚持。在法学院我们应始终倡导对公平正义的追求，比如我们很多毕业生去基层工作，他们会回到校园，找到他们的初心和归属。这样的教育是不是与现实脱节了？但在年轻的时候，大学需要教会和鼓励我们对一些崇高的东西负责。当你在人生中走得越长的时候，就会发现你的人生价值和你的世界观、人生观、价值观是多么重要。对于一个人而言，这成为一种日常生活的需要，能帮助你抵御很多的彷徨，甚至是消耗。希望大家在法学院中，无论面对的世界是什么样的，都能保持一种理想主义，保护好自己的价值观。

访谈整理：路旸
访谈时间：2019 年 8 月 27 日
访谈地点：清华大学李兆基科技大楼

廖莹校友简介：

廖莹，清华大学法律学系 96 级文研。清华大学工学学士、法学硕士。现任清华大学学生全球胜任力发展指导中心主任，清华校友总会法学院分会第五届理事会理事。曾任清华大学法学院党委副书记、院长助理。

黄辉（93级本科，1996年转系法律学系，99级法研）

采访者：您在清华法律学系就读有哪些机缘？

黄辉校友：我1993年入学，先在清华大学工程力学系就读。1995年清华法律学系复建，在全校范围内招收已经入校的学生转读法学专业，我毫无犹豫地报了名，因为我从小就对法律等文科有浓厚的兴趣，而且当时有传闻说是为了香港回归培养国际化、复合型的法律人才。全校报名的学生很多，竞争非常激烈，最后我有幸入选，忝列法学院本科生的“黄埔一期”，番号“法3班”，共36人。1996年，我开始在法律学系学习，同时也在原来的工程力学系学习，六年拿了两个本科学位；1999年，我开始读法学硕士，当时还是三年学制，最后学业成绩排名第一并发表了两篇核心论文，特许提前半年毕业，然后出国攻读博士。

采访者：您在清华法律学系、法学院就读期间有哪些感受？有哪些令您印象深刻的事情？

黄辉校友：最大的感受是创业不易，自强不息。当年法学院的教学条件和各种硬件设施都非常简陋，教师只有“三个半”，三教顶层的两间破教室就是法律学系的大本营。但是，全体师生上下一心，朝气蓬勃，筚路蓝缕，以启山林。作为第一届本科生，我们承担了很多行政事务，包括图书馆的建设和管理、新教师的接站和搬家、新学生的入校和辅导，甚至发挥工科特长帮助学院和老师装电脑、调机器、建网络等，“穷人的孩子早当家”，这是挑战也是机会，从中我们得到了锻炼。

采访者：清华法学院哪些老师令您印象深刻？

黄辉校友：令我印象深刻的老师有很多，大部分老师已经退休，有些老师都已故去，令人感伤。老教师是法学院的“拓荒牛”，他们的贡献值得铭记。今天，无论是对于学生还是教师，清华法学院已经是当然的选择，但在当年绝对是需要一番慎重考虑甚至冒险精神的，毕竟当年的法学院还是一个未知数，王振民老师甚至说“害怕法学院再次关门”。今天，我们必须感恩那些老师们。

采访者：作为清华法学院复建的亲历者，您如何评价清华法学院的复建？

黄辉校友：实践证明，清华法学院的复建是成功的，也是必要的。在诸如 THE、QS 等国际排名中，清华法学院的排名一直很好，在国际上是中国法学的一面旗帜，是内地法学院的国际化领军者，为中外法学研究交流合作、国际化法律人才培养做出了重大贡献。毫无疑问，这主要归功于国际化的办学方向。现在，其他内地法学院也在奋起直追，清华法学院要有“生于忧患、死于安乐”的危机感，这里最大的挑战就是自我，需要明白“愈进愈难，不进则退”，需要继续“改革创新，奋发有为”。

采访者：您如何评价清华法学院复建之初的培养模式？您觉得清华法学教育对个人发展具有怎样的影响？

黄辉校友：清华法学院复建之初的培养模式是“国际化 + 复合型”，符合现代法学教育理念，也是清华法学院脱颖而出的关键。清华大学一直有“干粮加猎枪”的教育传统，强调“厚基础，宽口径”的知识结构，培养学生的开放性视野和举一反三的能力。从国际经验看，“国际化 + 复合型”已经成为主流。2013 年香港中文大学金禧校庆之际，我受院长委派主办“全球化背景下的法学教育”高端论坛，与会的全球各大法学院院长和专家学者一致认为，“国际化＋复合型”是全球化背景下法学教育未来的方向。[参见 Christopher Gane and Robin Hui Huang (eds), *Legal Education in the Global Context: Opportunities and Challenges* (London, Ashgate, 2016)]。

“国际化＋复合型”的培养模式让我终身受益。比如在研究方面，除了传统的法学研究方法之外，我从攻读博士开始就一直采用国际上流行的实证研究方法，进行数理统计和数据分析，充分利用了当年在清华的工科知识；在教学方面，我在澳大利亚新南威尔士大学讲授澳大利亚公司法和证券法，在香港中文大学讲授香港公司法和证券法，但我自己并未正式修读过这些课程，而是主要靠自学，“在战斗中学会战斗的”。这得益于当年在清华法学院培养的自学能力和逻辑思维，以及在经管学院和人文学院辅修的相关课程，比如金融学、会计学和心理学等。

采访者：您从清华法学院毕业后如何选择了学术研究的道路？关于学术研究您有哪些经验？

黄辉校友：发展路径和个人经验不足道，需要根据个人情况区别对待，其中也有很多偶然因素和运气成分，为免生搬硬套而误人子弟，这里只讲一个择业原则，即根据自己的兴趣择业。

我感觉清华法学院毕业生从事学术研究的人很少，与清华法学院的国际地位很不相称。我自己在海外指导的多位博士生里有来自北大法学院、人大法学院、中国政法大学和西南政法大学等多家院校，但没有清华法学院，而且其他海外高校里也很少见到清华法学院毕业生攻读博士，清华法学院毕业生在海外法学院担任教职的人更是极少。我当然不是说清华法学院毕业生都应当去做学术，但我了解到，很多清华法学院毕业生想做但没有做学术是觉得学术研究又苦又穷。

三百六十行，行行出状元。实际上，只要有学术兴趣就不会觉得苦，就能做得好，做好了自然也不会穷，甚至可以富足。眼光长远一点，心胸宽阔一点，人生意义除了一日三餐，还有诗和远方。坦率地讲，我当年择业时也迷茫过，面临好几个选择，但今天看来，我庆幸坚持了自己的人生志趣。兴趣是核心竞争力，有兴趣才能坚持，坚持才能胜利。

采访者：最后，请您谈谈对清华法学院的展望。

黄辉校友：不忘初心，砥砺前行，祝福清华法学院的明天更美好！

访谈整理：翟家骏

访谈形式：书面访谈

黄辉校友简介：

黄辉，清华大学93级本科，1996年转系法律学系，法学院99级硕士研究生。清华大学法学学士、工学学士，法学硕士，澳大利亚新南威尔士大学法学博士。现为香港中文大学法学院教授，金融规管与经济发展研究中心主任。兼任世界银行金融机构破产重整问题专家小组成员，澳大利亚新南威尔士大学法学院兼职教授等。哈佛大学法学院、牛津大学法学院等高级访问学者。中组部“千人计划”国家特聘专家，中国法学会商法学研究会常务理事，香港证监会专家顾问，香港学术及职业资历评审局专家评审员。曾在2015年清华大学法学院20周年庆典上作为校友代表发言。

林朝雯（93级本科，1996年转系法律学系）

采访者：您是清华法律学系复建后的第一届本科毕业生，请问当时您是如何与清华法律学系结缘的？您出于怎样的考虑选择了清华法律学系？

林朝雯校友：我当时是保送生。当时清华大学的招生老师去各个省面试保送生，轮到我的时候，老师说目前她手里的保送生只剩下了环境工程这一个专业。我在高中时候不知道未来想要从事什么方向的工作，因此也没有刻意地关注专业这个问题，然后我就去了环境工程系。而到了大学之后，我渐渐地发现环境工程这个专业不太适合我。

▲ 林朝雯校友

当时的清华大学是非常纯正的理工科院校，文科院系在本科阶段就只有中文和英语专业，但是中文专业叫作科技编辑，英语专业叫作科技英语，这些文科院系是工科的延展。我所在的环境工程系是工科院系，理工科的特点是男生很多，一个班可能只有一两个女生，多的也只有七八个。在这种大环境下，班级里有什么事情都是先通知男生，很多事情他们在宿舍就都解决了，因而女生经常会因为没人通知而晚交作业。当时清华所有工科院系的本科生都要做金工实习，我不是很喜欢这项工作。金工实习需要穿特定的衣服，发放衣服的时候也都是男生先挑好衣服，然后女生再挑。衣服到了我们手上的时候都是特大号的，衣服有多难穿、多难看就可想而知了。

到了大三下学期，我偶然看到一张海报，上面说清华要复建法律学系，招收大三学生转系学法律。我和法律这个专业算是比较有缘分，我的姐姐就是学法律的，我小时候也读过姐姐书架上的书。当时我正处在迷茫期，不知道自己两年后从环境工程专业毕业以后要干什么，所以一看到这个海报，几乎没有任何犹豫就去考试了。因为感兴趣，我在这之前便已经选修了法律学系开设的一些选修课。当时法律学系的老师很少，就只有张铭新老师、黄新华老师、于安老师，还有后来成为法学院院长的王振民老师。

选拔考试是什么内容我没有什么印象了，可能有英文题目和中文论述题。当我知道通过了这场考试的时候，我很高兴。当时能获得转系的机会是很不容易的，尽管我并不知道学法律的未来是怎么样的，但是我不想走环境工程这条路，复建的法律学系为我推开了人生的另一扇门。

采访者：您还记得法律学系的考核吗？当时的学位具体是怎样授予的？

林朝雯校友：当时法律学系的考核都是闭卷考试，平时也会有论文作业。我记得有一个讲法理的老师，讲完后让大家交一篇论文，写自己最认可的法律价值。我写的是“论正义”，我认为正义是法律最终的价值，直到现在仍然认同这一观点。法理课还讲到了社会契约论，我们从小学过“法律是统治阶级的工具”，学法律以后又学到了“法律是社会契约的结果”，这个感觉特别神奇。

关于学位，这次招生共招了三十六个人，都是从其他理工科系的大三年级转过来的。当时我们被告知要放弃原专业，在法律学系学习两年后取得法学本科学位，但后来又出现了学位方面的问题。学校当时有一种观念是，清华的文科要办出特色，这个特色就是要与工科相结合。所以，法律学系的发展方向应该是办成科技法学，像当时英语系的科技英语和中文系的科技编辑一样。正是基于这样的理念，为了招收工科基础比较扎实的学生，才会从清华其他理工科院系招收大三的转系生（而不是直接从高中毕业生中招收），再完成法律本科的教育，这样教育出来的毕业生就可以从事与科技法相关的工作了。但我们都开始在法律学系上课了，学校向教育部申请授予法学本科学位却迟迟没有下文，这就意味着我们如果按计划两年后毕业，就无法取得学位。黄新华老师就说同学们都是辛辛苦苦考上清华的，不能最后拿两个大专学位。于是，学位的事情反反复复在学校讨论。后来校长说，清华办法学院就应该要办成正规的法学院，办成像北大法学院、人大法学院那样全国顶级的法学院。既然要办成顶级的法学院，那么在师资方面就必须要豪华，那么第一届本科生的学位问题就一定要解决。于是学校就派了当时担任校长助理的李树勤老师来解决这个问题。

李树勤老师到法律学系以后担任系常务副主任，李老师做了两件对我们影响深远的事情。第一件是在国内顶级法学院招聘法学教授，搜罗了一大批国内知名的法学教授来清华法律学系任教。我记得当时国内评选了三十名杰出青年法学家（含提名），李树勤老师就对着名单研究如何把这些法学人才挖到清华来。他只用了一个暑假的时间就挖到了两个青年法学家来清华任教，迅速扩大了教师队伍。第二件是让我们班延长一年的学制，一方面在教育部争取批准法学学位的时间，另一方面让我们回原来的理工科系完成专业学习，取得理工科的双学位。李老师说，这些孩子都是清华招上来的，在工科学了三年，完成理工科的学习多拿到一个学位对他们都有好处。但当时我们这些同学都是因为对本专业没有兴趣才破釜沉舟来法律学系的，一些同学想继续在法学院读研，所以很多同学抗拒回到本系，而且也担心会有困难。李树勤老师就说，他可以组织各院系的教务主任讨论、协商。李树勤老师为了我们确实是花费了一番心血，他在学校和学生之间反复沟通，最后这条路是走通了。所以我们到了大五的时候，白天回原来的理工科系补专业课、做毕业设计，晚上又要上法律学系的课。看起来很辛苦，但是现在想起来，也不怎么辛苦。因为一旦人有了明确的目标，就不会觉得很累。

我在环境工程系的毕业设计做的是环境法方面的一项立法，觉得还挺有意思的。带我的老师也非常喜欢我，觉得我的知识结构很特别。在参与环境立法的过程中，我的体会是，让环境专业的人来开展环境立法是不够的，他们在法律方面并不专业，立法工作应该由更多的法律人来参与。

我在大五结束的时候拿到了我的第一个学位，环境工程系的工学学士。当时去参加毕业典礼，毕业证是不给我们的。学校说怕我们不继续上法律学系的课，所以当时发毕业证的时候，给我发了别人的证来拍照。大五结束以后，我们进入“大六”（清华历史上为数不多的大六学生）全天学法律，写法律专业的毕业论文，最后如期拿到了法律专业的学位。这就是我们作为法律学系第一届本科生在取得学位上的波折经历。

后来法律学系在95级中又招收过一次双学位生，之后就停止了从理工科系招收双学位生的项目，而改由从高中毕业生中直接招生，和其他高校的法学院一样了，唯一不同的是，清华的法学院可以招理科生。我们这种双学位模式就永远留在了历史里。

采访者：请问您在清华法律学系、法学院就读期间，有哪些感受与收获？您能回忆起当时有什么令您印象深刻的事情，或是影响较大的老师吗？

林朝雯校友：我感受比较特别的一门课是婚姻法课，是张铭新老师的爱人陶毅老师讲授的。当时的《婚姻法》只有 37 条，因此讲得非常细。而我们那时候都没有婚姻经历，涉世未深，老师给出的那些婚姻案例让我们大开眼界。我们以前学的理工科专业知识和我们的日常生活都没什么关系，但到了法律学系后，发现文科的视角确实是解读社会和人生的钥匙。另一个对我影响深远的老师是讲授民法的崔建远老师，崔老师为我们解析的民法逻辑至今仍在影响着我。比如说，任何规则都不可能对所有人公平，效率与公平的价值取舍问题。民法上的诉讼时效是两年，这就是考虑效率的价值。如果当事人不主张自己的权利超过一定的时限，法院就不再对事情的本质进行判断，让社会关系回到稳定的状态。

学法律的第一年，我特别开心，这是我在大学第一次发现，老师讲课居然会这么有趣，因此上课也特别认真。我在环境工程系学习一般，当时考试还是非常套路的。比如说，工科的考试要背公式，我在考试前赶紧背下来，在脑子里默记，去考场的路上就不敢跟别人讲话，怕忘了公式。考试的时候当卷子一发下来，我就会把公式写下来，生怕忘记，所以也就是能够对付一下考试。但在法律学系的学习就比较有意思，老师会介绍对同一个问题的不同观点、不同学说。习惯了工科逻辑的我们总是屏住呼吸，等着标准答案，但最后等来的也不过是又一种学说。这种探究式的学习方式给了我们很好的思维训练。

有许多非常厉害的老师加盟清华法律学系，比如说崔建远老师、张明楷老师、王保树老师，他们属于影响我一生的老师。这些老师也会调侃，他们在来清华之前在其他学校都不给本科生讲课，只给研究生讲课。但是，实际上他们给本科生讲课依然非常精彩，大师的特点就是能把复杂的问题用最简单的方式讲清楚、讲透彻。当时其他的老师还有马俊驹老师、张铭新老师、施天涛老师、王振民老师等等。王振民老师是教我们宪法课的老师，他很有趣。当时上宪法课，也有人问王老师很尖锐的立法问题，我至今仍然记得王老师的回答，他说，“立法的过程就是各方力量的角逐。”

采访者：您作为亲历者，如何看待和评价清华法学院的复建？您认为其成功的经验有哪些？面临的挑战和难题又有哪些？

林朝雯校友：问题还是有的，首先是师资方面。除了之前提到的大咖，很多课都找不到老师来教，就到外面去找，能找到什么老师就由什么老师来上课。我记得有门课是由某个检察院的检察官来给我们上课，他更多地是从实际经验角度来授课，比如说“这里要空两格开始写”，格式是怎样的。我们之前都是听老师讲观点、讲理论、讲法律适用，突然来了个非常实际的老师，就感觉不太适应。当时还有一位教法律文书课的老师，她是位律师，也是讲类似“空两格”这样的。有一次，这位老师讲谈判的过程，她举了一个例子，说参与的一个商铺的谈判过程处在僵持过程中。她停下来问我们，在一个商场里什么最重要？我们就讲合同期限、押金等等，都是从法律的方面想，绞尽脑汁地想。最后她说，“商铺啊，人气最重要！”我们都笑得不行。当时还有一个讲税法课的老师，他不怎么讲税法，一直在讲学校的问题、社会的问题，最后考试还给了一半的人不及格——只要在考试的时候写税法好就给不及格。我们班上有好几个学霸，这辈子都没有在任何考试中得过不及格，就在税法课上莫名其妙地栽了。总之，刚复建法律学系的时候，系里在引进老师这一方面做得不是那么完美，不过现在想起来这些课也不是那么重要。而主课方面，民法、刑法、公司法、合同法等等都请了非常好的老师，这些科目给大家的法学教育打下了坚实的基础。

其次，刚刚复建法律学系的时候我们没有什么可以实习的单位，系里也没能够给我们推荐实习地方，像实习这些的配套设备会少一些。

还有当时我们系太小了，只有本科、研究生两个班，因此干什么事都会安排我们去。论坛、讲座、捐赠仪式都要求全班同学去参加凑人数。有一次有位外国来的访问学者突然去世，我们也被要求参加葬礼，而我们都不知道死者是谁。这种情况现在应该不会存在了。

采访者：您如何评价清华法学院复建之初的培养模式？您觉得清华法学教育对您的个人发展具有怎样的影响？

林朝雯校友：法律学系最初的培养模式并不完善，不过正是因为不完善，所以才从大三的学生里招，也给了我重新规划人生的机会。最初其实也走了弯路，想发展与科技相关、科技延展的法学，后来的路子是对的，做正统的法学院，把法学基础打牢。

清华的法学教育对我的影响非常的深远。从专业的角度，法学的思维方式和工科的思维方式非常不一样。法律是一门逻辑的艺术，我们上课的时候会问老师很多问题。而工科介绍的一般是几种工艺、设备要会用就可以了。而学法律的时候，思考的就很不一样。施天涛老师当时讲公司法课，（后来公司法也成了我的立身之本），他讲到公司不能随便减资，我们当时都很不理解。他就从钱包里拿出几百块钱给一个同学说，让同学拿着钱给他做事，等同学把这几百块钱花了，他又要求同学返还一百块，这样大家就懂了公司不可随意减资。我们当时上什么课是有标准的，其他学校法律学系开设的所有主课我们也都有。

我们一个年级就只有一个班，要玩辩论赛还只能自己同学组队玩。我还记得有一年的辩论赛上，有个从机械系转来的男生用串联开关来解释贪污的法律规定，真的很有趣。

关于保研问题，是个曲折的故事。清华的传统是尽量从本科生中选拔学生保送读清华的研究生。所以在其他院系，同学们在大四下学期的时候就基本能够根据自己历年的学习成绩知道能否在大五被保研。而当时法律学系的方式有点不同，有人说法律学系要尽量多招收其他系或者其他学校的学生来读研，这样可以扩大法学院毕业生的数量；而另一些人说还是要给自己的本科生读研究生的机会。这样的争论一直没有结论，所以我们就一直无法明确是否我们班会有保研的名额，在这一点上其实也消耗了一些老师和学生之间的信任。不过到了大六第一学期的时候，终于确定了我们班有十个保研名额。我当时也在保研名单之列，不过最后决定放弃读研的资格，直接参加工作。我们班最初获得保研资格的十个人中有四个人放弃了，这种情况在其他系很难看见。主要原因是我们当时已经上了六年的本科，研究生还要再上三年，时间太长了，而出国读 LLM 的话只需要一年就可以获得硕士学位，因此对于我来说，出国读研可能是一个比较好的选择，这样我就会多出两年的工作经历。当然，选择留下来继续读研的同学在法律方面也有了更精深的造诣。

我是先工作了一段时间才出国读书，还有一些同学在毕业后直接去国外读书，不过他们基本上都是用自己的工科学位申请专业，这是因为在当时工科专业比较容易获得全额奖学金（所以还是要特别感谢李树勤老师让这些同学有机会获得工科学位）。有一个原来读机械系的同学还申请到了耶鲁的奖学金，不过他后来还是回到法律界做知识产权的工作了。当时申请法学院的奖学金是很难的，很多人都是先到国外读完一个工科学位再转去读法律。有工科背景的人比较容易转知识产权法方向，比较对口。我当时实际上接到过在美国环境法排名第一的一个法学院的奖学金，但还是因为对环境法兴趣不大，没有接受这个 Offer。

我毕业后先是在中资所工作了三年，主要是做公司法和合同法领域的诉讼和仲裁案件，解决的基本上都是企业之间的纠纷。在工作的过程中，我看到了当时法律体系在现实中的各种尴尬处境，当事人的利益以各种方式被忽视。有个案子，我们向当事人搜集证据，当事人提供了董事会会议记录，但是上面没有印章。没有印章就不能当作证据来提交，当事人就很不解，这就是会议中实际发生的事情，我们可以请对方出庭对质。我们就只好和当事人解释，中国的民事诉讼中几乎就没有证人出庭的程序，不像你们在港片中看到的那样。而且在赔偿的标准上，法院也只是按照最低标准赔偿，比如，打车费不能报，只能报销坐地铁的费用；受害人因房屋质量问题只好另行租房，但租房不能租好房子，只能按最低的租金标准获得赔偿，误工费也是如此。法律只保护受害人最低的维权成本，受害人就很委屈，明明对方给我造成了损害，我还要按照最低标准才能获得赔偿，这太不合理了。诉诸法律保护的成本很高，但是违法成本很低，所以有个当事人说："看起来法律是保护坏人的。"不过现在出台了"老赖"这个系统会好很多，让违法成本也变高一些了。

采访者：最后，请您谈谈对清华法学院的展望。

林朝雯校友：我们法三作为清华法学院第一届本科生，亲历了法学院复建之初在办学目标上的曲折之路，现在看到法学院沿着正统法学院的道路发展，大胆引进人才，不拘泥于清华固有的传统，我感觉非常欣慰和骄傲。我觉得应该沿着这条路继续走下去，只要准备好所有对成长有利的条件，土壤里自然就能开花结果，我对此充满期待。

谈到对清华法学院的展望，其实复建的法学院只有二十余年，还是缺少沉淀。希望未来清华法学院能走出更多的法学家、有影响力的法官，在各行各业里能够有顶尖清华法律人。二十年的时间对一个法学院的发展而言是短了一些，我们的影响力确实还比较小，但我相信只要坚持清华的学风传统，坚持吸引大师任教，坚持精英教育，法学院在清华的土壤里一定会结出丰硕的果实，让我们静待花开。

最后，祝清华法学院成为国际一流法学院，成为中国法治建设的中坚力量！

访谈整理：曹文潇
访谈时间：2019 年 10 月 18 日
访谈地点：清华大学校内拾年咖啡厅

林朝雯校友简介：

林朝雯，清华大学 93 级本科，1996 年转系法律学系。清华大学法学学士、工学学士，英国布里斯托大学法律硕士。现任世界银行集团公司治理高级顾问。曾在 2019 年法学院毕业典礼上作为校友代表发言。

孟芊（93 级本科，1996 年转系法律学系，99 级法研）

采访者：您学习法律有怎样的机缘？

孟芊校友：清华大学的学科建设始终与国家命运、时代发展紧密相连。改革开放以后，清华逐步向综合性大学发展。在依法治国的背景下，国家亟需培养大批高素质的法律人才，清华复建法律学系恰逢其时。就我个人而言，1996 年春天我看到了一个通知：法律学系要从 1993 级的本科生中招收转系生，组成第一届本科生班，当年暑假后开始正式上课。当时我是清华化学系的本科生和环境工程系的双学位，几乎没有片刻的犹豫，我成了全校最早报名申请的的几个人之一。记得转系考试科目只有中文和英文，中文考的是一篇文言文，包括句读、翻译和评论，英文则全是翻译。经过择优考核，全校共有三十六个学生转到了法律学系。

采访者：您在清华法律学系、法学院学习期间有哪些事情令您印象深刻？

孟芊校友：那时候的学习条件与现在相比反差还是很大的。在法律学系的第一学期，全部课程都被安排在了三教一段一层，教室的座位是固定的，每屋三十四个，于是学校便为我们多配了两张活动课桌。在这种情况下，老师只要扫一眼就可以知道全班的出勤人数，根本无须点名。我们之前学习的多数是理工科专业，如何适应学科的转变是最大的问题。当时法律学系教师数量很少，但多数是刚从国内引进的学术大师或者中年骨干。我们的很多课程都是“牛人”教的，所以基础比较扎实。当然，由于复建时间太短，师资队伍还没有配齐，有一些课程本系没有老师，于是只好从外校临时聘请。而他们授课水平参差不齐，上课时间也无法保证，因此也有的课程并不尽如人意。总体来看，那时候的学习氛围是积极向上的，师生之间互动频繁、教学相长。我们法三班的学生学习很用功，在1998年的司法考试中，我们这些学习法律不到两年的学生却创下了百分之百的通过率，其中还有北京市前十名的高分，为此全班着实高兴了一阵子。

采访者：您对清华法律学系、法学院哪些老师印象深刻？

孟芊校友：印象深刻的老师很多，比如张铭新老师有着浑厚的男中音，他的粉笔书法是一绝；崔建远老师总是打开他那标志性的不锈钢水壶，斟上一杯热茶娓娓道来，几乎从不带一张讲稿，高深的民法理论和丰富的案例实践信手拈来，一切尽在掌握。另外，几乎每学期都有国外法学院高水平教授给我们上课，使我们较早原汁原味地学习英美法系的课程。

采访者：您对清华法律学系复建之初的课程设置有哪些印象？

孟芊校友：复建之初的法律学系朝气蓬勃，在教学改革上实事求是、思路开阔。最大胆的就是法三班的学制调整，按照最初的设想，全班同学转系后要放弃原专业的学习，而完成法学本科学习的时间也只有两年。经过半年的实践，时任法律学系主要负责人的李树勤老师在充分调研论证的基础上，对原有的培养模式和学制进行了大胆改革。全班同学学制延长一年，完成原专业和法学两个专业的本科学习，将“复合型”的特色落到实处。在离开原院系一年的情况下，全校十七个院系分别为三十六名同学单独制定了原专业最后一年的教学计划，法律学系也对课程体系进行大幅度的修改、充实。全班几乎每位同学的培养方案都是不同的。这在清华历史上恐怕是空前绝后的。

采访者：您对清华法律学系复建之初的学生活动有哪些印象？

孟芊校友：法律学系当年是全校名副其实的“小系”，只有一个本科班三十六名本科生。当我们自豪地说自己是“法三班”时，外系师生甚至疑惑地问是不是法语系。好在法三班能人辈出，校报的“笔杆子”、广播台的“金嗓子”、艺术团的“台柱子”云集，更有大批学生干部中的骨干，班级很快就在学校有了一定影响，迅速拿下“优良学风班”和“甲级团支部”等荣誉。但法三班最具特色的还是参加院系的建设和管理。当时法律学系人少，大量的工作是由本科生去做的。譬如，法律图书馆，几乎完全是法三同学为主的自助式管理。再如，当年新引进的教授和国外来的外籍访问学者比较多，从他们的安装电脑到外出向导，大多是由同学完成的。老师们也常常请同学们到家里吃饭聊天。因此师生之间的感情非常融洽，老师带着感情教书，同学们也在和老师们生活交往的耳濡目染中有了更多的收获和提升。

采访者：您觉得复建之初的清华法律学系有哪些特点？面临哪些挑战？

孟芊校友：法律学系初创时期条件比较艰苦，但师生的精神面貌特别好，对未来充满信心。如果没有记错的话，法三班组建的时候，清华还没有获得法学本科的学位授予权。大家对此一点都不担心，始终把目标瞄准建设有中国特色的国际一流法学院。创建之初法律学系就“不走寻常路”，突出强调法学教育的社会主义方向，明确提出厚基础、宽口径、高水平、国际化的培养目标。就我们学习中感受到的，一是重视基础学科，大教授讲基础课，虽然法学的总学时有所压缩，但基础课学时得到充分保证；二是重视学生自主学习和实践教育，高度注重法学图书馆、模拟法庭、实践教学基地建设；三是重视学科交叉，早期法律学系几乎每个同学都有法学以外其他学科的学位；四是重视国际化，几乎每学期都有国外教授的讲授课程，学生参加国际学术会议和出境交流的机会比较多。

清华法学教育起步时底子薄，但包袱少，理念新，再加上学校整体实力强，因此起点高、发展快，外界也很关注。如何既尊重中国法学教育的优良传统，又走出一条新路，是清华法学教育面临的挑战和使命。

采访者：您在清华法律学系、法学院学习期间有哪些收获？清华法学教育对您的个人发展具有怎样的影响？

孟芊校友：虽然我没有直接选择法律作为自己的职业，但无论是在高校还是在政府工作，无论是做实务工作还是从事理论研究，法学的理念、思路和方法始终发挥了重要的作用，甚至影响了我的生活，使我终身受益。而法律的知识和技能也往往能在学习、工作和生活中直接“派上用场”。

法三班的同学是从全校各院系中择优选拔的，又普遍在清华系统接受了法学和理工科本科教育。毕业二十多年来，法三同学不断走出自己的舒适区，勇立时代大潮的潮头，在百年未有之大变局中，在新时代的舞台上书写自己的精彩。这些优秀的同学是我最可宝贵的财富。

采访者：您对清华法学院有哪些祝福？

孟芊校友：希望清华法学院能够不忘初心，永葆初创期的勇气，扎根祖国大地的丰富实践，走出一条中国法学发展的新路。

访谈整理：杨同宇　翟家骏

访谈时间：2019 年 9 月 10 日

访谈地点：清华大学人文社科图书馆

孟芊校友简介：

孟芊，清华大学93级本科，1996年转系法律学系，法学院99级硕士研究生。清华大学法学学士、理学学士、工学学士，法学硕士，管理学博士。在法学院就读期间曾任法学院团委书记。毕业后留校工作，曾任清华大学注册中心副主任、研究生团委书记、校团委副书记、信息服务室副主任、党委研究生工作部副部长、招生办公室主任等职，并从事发展规划研究。2010年起历任福建省发展和改革委员会副主任、厦门市发展和改革委员会主任、海沧台商投资开发区管委会主任兼海沧区区长等。现任厦门市人民政府副市长。

李旭（97级文研，法律学系）

采访者：您与清华法学院的渊源可以从哪里说起？

李旭校友：清华法律学系1995年复建，起初办公地点在主楼，严格来说只有两间办公室。法律学系当时的人员非常少，只有李树勤、王振民、黄新华、崔建远等几位老师，那时也缺少干活的人，办公室甚至一度都没有工作人员。我是1995年毕业留校，在学校党委组织部工作，法律学系希望学校能够增派一些具体干活的人手到这里，也希望能够从学校支援一些人来法律学系工作，学校有关

◀ 采访者与李旭校友（中）合影

领导就推荐我到法律学系工作，1997 年 1 月份到清华法律学系工作。当时校领导那番激情澎湃的话语，我至今仍记忆犹新：第一，清华法学院是要做一个与众不同的，跟现有不一样的法学院。这当然是和那时的情况对比。第二，未来中国会走向法治。其实我留校后准备到经管学院读研，领导对我说，经管学院每年培养这么多学生，不缺人才。但是法学人才，尤其是复合型的法学人才在国内还比较少，特别是能跟国际接轨的、受良好法学教育的人才微乎其微。

采访者：您所说的领导是王大中校长吗？

李旭校友：不是，当时有校党委书记贺美英同志、纪委书记叶宏开同志、党委组织部部长孙道祥同志。因为那时我在组织部工作，所以他们跟我谈得最多，尤其是孙道祥部长，没多久他就升任学校的纪委书记。他认为未来的经管人才已经富余，但是法学人才不多，那时的法学相当于一个新兴的方向与领域，值得我们学习。

采访者：您之前担任法学院院长助理，能否分享一下您在法学院的工作经历和感想？

李旭校友：1997 年 1 月我从学校党委组织部调至法律学系，担任办公室主任，我的研究生资格也是从学校研究生院，相当于走的特别程序改为读民商法学硕士研究生，那时法律学系就只有这一个专业。我 1 月份到法律学系的时候，办公室除了我还有张静庄老师。我来没多久，她就退休了。然后同年李红老师来到法律学系，她负责法律学系的教务工作。当时我在院办公室事务繁忙，学校一有开会我就参加，主要是因为缺人手，其次事务又特别多，事无巨细，从党务到财务，几乎所有的事都管。

1997 年 9 月，当时我在 97 级文研的时候，其他同学是全日制，而我则边工作边读书，所有的课程不能落下，法律学系的工作还得接着干，那时我就是一个非常特殊的学生，特别忙，每天几乎从早忙到晚。主要是因为当时接待的任务非常多，法律学系这两间屋子里接待了国内外众多慕名而来的知名人士，主要是在国际上非常著名的法学家、司法界权威人士等，包括李国能、荣智健等人，还有一些知名律所的律师。他们听说清华要建一个新兴的法学专业，都想来与我们合作，所以那时候的接待量非常大。在此之后，几乎每天都有接待活动，虽然我们是当时学校最小的单位，但非常受关注，可以说是在聚光灯下不断成长。当时我们的系主任是王叔文老先生，只可惜他已经过世了。我记得他当时差不多每周来法律学系一次，如果他不来，就是我跟王振民院长（当时还是系副主任）去他家一趟，向他汇报工作，以及处理一些小的事务。当时除了院办公室的办公人员，还包括咱们老几届的毕业生以及兼职帮忙的人员，大家好像都不太分彼此，都在法律学系进行忙碌的工作。其次，教师里面大部分都是兼职的，这里面有来自全国人大常委会法制工作委员会、中国社会科学院法学研究所等部门的人员。所以，我认为那时的法律学系可以说给人一种热火朝天的感觉，有点类似于创业公司。从这个角度来讲，我与法学院有一种缘分。事先我一点没想到会改读法学来到法律学系，在当时的计划里没这事情，也就是部门领导选派我来法律学系，就是这么偶然。

因为当时我没学过法学，对法律没多少概念，到这里以后，我们老几届的学生读书比较辛苦。那时候的要求也很高，本科阶段有五个学年，正是因为之前没读过法律专业，要想成为清华法学院一名合格的硕士毕业生，必须法律方面要赶上同时期中国政法大学、中国人民大学等高校的毕业生水平。因此，我们当时读书都比较辛苦，每个人的学分都高得不得了，为什么呢？我们要把法学专业本科和硕士的课全部补完，所以几乎到硕士最后一年是一边写论文，一边还在上课，几乎所有的课全从本科开始，从法律最基础的课程开始全部学一遍。所以那几届学生大家为什么比较熟？就是因为全混班上课，有的研究生培养课程既跟法三本科生一起上，也跟博士生一起上。所以我认为那时候法律学系的状态可以用现在一个比较热门的词语来形容——混搭，这还真是挺有趣的。

采访者：您所知道或经历的清华法学院发展历史有哪些方面呢？在您的工作中有哪些令您印象深刻的老师？

李旭校友：1999 年我们就搬到三教办公，房间也比之前多了不少，此时的法律学系主任是王保树，在法学院正式挂牌以后，他就作为法学院院长，而我就转任法学院院长助理。当时的工作实际上就类似于法学院的行政总管家，那时候法学院学习欧美高校 General Office 理念，就是要精简行政编制，提高教师比例。所以当时我们没有划分各个办公室，就类似于 General Office，General Office 的负责人类似于我当时的职务——院长助理兼办公室主任，具体分为教务、财务、人事等工作，各具体负责同志都在一起办公，所以这其中大大小小的事情都由我负责，包括院务会议的组织和执行，申请硕博学位点等重大专项工作。

我们当时申请学位点的时候，高鸿钧老师刚好来到清华法学院，他之前在中国社会科学院法学研究所工作，对科研工作比较熟悉，因此就让他来申报这些重大课题以及组织专班写材料等事务。那时大家的工作状态就是不分职务高低，也不分彼此，只是根据这个老师是否适合做这项工作，然后大家一齐决定，我们院办就做好各种组织工作。虽然忙碌，但是也十分快乐。当时大家晚上经常聚在三教楼下一个小的茶馆，喝茶论道直到半夜，老师们讲述他们各自的研究心得，畅谈人生感悟等等。那时候是复建之初，教职工人数不多，基本上进入了一个崭新的状态。

随后办公场所搬到了现在的明理楼。其中，搬家工作主要由我和高鸿钧老师负责。说一段不为人知的往事：高老师因为开销问题，希望天坛家具厂出的价格再降低一些，就在酒桌上与公司人员拼酒，喝得他都招架不住。那时的高老师跟现在不一样，去年我也见他了，毕竟年龄不饶人。当时他的年龄比我这个岁数稍微大一些，都是四十多岁。高老师意气风发，非常有情怀和激情。很多老师都是不用通知就来协助搬家工作。尤其是高其才老师，当时天坛家具厂的工作人员动作可能比较粗鲁，剐蹭到某些地方，他就跟人家急了起来。我认为那时候所有人都把法学院看作是自己的家，因此那些年是法学院真正的创业期。我现在做投资方面的工作，就发觉那时的法学院与现在企业的创业期几乎完全一样，实际上我在清华法学院主要经历的就是那个阶段。

采访者：清华法学院有哪些校友令您印象深刻？

李旭校友：校友尤其是老校友之间的关系都非常紧密，这种紧密有点像君子之交。因为现在大家都很忙，分布在各行各业，平常不可能老在一起，但只要有事情，抄起电话，就跟昨天刚见完面一样，十分亲切。这就是大家在那个环境下一起创业积累下来的情谊，而不是那种普普通通的同学或带有一些庸俗的利益关系，帮忙不以我与你交往为目的。因为我离开清华法学院也很长时间了，但是大家一提到学校或者法学院有什么情况，在同学圈立刻就刷屏了，这是因为大家对此非常关心。当时我们都在一起办公，距离非常近，十分热情亲密。因此，校友间也需要加强交流，如果没有交流，就没有生气与活力。以我的经历来看，在清华的党政、行政、科研、教学部门我全干完了一遍，在政府主要的经济部门我也全干过了，这些都经历过之后，我认为共同点或者关键点主要是以下两点：第一，无论是单位还是个人，不要因为小的问题丢掉了大家一种共同的追求，清华法学院就是要有最高的追求；第二，多交流沟通。我在清华法学院后期感觉老师之间的沟通比以前少了许多，当然有各种各样的客观因素，交流其实对于集体和团队的养成是最重要的。

采访者：关于清华法学院发展过程中的重大事件和会议，您有哪些印象深刻的经历？

李旭校友：我经历的事件、会议太多了，如果要从每个大事记谈起，说一整天都讲不完。我觉得既有一些非常让人兴奋的事件和会议，也有一些非常严肃的，或者是至暗的时刻。因为法学院在发展过程中不可能都是一帆风顺，也会遭遇到曲折，甚至是同事之间的不理解，像小矛盾等都会存在。但是，大家都一心为公，整个大方向非常好。归纳而言，我认为发展过程中的重大事件有：第一，1995 年 9 月 8 日清华法律学系复建；第二，1999 年清华法学院复建；第三，明理楼正式投入使用；第四，相继获得硕士、博士学位授予权；第五，首届（本硕博）学生顺利毕业；第六，法学学子所取得的国际赛事的荣誉，以及个别老师所获得的较高级别的奖励荣誉；第七，法学院新大楼的使用；第八，每一个重要老师的到任，包括他们的离别、退休等等。所有这些事件，我想记住的不是这些人、这些事，而是法学教育的思想追求。就拿我自己来说，我最早对法学一无所知，但就是被这些法学教育的创建者感召过来，也被他们这种激情感染着。

采访者：您觉得清华法学院的特色或成功经验在于哪些方面？

李旭校友：到今天为止，各个传统学科也好，新学科也好，发展都很不错，这实际上得益于当时有一个很高的标准追求。首先来看，清华法学院要把自己站到青藏高原上，这样就比一般人都高了，然后在青藏高原上站到珠穆朗玛峰上，这样每个学科整体应该都在青藏高原的高度，部分学科可以达到珠穆朗玛峰的高度，那就是成功了。现在清华法学院基本上向着这个目标迈进，所以我认为从总体来看，清华法学院的特色和成功来自师生对于高标准法学教育的追求。

采访者：请您谈谈对清华法学院的展望。

李旭校友：现在已进入新的阶段，不能再按以往的创业阶段去做，就跟现在的华为公司一样，它在这个阶段有这一时期的方法和运作的一种状态。我认为写这些历史记录都是为了现在和未来传承这种精神。我个人认为，清华法学院与华为公司的精神十分相仿，如果要清华法学院找一个对标，不是其他法学院，应该是华为公司，只不过大家在不同的领域中秉承着类似的思想，追求着类似的事情。所以我对法学院的未来展望或者期许，就是希望能像华为公司一样一直保持着这种精神与追求。只要保持住这些精神，无论是法学院之后新来多少老师，还是又培养了多少学生，大家都有一个共同的思想使命和荣誉感，就一定错不了。我认为清华法学院要成为法学界的华为，不仅让国内同行服气，也让海外同行感到钦佩。现在离这一目标还有些距离，但是大家都要有这种精神追求，一代一代生生不息。

采访者：您之前也写过关于清华法学院院史的文章，有哪些体会与感悟？您对我们现在法学院院史的编纂工作有哪些建议？

李旭校友：清华法学院的定位也是有一个变化，最早清华对人文学科不够重视，仅希望工科学生具备些许人文素养，因此总的定位是“小而精，有特色”。主要意思是不要做大，精致就行。对于精致的理解，人们可能想当然地认为是知识产权或者其他行业。但实际上在中国现行包括当时的教育体制之下，只有这个在法学界是不能立足的。类似于现在做一个产业，如果核心产品不在这个细分领域中占据核心，那是立不住的。所以经过各方努力，学校也逐渐转变思想，“小而精”的定位口号就不再提了，以“高层次、复合型、国际化”等概念代之。当时清华法学院最早想开办纯美国的教育，只开设 JD。不过国内体制不支持，现在称为法律硕士，当时还没这个学位授予点，要想招研究生，没这个通道招不了，所以只好招本科生，研究生还得走传统九个学科分类的程序。民商法学当时引进了马俊驹老师，他到清华法律学系后，我们的硕士和博士学位授予点相继获批。随后引进张明楷老师，他搬家时都是我们一起帮他搬的。我家现在用的微波炉还是张明楷老师当时送给我的，他当时在日本作为访问学者，回国后从日本带回了一个微波炉和一台电冰箱，这套家电都是松下牌。我现在还用着张明楷老师送给我的微波炉，觉得第一是质量太好，第二也把它当成一种有文化符号的东西，所幸就舍不得扔了。这是题外话，他到清华法律学系后，刑法专业就得到了很大的提升。其他学科，诸如法理学、比较法学等等也都在逐步发展，取得不错的成绩。我认为，打造复合型人才必须文理兼备，不能一边工科很强，而另一边法学很弱，这样一头沉是不行的。从我离开法学院进入政府部门，后来转行做投资等经历来看，我深有感触：社会上需要的一定是复合型人才，实务型人才也一定是复合型人才。我所接触的律师、基层法院的法官等，他们每天面对的都是复合型的一些问题，单靠一个部门法的专业知识是解决不了的。要对我们国家的体制、基层治理，包括各个学科、各个产业领域都需要有一个综合的了解，才能有所把握，目前实务界也需要复合型人才。王振民老师就是提倡这种复合型的人才培养，当时对标美国，所以我们在第二批获得了法律硕士学位授予点，但国内法律硕士的培养体制存在固有弊端。坦率地说，国内的生源质量不是特别好，最后培养出的人才达不到原本的想象。但是相对于清华法学院来讲，毕竟有这么多名教授，培养的人才在全国法律硕士里面算是优秀的。我也接触了不少清华的法硕校友，有从政的，也有做企业的，还有做律师的，都表现得十分优秀。但是，从宏观大环境来说，仍未达到当时清华法学院的培养定位，更受制于外部环境，所以很多当时的想法没完全达到。

因此，你们在写清华法学院历史的时候，人和故事是一方面，然后就是凸显清华法学院这种法学教育的情怀与追求。当时老师们都不计较个人得失，原因就是为了这样一个创业型法学院的发展，做一件与众不同、了不起的事情。做这个事情当时就是基于大家共同的理念，就是要做出一种崭新的、符合国家需要的模式出来，但是毕竟体制、机制等诸多限制摆在面前，所以你只能往那个方向无限接近，实际上却仍达不到当时的理想高度，这也是没办法的事情。所以，从法学院的历史梳理来看其重点是思想史，思想史的意义大于人物史、制度史等等。

访谈整理：翟家骏　黄飞翔

访谈时间：2019 年 3 月 7 日

访谈地点：北京市海淀区华为会展中心

李旭校友简介：

李旭，清华大学法律学系 97 级文研。清华大学工学学士、法学硕士、工学博士。现任北京经济技术开发区产业技术创新联盟促进会执行会长、秘书长。曾任清华大学网络行为研究所副所长、法学院院长助理。

张剑文（98级文研，法律学系）

采访者：您曾主编《明理·师说》，参与编写《法意清华》，能介绍一下有关情况吗？

张剑文校友：《明理·师说》是以学生小团队采访稿件为基础，我担任主编统稿编写的，当时是王振民老师嘱咐我来牵头。《法意清华》这本书是王振民老师主编，陈新宇老师、廖莹老师和我是副主编。我带着另外一位同学编写了《法意清华》这本书第一辑“萌芽期”部分，第二辑“成长期”是陈新宇老师编写的，统稿是陈新宇老师负责。按照当时的计划，《明理·师说》和《法意清华》都还有下半部，但后来都没有做出来，希望你们能够接续之前的院史研究工作。

采访者：您能介绍一下创作《明理赋》的故事吗？

张剑文校友：《明理赋》应该算是校友贡献的有标志性的作品之一吧，我写作的时间是在2009年，跟00级法研邓志敏校友组织的校友团拜会有关。我们院的校友会成立很早，但因为人数少，起初没有什么实质性的活动，等到王振民老师当院长时希望校友活动能够做起来，就召开了一次校友理事会换届会议。第一届理事会2000年就有了，到2008年才换届，换届后开始实质性地组织了一些校友活动。2009年，邓志敏就联合其他一些校友组织了一场校友新春团拜会，这就是后来历届学院校友年会的前身，现在校友年会既有学术论坛，也有文艺活动，但追溯源头就是这次团拜会。借新春团拜会的机会，我写了《明理赋》。我对这场新春团拜会印象很深刻的场景是李谷一老师和张明楷老师合唱《刘海砍樵》，很有意思。《明理赋》就是在那时写的，但当时传播不是很广，我们班的李咏同学书法很好，就请她抄了一篇，我们一起把这份手卷送给了学院。《明理赋》的创作比较简单，我觉得明理楼的名字还是比较酷的，是荣毅仁先生题的字，“明理”也很契合清华法学院的气质。那时候我比较喜欢写长篇的文言文，所以就用“明理”两个字来演绎，用“明理”两个字的含义来展开，没有刻意地去写它与法学有什么关系。但“明理”二字本身就和清华法学院的气质相契合，所以这篇作品在2015年重新发布的时候，大家都很喜欢，而且认为能够在某种程度上概括清华法学院的一些特质。

采访者：您到清华法律学系读研有哪些机缘？

张剑文校友：我是清华精仪系1992级本科，但是从中文系进入法律学系读研的，多出的一年是因为我读了中文系编辑学的第二学位。当时工科的本科是五年制，加上在中文系的一年，我的本科一共是六年。我在中文系的成绩很好，顺利获得了校内保送研究生的资格，然后就考入了法律学系。校内第二学位保研在当时并不稀奇。当时法律学系的研究生大部分是在校内招生，只有个别学生是从校外招进来的，校外招进来的学生先是到人文社会科学学院其他专业，后来再转入法学专业，我们班有一位同学是从北大保送至人文学院然后转过来的，还有一位是从校外考入人文学院后转过来的。当时的情况是大家忽然发现学校多了一个法律学系，但对法律学系何时成立都不清楚。当时法律学系招研究生在校内是很热门的，许多人都想尝试，基本上不需要做招生宣传都知道学校有法律学系并且招研究生。

我和同是中文系保研法律学系的吴胜武师兄很熟，当时面临保研，在一次聊天过程中吴胜武师兄就推荐我报法律学系。此外，我还认识96级文研、97级文研的研究生，了解到法律学系招生的情况。当时我的选择一是在中文系继续读新闻学的研究生，另一选择是去经管学院读研，第三个选择是来法律学系读研。法律学系当时比经管学院还要热门，原因可能是法律学系的专业是民商法，另外法学在国内也属于很热门的专业。我记得校内报名法律学系的有一百多人，但是最终只招十个人，报考的风险还是很高的，现在很难想象法律学系还没有成为法学院的时候在校内是那么热门。我们班有十四个人，其中十个人是校内保送，有两个人是前两届保留资格先在学校工作再读研的，还有两个人是从人文学院转过来的（即上文提到的北大保送和校外考入人文学院的两位同学）。

采访者： 您能介绍一下法律学系保研考试的情况吗？

张剑文校友： 报名之后法律学系组织考试，那时候的系办公室在三教三段顶楼，考试的内容是语文和英语。语文试题全部是文言文，因为我的文言文比较好，所以就顺利通过了。另外，笔试和面试都是双语的。

采访者： 保研考试有没有考察法学专业知识呢？

张剑文校友： 英文试卷中有《联合国宪章》的内容，此外就没有与法学相关的问题了。我们那几届入学的情况和后来是完全不同的。

采访者： 当时法律学系应该还没有很多老师。

张剑文校友： 当时法律学系老师很少，我入学考试的面试官是王振民老师和李旭老师。法律学系教师虽然少，但是有来自美国名校水平很高的外籍教师，我的英文面试官中就有外教，这在当时是很有特色的。

采访者： 您能介绍一下当时法律学系本科的情况吗？

张剑文校友：当时法律学系本科只有法三，有三十多人。从法律学系复建的历史来说，第一届本科就是法三而不是法九，因为法三其实是转系过来的，不是双学位班，只是后来他们学习很勤奋，也拿到了原来所在院系的学位，所以看起来像是一个双学位班。

采访者：法三的第一学位其实是法学？

张剑文校友：是的。这种做法与经管学院早期本科招生相似，经管学院一开始本科生有两个班，一个班是高考统招生，另一个班是大二年级校内转系生。我们在校时还有法五两个班，也是转系生。法律学系另外还有面向社会招考的双学位班，双学位班人数很多，比本科生和研究生的总和还多，当时三个年级的硕士生总共才有三十多人。法律学系第一届博士生是 1998 级，共有三位同学，编入人文学院博士生班，这三位同学的导师都是马骏驹老师，马老师当时是带着武汉大学博士生导师的资格加入法律学系的，当时法律学系民商法博士点还没有申请下来。法律学系第一届博士生都很厉害，林晓镍现任上海金融法院副院长，陈洪现任重庆三中院副院长，薛文成曾在上海高院任职，做过上海市青浦区法院副院长，他在劳动法领域很有名。

采访者：您能介绍一下当时法律学系的老师吗？

张剑文校友：当时法律学系的老师虽然不多，但是阵容很强大。我们入学后不久，学院之后的很多“大拿”就来了，比如王保树老师、张明楷老师、张卫平老师、朱慈蕴老师、周光权老师等等。我记得有一个学期我们班七门课是由五个博导和两个教授讲授的。

采访者：您提到的这些老师之后都是法学院的基石了。

张剑文校友：我们很幸运，当时学生人数比较少。我们的学位课中，《合同法》和《侵权责任法》是崔建远老师讲授的，《民法总论》和《物权法》是马骏驹老师讲授的，《商法总论》和《公司法》是王保树老师讲授的，《民事诉讼法》是张卫平老师讲授的，施天涛老师当时给我们讲授《商法 II》。一张成绩单上能够集齐这些老师的课是很厉害的。

采访者：当时法律学系研究生的课程体系是什么样的？

张剑文校友：我们那几届法律学系研究生的课程设置具有特殊性。95 级文研那一届系里的师资力量还不是很强，但到我们这一届师资力量大有增强。因为我们都是跨专业保送，本科都不是法学专业，按照王振民老师的说法，我们实际上是按照美国 JD 模式来培养的，所以系里要求我们补修法学十四门核心课，再加上研究生的学位课，课程负担非常重。因此，虽然我们是民商法专业，但也上过两个学期的刑法课，其他法学课程我们也都上过。

采访者：清华法学院当时的影响力如何？

张剑文校友：清华法学院当时在国内的影响力不是很大，毕业后有时会面临尴尬，别人会问："你是哪里毕业的？"我回答："清华法学院。"别人第一反应是："清华有法学院吗？"但是，清华法学院当时在国外已经很有名了，有很多美国来的外教，我们一些专业课都是外教讲授的，我们没有修过法律英语课就直接上了外教开的专业课，这是当时的特点。1995 年复建后我们是先在内地之外出名的，当时筹集的资金主要来自香港地区和新加坡，外教师资主要来自美国。有一个流传颇广的故事是：学校创建"双一流"的时候，校长来法学院说文科创建"双一流"就靠法学院了，院长回答说："国际一流没问题，国内一流要争取。"可以说从一开始清华法学院就有很高的国际影响力。

采访者：您能介绍一下当时上课的情形吗？

张剑文校友：由于老师多、学生少，我们基本上是小班上课，经常是一位老师给十几个学生上课，学生和老师的交流很充分。但弊端就是，因为学生太少了，老师认识所有的学生，所以是不能逃课的。老师们对学生的要求都很高，像张明楷老师就对我们说虽然你们是民商法专业，但由于是研究生，所以刑法也要按研究生的标准来要求。张明楷老师的能力很强，但由于我们本科都不是法学专业，当时大家都有一种“不服”权威的态度，上刑法课时经常和楷哥辩论，很激烈，但我们十几个人也辩不过楷哥一个人，最后我们都乖乖接受楷哥的观点了。张老师的考试也很凶，我们当时是一张卷子上有十道案例混合题，张老师要求每道题至少写三百字，也就是一张卷子至少要写三千字的答案，所以考试不光是大脑累，手也累啊。我当时比较“畏惧”崔建远老师，崔老师后来变得和蔼可亲，但那时候是很凶的，课堂特别严格，崔老师的课平时成绩占比重较高，所以平时上课要回答老师提出的问题，在回答问题前一定要想好，否则一站起来就坐不下去了。

采访者：为什么呢？

张剑文校友：你不能回答说“我觉得……”，必须说“根据……法条，根据……案例，根据……学说”，“我觉得”是绝对不行的。台湾地区“中央研究院”张伟仁老师也给我们上过课，那一年是张老师第一年在内地大学开课，选了清华大学，我们班是主修班级，其他学生都是来旁听的，当时学生很多，还有学生从北大过来听课。张伟仁老师在法学方法上给我们特别好的训练，上课会发给大家一本文言文的教科书，然后就是苏格拉底式的提问，问到大家理屈词穷，才会往下讲自己的观点。面对张老师的提问，当时全班能够“负隅顽抗”到最后的不超过三个人，一个是法五的康震，一个是我们班的李咏，还有一个就是我。

采访者：2009 年我入学的时候，张伟仁老师在我们院的开学典礼上致辞，张老师给我留下很深的印象。

张剑文校友：在张老师的课上，往往是我们的话音刚落，张老师就把问题抛出来了。另外印象比较深的还有张铭新老师，他的板书非常漂亮，简直可以从黑板上拓下来。我们班还有一个特殊之处值得一记，非常有趣，我们的《税法》课程是车丕照老师上的，因为当时学院没有讲税法的老师；还有，周光权老师“客串”了《刑事诉讼法》课程，周老师后来曾得意地说他还教过刑事诉讼法，就是给我们班上的。这主要还是因为当时的老师比较少，所以一些老师就需要上自己专业领域外的课程。虽然老师比较少，但他们还是正常赴外访学的，所以就会导致在某一学期某个学科很缺老师，就需要其他老师来“客串”。车老师的《税法》课程和周老师的《刑事诉讼法》课程应该都只讲过那一回。

采访者：当时学院的师资力量已经可以把十四门法学核心课都开设吗？

张剑文校友：已经可以了。

采访者：95 级文研入学时系里的师资力量还比较弱？另外，还有哪些令您印象深刻的事情？

张剑文校友：是的，他们那时候还要到处“借”老师来上课，但过了两三年你就可以看到师资力量的变化非常大，引进了很多老师。现在法学界大咖级别的老师那时候都是小青年，像施天涛老师、周光权老师，朱慈蕴老师当时博士毕业没多久。施天涛老师是马骏驹老师的师弟，都是江平老师的学生，马老师是江平老师的硕士，施老师是江平老师的博士。后来我们去马老师家，施老师也在，听施老师说当时他讲授《商法 II》课程，里面的保险法、票据法当时都“不懂”，“不懂”的意思是那时候施老师还没有实践经验，保险法、票据法这些内容需要了解实务，现在的施老师就完全不一样了。因为当时学院老师少，所以也给了很多年轻老师授课锻炼的机会。由于我们要补十四门法学核心课，当时感到课程压力很大，课程作业写不完。还有一件事情印象比较深刻，当时学校可能是受到南京大学等一些学校的影响，要求硕士生毕业时必须在核心期刊上发表论文才能拿到学位。这个政策只执行了两三届就停下来了，因为很不现实，但我们正好赶上了，所以心理压力很大，这也导致了大部分同学延后半年才拿到学位，因为论文发不出来。

采访者：1999 年组建清华法学院前后有哪些事情令您印象深刻？

张剑文校友：我们入学的时候法律学系发展得很不错，少了些创业的感觉，法学院组建前后已经有“收成”了。明理楼是 1999 年竣工的，所以我们只是在外面稍微“流浪”了一段时间就搬入明理楼。明理楼竣工是当时最大的事情，为什么这么说呢？虽然现在看上去明理楼也不算很大，内部光线也不算太好，但那时候是很先进的。所谓“先进”是指，虽然当时国内的法学院系很多，但我们是国内第一个拥有自己独立的大楼、每位老师都有自己独立的办公室的法学院，而且我们明理楼的命名还影响到了其他学校的法学院。此外，1995 年复建法律学系、1999 年复建法学院，我们 98 级文研是从人文学院入学，从法学院毕业，班号虽编在人文学院，却是法学院的毕业生。2000 年我们在大礼堂组织了清华法学院复建一周年的晚会，96 级文研王益民、97 级文研穆仁辉和我们班的三个女生（闫伟荣、袁丽娴和我）、一个男生（李锦南）一起排了一个舞蹈，挺震撼的，有点像现在的学生节。当时的文艺活动没有现在这么多。

采访者：您能介绍一下当时的社会实践、实习情况吗？

张剑文校友：当时的社会实践、实习不是很多，社会实践是学校统一要求的，所有研究生都要参加。我们被编在人文学院，所以社会实践是和人文学院大班一起编组的，不是法学院单独编组。当时也没有单独的法律实习的要求，去法院实习都是自己联系或者请老师帮助联系，陈建民老师也才开始尝试开设《法律诊所》课程，陈老师是“女神老师”。

采访者: 您能讲讲那时候发生过的有意思的事情吗?

张剑文校友: 我们遇到过一件有趣的事情,何海波老师的弟弟何小波和我们一起在人文学院的大班里面,当时何海波老师在北大读博,代理了著名的刘燕文诉北京大学一案。

采访者:“让司法的阳光照进学术的殿堂”。

张剑文校友: 何小波号召我们去旁听庭审为何海波老师助威,哈哈,后来何海波老师就变成了清华法学院的老师。

采访者: 没想到当时在法庭助威的还有清华法学院的同学。

张剑文校友: 是的,很有趣。当时有些实践类的课程有老师带着上,大家确实很感兴趣,另外同学们的活动能力还是很强的,很多实习都是自己找的,当时不像现在社会实践、实习的渠道这么多。那时候我们最大的短板就是缺少校友资源。

采访者: 毕竟当时是从头开始。

张剑文校友: 对,我们没有办法,只能去开拓。校友资源确实是当时的短板,但奖学金方面倒是不缺,我们一开始就有一些从外面赞助的奖学金。另外,95 级、96 级文研同学毕业后,有的同学进入了律所工作,比如金杜等,清华的同学表现很亮眼,所以他们在律所工作不到一年,金杜就在清华法学院设立了奖学金,我们班就有同学拿到过“金杜奖学金”,我拿到过“温州奖学金”,算是院设奖学金金额比较高的两个奖学金。也就是说,我们当时已经有了在学校体系之外的院设奖学金,学生获得奖学金的渠道比较多,而且金额也比较高。随着学院的毕业生到各领域就业,我们的奖学金也就越来越多了,现在学院一些奖学金其实和前面一届届毕业生的就业有很大的关系。

采访者: 学院当时对毕业生的就业有指导吗?

张剑文校友: 当时学院其实没有办法对毕业生进行就业指导,

主要是因为毕业生人数太少，学校对法学院的毕业生要去哪里就业也没有清晰的指引，都是学生自己去找、去碰。像王保树老师、李树勤老师、王振民老师，他们认为清华法学院的毕业生要尽快在各行各业插上我们的旗帜，这是当时学院希望的事情。在早期，到法院、检察院就业的同学比较少，而且去了的同学也只有很少一部分最终留下来。当时去金融机构、公务员系统的同学比较多，但是从“在各行各业插上我们的旗帜”角度来讲，我认为这个任务还是完成了，基本上后面几届毕业生在找工作的过程中，已经很少有人再问“清华也有法学院？”这类问题了。

采访者：早期几届的毕业生已经把这种社会观念一定程度上扭转过来了。

张剑文校友：是的。我毕业时考过最高检，进面试后，考官就问：“清华也有法学院？什么时候成立的？”我回答：“清华从1929年起就有法学院。”我当时就给各位面试官普及了一下清华法学院院史。考官还问我们有多少毕业生，都去了哪里就业。我说我们班有十四个人，考官就感觉我们这些毕业生肯定都已经“名花有主了”。当各行各业都有了我们的毕业生后，校友们的表现都是很不错的，所以复建没几年就有了来学院定向招聘的机构。

采访者：也就是说清华法学院在社会上的名号是一届届毕业生打拼出来的。

张剑文校友：现在的大学排名有一项重要的指标是雇主评价，这就是指毕业生的表现，我认为清华法学院前几届毕业生起到了很好的带头作用，来学院定向招聘的单位、院设的奖学金后面都越来越多了。

采访者：前几届毕业生人数少，又缺少校友资源，取得这样的成绩很不容易。与之前95级文研校友的讲述对比起来，我觉得复建的清华法律学系在最初几年有着非常快的发展。

张剑文校友：是的，在师资队伍建设方面，由李树勤老师、王振民老师等组成的创始团队发挥了非常重要的作用。

采访者：听说当时请马俊驹老师加盟法律学系有“程门立雪”“三顾茅庐”的故事。

张剑文校友：讲一个我自己亲历的故事吧，林来梵老师是王振民老师亲自去浙江大学邀请来的。王老师在去之前，我作为校友帮着做了一些事情，王老师当时开玩笑说去浙大是赴“鸿门宴”，我于是就写了一首藏头诗送给王老师，林老师看到这首诗后也感到了我们的诚意。

采访者：林老师是一位很有文人气质的学者。

张剑文校友：林老师来清华后，王老师还陪林老师一起去看房子，在各种生活小事上都很关心。

采访者：记得林老师是2009年到清华法学院的，我本科第一学期的宪法课就是林老师讲授的。

张剑文校友：我们就是这样把林老师引进清华法学院的，可想而知学院复建之初那些老师是如何引进的，马骏驹老师当时都要去中国政法大学了，我们都“中途打劫”过来。引进马老师直接的影响是王保树老师加盟法学院，王老师和马老师是师兄弟，这些都体现了我们在引进老师方面的力度。

采访者：现在来看，复建后的几年时间里已经为现在法学院的发展奠定了坚实的基础。

张剑文校友：是的，对学院复建来讲，资金和人才是两个重要的因素。

采访者：最后一个问题，您对清华法学院的未来有哪些展望？

张剑文校友：清华法学院自复建至今在国际、国内的排名都很不错，希望学院在办学方向上还是要有所坚持，不要刻意迎合一些数字化的学术评价标准。我们法学院的排名依靠学院良好的学术氛围、老师们的勤奋研究，我们的学生普遍是有追求的，校友们的表现也非常好，所以清华法学院才能得到普遍的认可，我认为这种坚持是非常重要的。另外，为什么清华法学院老师们的学术创造力很不错，人均指标基本上可以排到第一？这实际上是由于我们有一个比较宽松的学术氛围，这样的氛围可以让先生们快乐而有尊严地做学问，这也是为什么清华法学院复建时间不长但取得很高成就的重要原因，也是清华法学院的一种气质，我认为这种宽松的学术环境是要维护的。

清华大学本身有重视校友的传统，校艺术博物馆门前国学四大导师的雕像是 1997 届本科毕业生采用微信众筹的方式捐资一百万元修建的，虽然单笔最大捐款只有一万元，但为什么能够筹到这么一大笔钱？这是因为学校重视校友，校友就会有真实的情感反馈。对于在校生来说，校友的支持也是很重要的，而对于学院来说，目前清华法学院校友中还没有大咖级别的人物，但保持校友和在校师生情感上不分离、发展上共进，对于清华法学院未来的发展是有帮助的。老校长顾秉林院士曾说，大学有三宝：校训、校友和校园。校友在学校及学院声誉方面有很大的影响力，我们也经常深度参与学院的一些大型活动，在校生对校友活动的参与度也比较高，所以虽然清华法学院复建时间不长，但已经有了这样的传统，我希望这个传统继续保持下去。

访谈整理：常悦

访谈时间：2019 年 3 月 30 日

访谈地点：清华大学校内 1911 咖啡厅

张剑文校友简介：

张剑文，清华大学法律学系 98 级文研。清华大学工学学士、文学学士，法学硕士，澳门大学哲学博士（法学）。现为上海理工大学马克思主义学院副教授，清华校友总会法学院分会第五届理事会副会长、理事。

熊定中（00级本科）

采访者: 您在高考填报志愿的时候，为什么选择法学作为自己的专业，并且选择报考清华法学院?

熊定中校友: 我当年有选择法律作为专业的想法倒是蛮早的。虽然我一直是理科成绩比较好，但在高二的时候，就决定了要读法律，比较原始的想法是想获得掌握规则去解决问题的能力。当时，我以为法律专业只招文科生，甚至为此转了文科，多吃了不少苦头。所以报考这个专业本身不存在什么疑问，但报考清华大学却是很偶然的，因为我中学时梦想的大学是复旦大学。20 世纪 90 年代，复旦作为中国高校代表参加了在新加坡举行的辩论赛，国内有直播。那次赛事对我影响很深，从那次比赛中，我看到了复旦学子在规则表达上的魅力，其中好几个辩手都是法学院的，以至于我很早就萌生了报考复旦的想法，而且中学同学们都知道，在我高三毕业的留言本上，好多同学都写“祝你考上梦寐以求的复旦”。但后来发生了一个很有趣的事情，就是我当时很喜欢的女生报了北京的学校，所以我也就确定了去北京读书的想法。高考后我估分的结果是岳阳市第一名，而岳阳市每年都有几十个学生上清华，这就意味着如果我估分没有太大偏差的话，可以选择任何一所学校。既然已经决定去北京，那其实就没有太多的选择了。我的第一选择其实是北大，但我家里不同意。我父亲当时非常坚定地认为，北大的学生“不好好读书”。这是老人家很奇怪的一个观念，他更愿意我去报中国人民大学。不过，我自己又不太喜欢这种风格比较偏传统的学校，就僵持不下了。恰好我表哥是清华1996级电子系的学生，他是物理奥赛一等奖保送到清华的。他经常跟我讲清华的一些事情，而且通过他，我了解到清华法学院也在招生。所以，最后选择清华其实是运用的排除法，排除了以上两个学校后，就只剩下清华可以选择了。我之前对清华法学院并没有什么认知，清华法学院当时在社会上包括清华内部其实都没有太大的影响力。我大一去上全校的选修课时，老师问我们是哪个班的，我们说是法〇（二）班。公共课的老师说，哦，你们是法语系的啊。可见，本校的老师对法学院都不太了解，他一看法〇（二）班以为你是法语系的，但清华当时并没有法语系。所以，总结起来，我当时报考清华法学院真的是“偶然”。

采访者：您在清华法学院学习过程中有没有令您印象深刻的事情？

熊定中校友：我觉得在整个求学过程中，每个老师都给我留下很深刻的印象，不仅仅是教学内容，还有对教学的负责程度。在我看来，老师教得好已经是习以为常了。可能唯一与其他课程不一样的地方是我们当年曾经参加过那种专门的对外法律援助课程——《法律诊所》。这门课现在应该还是有的，但是可能没有我们当年那么大规模地做。在《民事诉讼法》还没有修改之前，老民诉法里是有“公民代理”这个概念的。我们学生可以直接出庭，而不需要任何老师的庭上辅助，出庭的时候只有我们学生，没有老师。我们当时机缘巧合地接了一个某高校后勤集团一些食堂师傅被非法解除劳动合同的案件，有十几个人，当时是我与另外一个同学一起代理的这个案件。我印象中是大三就是“非典”那年代理的这个案件，与某高校的老师当庭辩论，后来对方赔了大概二十多万，这在当时是一个非常大的数额。这个案件是我们诊所成立以来标的最大的一个维权项目，做得很成功。这个案件在法院起诉之后，某高校还给清华发函，问为什么你们的学生要告我们学校。当时我们学院时任党委书记李树勤老师还找我聊过，我写了一份书面报告，说这是我们学生的公益活动。这个报告递交上去之后，学校和学院认为这是一个正常的教学活动，就不再干涉了。我觉得从这个事情也能看出清华的风格，这是让我印象比较深刻的一个事情。

采访者：您在清华法学院毕业之后前往德国深造，请您谈谈为什么前往德国学习以及在德国学习的情况。

熊定中校友：清华法学院刚成立的时候，我们可以选择把自己的一外从英语改成德语，就是说我们最后考试不是考清华英语水平I，也不是考英语四六级，考的是德语四级。当时清华德语系的老师开课后，选课的基本上都是法学院的学生，大概一个年级总共有将近二十个同学转一外德语。因为当时我们院里的几位大佬，像崔建远老师、韩世远老师等都是非常推崇德国法学的，他们建议要有一些学生毕业之后直接去德国留学，所以当时我们每一届都会有十几个学生专门去读德语。还有一个原因是德国大学是免学费的。在德国，用德语教授的课程是免学费的，你只要掏生活费就可以了。但是，如果你去英美的话，要交高额的学费，而且那个时候应该是不给本科读研究生的学生尤其是读LLM的学生提供奖学金，需要你自己全额交学费，当时一年二十多万的学费对大多数家庭来说经济压力是很大的。

采访者：请您谈谈参与创建清律律师事务所的过程。

熊定中校友：我是2006年回国开始工作的，2009年作为独立的执业律师执业。2012年我面临一个选择，要不要加入一个知名的律所担任合伙人。我当时谈过几家律所，包括金诚同达这种比较有名的律所，都给了我合伙人待遇的offer。进一个比较大的律所，从合伙人慢慢地做到管理合伙人，这是一个很典型的路径，也是绝大部分学生选择的路径，但我希望做一些不太一样的事情。我想为什么不能把我们自己的校友们联系在一起，共同做一些有趣的事情，组建一个优秀的团队？尤其是我在大四的时候，与关系比较好的朋友们开玩笑说，我们以后自己开个律所挺好的，白天一起上班办案子，晚上下班还能一起打打游戏什么的。当时没有想那么深，后来就开始与我一个同学，还有五字班的一个同学组建了“清法律师团”。后来就慢慢地有越来越多的人加入，越来越喜欢这个团体。2013 年成立这个团队，到 2016 年我们这个团队的校友律师就有六名了，整个律师团队大概有十几个人。那么，当时就考虑是不是要单独成立一个律师事务所，然后树立起我们这个品牌。在国内、国际已经有学术声望的情况下，清华法学院在律师行业却没有一面自己的旗帜，这是一个很奇怪的事情。比如说，北大就有天元、君合这种自己的优秀实务代表。在我看来，一个学校的文化、校风要在实务行业进行输出的话，一定需要一个稳定的团队和基础。我们清华法学院虽然毕业生很多，但分布在不同的律所，都是散着的，没有凝聚成一个能够形成独特文化氛围的团体。于是，我们做了这个事情，在 2016 年成立了自己的律所。现在来看，当时的决定应该是很明智的。虽然我们的经济压力大了，但是我们的空间更广阔了，我们从事的事情也更多，我们承担的学校的教研任务以及国家领域的一些立法支持项目和课题研究项目也更多，成员对于团队的认同度也更高了。我们已经在上海成立分所，有了非清华系的合伙人，2020 年应该还会成立成都、深圳分所。这对一个成立才三年多的律所来说是一个非常快的速度，我觉得这得益于我们自己这样一个良好的文化氛围。

采访者：您认为成为一名优秀的律师应该具备哪些素养？

熊定中校友：我觉得有两点，这两点是核心。第一点是品格端正。就像我曾经在学校给研究生开设的《律师职业伦理》课程上所讲，在没有进入社会之前，你可能不会特别强烈地意识到品德的重要性，它不是一个虚的东西，不管是机构还是个人客户，在对你高度信任的情况下，你的品德决定了你能够站多高、能够走多远。一个品格低劣、做事风格非常 low 的律师是很难成功的，这种律师几乎不可能在行业和客户群中获得很好的认可度。这与挣钱没有关系，这种律师有可能因为一些特殊的资源能够挣到钱，但是并不意味着他在行业里面能够被公认为很优秀。品德是一个非常重要的事情，我每次在学校上课都会强调品德。第二是强烈的学习动力和欲望。你是不是能够长期保持学习状态，不停地从你的工作中，从你的身边，从你的客户那里学到东西，并开始总结、分析、反思问题，这是很重要的。这一点对于清华的学生来说其实更难，因为有的学生寒窗苦读那么多年，终于有一天不用考试，不用写作业，加上自己能力已经很强，就容易觉得自己不用再继续学习了。我相信我们学校学生的能力都是普遍高于社会平均值的，光凭吃自己的老本就能做得不错了。但是问题在于，如果你不持续学习，而其他起点不如你高的人持续学下去的话，他总有一天会超过你。这就意味着，在你二十八岁的时候是同龄人中最优秀的一批，但并不代表到你三十八岁的时候还能保持这个位阶，而这才是关键。所以，我认为持续不断地学习是成为优秀律师一个必不可少的品质，与前面的品德是一样的。你要时刻迫使自己在进步，而不是说躺在功劳簿上。对名校的学生来说，小富即安很容易。当然这也是一种生活态度，我并没有说这不对，但你就不要想成为一位优秀的律师。在这个领域里面，你的竞争者中可能有很多起点不如你高而努力程度比你高的人。原因很简单，人家起点没你高，他不努力可能就完了。你可能想说，就算我不努力，我清华毕业的，校友资源那么多，校友随便给我一点案源，我都能活得很好。这有时候反过来也能印证，为什么现在很多创业成功的大佬们学校都一般，因为他们不拼就完了。

采访者：您如何评价清华法学院复建之后的发展情况？

熊定中校友：我能够直观地感受到我们的培养计划更加科学和稳定了。印象最深的是，学院早期 99 级和 00 级的培养计划是经常更改的。因为当时清华作为一个理工科的学校，对法学院应该怎样培养学生也没有概念，所以计划总是改来改去的。有些同学当时有怨言，说为什么要频繁地改来改去，有点无所适从的感觉。现在我感觉培养计划很标准化，也磨合好了。另外，我觉得学院的国际化做得很好，学生的交流机会也很多。据我了解，好像有一半以上的同学都可以争取到境外的交流机会，但我们当年是没有这种机会的。我们当时一个年级将近九十人，只有不到十人去香港中文大学交流，英美国家的交流机会则根本没有。现在的对外资源真的要比当年丰富多了，这对于拓宽学生的视野、丰富他们的人生经历是很有帮助的，我比较看好这个方向。但是，我也发现太多的资源可能会削减学生们持续专研某一领域的动力。我们那时候机会少，反而都很专注于功底的打磨。机会太多，有时候会挑花眼。英语好，有交流机会，能够出去看世界，我觉得是好事情，但反过来你可能很难沉下心读经典。这对我们年轻人来说是利大于弊还是弊大于利，还有待观察。我们律所新一代里面没有清华毕业的校友，我们打交道的实习生、年轻助理大部分都来自中国政法大学，清华比较少。从实习过程来看，我们反而感觉到现在师弟师妹们的风格与我们有差距，反倒是中国政法大学的学生与我们更接近一点，我不知道为什么会有这种情况，可能他们的机会更少一点，而咱们学校学生的机会比较多，选择面更广一些？我不确定他们各自的优劣在什么地方，这还要看后续的发展结果。

采访者：您对清华法学院有哪些展望？您对清华法学院的同学

有哪些希望和建议？

熊定中校友：我自己主要是做互联网业务，在我当时读书的时候，清华主张培养复合型人才。因为当一个理工科很强的学校组建法学院时，一个很顺理成章的想法是可以发展理工科与文科的综合教育，让我们文科的学生具备理工科的背景。但是，从当年被教育的对象和现在二十年后的职场人士来看，这应该说是一种理想化的想法，它体现在我们的教育课程里面，就会变成让我们去学数学、物理、生物，这个意义在哪里？我个人觉得并不明显。但是，现在的时代有一个新的契机，那就是法律和科技的结合更加紧密，尤其在大数据方面，大数据与人工智能结合得非常紧密。在这种情况下，我觉得法学院的发展到了一个转折点，这是清华法学院难得的一次发展机会。有一个特点是全国很少有法学院校能够与清华法学院相提并论的：清华法学院相对比较年轻，没有形成一个非常悠久的、固有的教学风格，同时可以依托清华强大的理工科背景，尤其可以与计算机电子、汽车自动化等专业进行融合与交流。我觉得这是我们清华法学院重要的发展机会，它可以使清华法学院区别于北大、人大这些传统的优秀法学院。能否把握这个机会，可能要看我们这些年学院建设的魄力了。

至于说对同学们的希望和建议，我希望能够看到更多更像“清华人”的师弟师妹们。“清华人”的定义很难下，而且随着时代的变化应该也会有变化，但从外观而言，我觉得至少在很长一段时间内，清华毕业生的风格是迥异于其他学校的，但我个人感觉现在这个差异化的风格越来越淡。有时候，我真的很难区分一个毕业生是清华毕业的，还是别的学校毕业的。但以前这是很容易区分的。校风无所谓优劣，但应当有自己的特点。我期待我们的师弟师妹们更加踏实、苦干、执行力强，而不是把精力放在宏大叙事上。我觉得这也是我们这个团队能够走到今天，能够取得社会认可的很重要的特质。我希望无论怎么变化，这些核心的特质还是应当要保留的。

访谈整理：郑中云
访谈形式：电话访谈

访谈对象简介：

熊定中，清华大学法学院2000级本科。德国帕绍大学法律硕士。现为清律律师事务所首席合伙人、主任，清华大学法学院兼职教师、互联网法律与政策研究中心秘书长，清华校友总会法学院分会第五届理事会理事，对外经济贸易大学硕士生导师。北京仲裁委员会仲裁员，北京市海淀区律师协会科技法律服务专委会主任。曾获北京市优秀律师、海淀区优秀律师事务所主任等荣誉。

龙俊（02 级本科，06 级硕博连读）

采访者：您在高考填报志愿的时候，为什么选择法学作为自己的专业，为什么选择清华法学院？

龙俊校友：我 2002 年报考清华法学院，因为从小向往清华大学，小的时候我的理想是研究科学进清华，我的理工成绩远好于文科成绩。高二分文理科时，因为我初中学的日语，学校直接把小语种学生都分到了文科班。经过与文科一年的磨合，我发现自己学文科也还不错，连续多次调考考了全省前几名。在高考报志愿时，清华在湖北有法学、新闻、外语、中文专业招收考生，我感觉法学可能更加偏向逻辑思维，更适合自己。后来从结果上看，这个选择还是非常适合自己的。

◀ 采访者与龙俊校友（左）合影

采访者：请您谈谈在清华法学院学习时的情况。

龙俊校友：清华法学院虽然历史短，但是大师云集，各个专业的大师汇聚一堂，在这里学习收获非常大，对自己人生影响很大的老师有很多，比如我的博士导师崔建远老师，本科论文指导老师申卫星老师，他们对我的学术生涯乃至于人生发展都有很大的影响。申老师引导我走上学术道路，老师当时问我要不要往这个方向走，我和申老师多次交流后发现自己可能很适合学术，从而初步萌生了走上学术道路的想法。而我的学术生涯追随崔老师学习的时间很长，从问题意识到研究方法等等各个方面都受到崔老师非常大的影响。最早接触到崔老师是在本科的《民法案例》课程上，崔老师要求很严格，但是学生们都很向往能到崔老师门下读书。我在本科课堂上就萌生了追随崔老师学习民法的想法，后来进入硕士阶段终于如愿以偿。在硕士二年级的时候，清华法学院有直博政策，这时我觉得自己已经爱上学术了，就报名了硕转博，定型走这条道路。那时我刚刚进入学术道路，崔老师给了我一个实务中争议很大的案件，就是“上海盘起诉大连盘起案”，让我做一个文献综述，在这个过程中他一直给我引导。在一年的时间里，我们进行了深入的研究和探讨，最终一起完成了论文《委托合同的任意解除权及其限制——“上海盘起诉盘起工业案”判决的评释》，发表在了《法学研究》上，这是我人生中第一篇论文，就发表在了三大刊上，这给了我很大的信心。在崔老师的指导下，我收获了很多写作的经验。后来博士开始的时候，崔老师也悉心指导我写了博士论文《中国物权法中的登记对抗主义》，这篇论文也获得了清华大学优秀博士论文一等奖和全国优秀博士论文提名奖，其中核心部分之一也发表在了《法学研究》上。

采访者：请您谈谈在日本学习时的情况。

龙俊校友：在博士二年级的时候，教育部出了一个政策，鼓励公派留学，鼓励一流大学的学生出去做联合培养博士，当时我报了日本的北海道大学，追随濑川信久老师学习民法。在一年的学习过程中，我受到了很多的启发，濑川老师对于民法有全局性的思考，有穿透性的思维，后来自己的思考方式也受到了这段经历的影响。当时自己写的论文《权益侵害之要件化》也得益于濑川信久老师的很多指导，这篇论文也发表在了《法学研究》上。

采访者：请您谈谈在北大法学院做博士后的情况。

龙俊校友：博士毕业之后我去北大法学院做了博士后，合作导师是刘凯湘老师，他是一位豁达的、非常好的导师，在学习上给了我很多指导，在生活上也给了我很多照顾。我博士后期间也在日本搜集资料，待了一年的时间，博士后出站之后就回到了清华法学院。

采访者：请您谈谈回清华法学院工作的机缘。

龙俊校友：当时清华开始鼓励原先出自清华的学生回院里工作。其实从那时开始，清华法学院才有第一批从本科开始培养的学生毕业，像我、王钢、屠凯，都是清华法学院第一批从本科开始培养从而走上学术道路的学生。虽然从全国各个高校来讲，要避免学术近亲繁殖，这是因为一些学校有很长一段时间只留自己的学生，夸张的甚至百分之八九十的老师都是本校毕业，导致人才结构过于单一化，不利于学术多样化发展，但是之前清华法学院的老师中没有自己培养的学生，清华法学院不留自己的学生，就没有办法形成学术传统。

顺便说一下，清华法学院对于年轻人选拔的标准和要求可能是全国最高的。很多高校对于年轻人招收的标准是一两篇 C 刊，但是清华却是以有没有三大刊为要求的。最近和一个教授聊天，他们说自己学校评教授居然要求两篇三大刊，认为学校不近人情。但是在我们这里，两篇三大刊只是助理教授入职的常见要求。其实，清华法学院博士毕业、人才引进、职称评定的各种标准拿出去都是不可思议的，但这也形成了清华标准。

采访者： 您在民法学研究领域取得了诸多成果，可否请您谈谈学习和研究民法的方法？

龙俊校友： 我受到崔建远老师的影响最大。崔老师做研究都是从细处着眼，研究很实在的问题，这一点也与日本的研究风格很像。所有的研究在我看来都要从细节开始，即使是很宏大的命题，也要从细节开始一层一层地构建，最终搭建成一个宏大的理论体系。至于问题怎么找，这是一个学术嗅觉，除了多读理论之外，还要多看实践中的问题，看看能擦出多少的火花。

关于民法学的研究方法，个人认为法教义学本身和法教义学背后的价值判断方法都很重要。在研究价值判断的问题时，需要借助于其他学科（例如法经济学），要在公平和效率之间寻找平衡点。在日本很多学者都在寻找法教义学和社科法学相契合的点，做到两个相结合，才能得到一些更本质的理论。

采访者： 您正在参与《民法典》的起草工作，可否请您谈谈参与立法工作的感受？

龙俊校友： 2017 年，崔老师通过中国法学会推荐我全程参与《民法典》的起草工作，其中我和朱虎教授两人承担了《民法典》大量技术性条文的起草工作，因为草案里面涉及的如债的保全规则、债权让与规则、多数人之债规则等等，只有学者出身的人才会关心。

我自己感觉《民法典》编纂取得了一些进展，但与自己最开始的想法相比，还是感到有一些意外。我原本认为的一些学术界有共识的内容纳入《民法典》应该没有什么问题，然而实际上没有那么简单。因为《民法典》不是全新开始的，是在以前的基础上合一。当年立法的时候没有采纳的很多制度是因为存在某些障碍，这些障碍当年存在，现在也还存在，当年学者们没有推动成功，现在也很难推动成功。例如物权法中绝大多数学者都赞同的取得时效制度，当初写不进《物权法》，现在也仍然写不进《民法典》。但是我研究的动产和权利担保问题，其实学术界研究的人非常少，我本来只是抱着试一试的态度改着看看，但没想到后来进展得非常顺利，获得了最高人民法院和中国人民银行的大力支持，这让我比较意外。我发现了很多类似的情形，并不是所有学者都关注到了细节的问题，而是因为符合了实践的需要，改起来反而非常顺利。因此，我个人觉得参与这次《民法典》编纂收获远大于遗憾。综合而言，《民法典》出台后我国的民法制度和原先相比会有一个很大的变化。

采访者：清华法学院复建后，在学术研究、教学育人等方面取得了许多成就，您如何评价清华法学院复建之后的发展情况？

龙俊校友：我本硕博一直在清华法学院，清华法学院的发展是在国内法学院发展的背景下完成的，这是一个契机。法学学科比较注重积累和历史沉淀，就这样一个学科而言，在进行评比排名的时候会考察一些即使努力也不可能达到的事情，例如在科研评价时会考虑基地，在这些方面，清华是一个弱项；此外在教学方面会评价校友，但综合而言，校友也是年龄越大越有影响力，所以越是历史悠久的法学院系，越是有很多早年培养的校友。清华法学院要找这种校友只能追溯到 1949 年之前，我们复建之后的校友大多还没有成长起来。科研无基地，教学无五十岁以上的校友，这是各种评估中清华法学院两个固定的失分项。法学传统的“五院四系”都有科研基地，都有大量的校友，中国公检法系统里面 80% 都是他们的毕业生，这些优势对于新兴的法学院来说很难超越。但就是在这样一个现实背景以及评估体系下，清华法学院却靠着老师和同学的努力，打破了“五院四系”的垄断，清华法学学科入选国家“双一流”建设学科名单，在教育部第四轮学科评估中被评为 A，这是非常难的事情。清华法学院虽然目前在各种排名中都没有取得全国第一，但这是我们在没有历史积淀的情况下取得的成绩，是很不可思议的，因此也成为很多新兴法学院校的榜样。

清华法学院老师的人均科研量很多，对科研的热爱程度也很高。老师们只要没有别的事情，大部分时间都在做科研，大家去办公室总能找到老师，像崔建远老师经常工作到很晚，明理楼五楼的灯一直都亮着，从早到晚。很多学校成名的教授不做科研也可以维持自己的地位，但在我们这边很多老师不是这样的，仍然奋战在科研的第一线，虽然成了大家，但每年仍然笔耕不辍，这在全国法学院系来说都是比较罕见的，这是老一辈带的榜样，年轻人也在向老一辈学习。清华法学院的发展情况在新发展的法学院中算是一个奇迹，目前已连续九年获评 QS 全球法学院 50 强，清华法学院也是国内入榜次数最多的法学院，这是非常难得的。

采访者：最后，请您谈谈对清华法学院的展望。

龙俊校友：以清华法学院发展的势头，将来成为学界领军是可以期待的事情。清华发展的两个方向即国际化和本土化是需要并重的，本土化发展的方向非常重要，因为就法学方向而言，本土化的作用更大。各个国家的法学主要是为本国服务，但是在目前法学院参与国际排名这样一个背景下，国际化也是一个重要指标，但不能将国际化当成基本的立足点，因为法学本身是以对本国法学发展的贡献为最重要指标的。例如日本的东京大学、京都大学、北海道大学，在评价学者的时候首要考虑的是他们对于本国法治做出的贡献，主要看的也是发表在本国刊物上的论文，除了国际法等少数几个学科外，不会把发表在 SSCI 上的论文当回事。其实同样的道理，英美高校也不会将发表在其他国家期刊上的论文看成评价学者的重要指标。我国总是将 SCI 发文作为唯一评价指标，这是受到工科的影响，因为工科有统一的世界标准。但是文科是不一样的，虽然美国也有 SSCI，但是 SSCI 的影响力远低于 SCI 的影响力，这体现在法学 SSCI 的影响因子并不高，甚至还比不上我国很多中文法学期刊。

法学没有一个全世界学者一起评价的平台，在这种情况下，把法学的教育质量理解为国际化，有点本末倒置。全世界的法学院评价体系都是在本国发展好的情况下再看国际，不能把重点放到国际发文，这样就会丧失了国内的影响力。当然，在国内的基础打好后，再去扩展国际影响力也是有益的。

访谈整理：连芮桦　郑中云

访谈时间：2019 年 3 月 8 日

访谈地点：清华大学明理楼

龙俊校友简介：

龙俊，清华大学法学院 2002 级本科，2006 级硕博连读。日本北海道大学联合培养博士。北京大学法学院博士后。现为清华大学法学院副教授、院长助理。全国人大常委会法制工作委员会民法典编纂工作专班成员。曾获中国法学家论坛征文二等奖、全国优秀博士论文提名奖、清华大学优秀博士学位论文一等奖、清华大学优秀博士毕业生、江平民商法奖学金、清华法学特等奖学金等奖励与荣誉。

周倍良（02 级本科）

采访者： 请您谈谈在清华法学院本科四年的总体印象。

周倍良校友： 本科四年是人生非常重要的阶段，这一时期既学习知识、获得专业化训练，又充满青春朝气、积极向上，拥有多种发展路径，是一个昂扬向上又令人难忘的阶段。刚到学校我充满了新鲜感，冲淡了初到北方的孤独和不适应，热情的老师和同学、丰富多彩的社团生活，都让人很快有了归属感和认同感。

在园子里我主要以学习为主，一开始就规划着学分绩，每学期头等大事就是选课、退课，为了把课程学好，有个好的成绩，需要打起百分之二百的精神去听课和自习，学习是整个园子和周边最主要的氛围，大部分时间我都是去占座，找教室自习。早上骑着自行车去教室，晚上随着车流回宿舍，学习生活紧张忙碌。法学学习有自身的特点，既需要理解，也需要背诵记忆，所以现在头脑中还有考试前紧张背诵名词、案例的印象。

在本科学习阶段，我的社团和体育活动也是很丰富的。大一、大二的时候，我的兴趣比较广泛，参加了比较多的社团，后来因为学习忙，坚持下来的只有比较少的几个。后来在校党委学生部做学生助理，开始参加勤工助学队伍，作为牵头人参与组建了自行车管理小队，大家一起组建队伍、完善制度，是一段激情奋斗的岁月。

本科的记忆很青春，那时候信息技术还没有如今发达，刚入校时台式电脑还没有普及，上网还要到主楼机房刷卡，配电脑要到中关村自己攒一台，ChinaRen、校内网还在流行，刚到校的时候，15号楼的东边还有一排小商铺，与家里联系需要公用电话，父母还给我写信……学习法学后，我的思维受文科意识影响越来越强烈，喜欢研读法学大家的著作，模仿苏力、张卫平等老师的行文风格。特别是大四，我开始偏好法理领域，有一阵子专门研究罗尔斯的《正义论》，还写出一万多字的小论文，投稿在院刊上，颇有点投身学术的架势。

在清华大学，每个人都很优秀也很上进，那时参加党课培训、党支部学习，最后推优入党，聆听老师们的政治教育，深深被清华"爱国奉献"的精神所浸润，深深地影响了我的价值观、成长观，对我的职业选择和人生选择起到了至关重要的作用。

采访者：您觉得清华法学院的本科教育有哪些特色？

周倍良校友：清华法学院的教育春风化雨，终生难忘。

一是定位高。学院为学生制订了完备的培养计划，致力于使同学们接受顶尖的教育。任课教师可谓大师云集，像刑法学、民事诉讼法、宪法、法理等，老师都给我们讲授最权威的知识，让我们感受法学学习的愉悦，也打下了扎实的法学功底。

二是重实务。每学期的法学实践以及《法律诊所》《模拟法庭》等课程，让我们在理论学习的同时有了真刀实枪练兵的机会，对法学知识的掌握更深，对法学的社会责任感更加明确。

采访者：清华法学院有哪些老师令您印象深刻？

周倍良校友：清华法学院大师云集，老师们学术水平很高，都是各自领域的引领者，同时他们也平易近人，关爱帮助学生。在我学习和工作的过程中，得到了太多老师的关心和帮助，我十分感激他们。像李树勤老师德高望重，政治素养高，总是以哲学的思维解决问题；王振民老师风格儒雅，学术研究上有很深的造诣，对学生成长关爱帮助；申卫星老师为人亲切，热心帮助学生，始终给我一种温暖的支持；陈建民老师教学思路清晰、精简干练，指导学生细致，对学生关爱有加。

采访者：有哪些学生工作或课外活动令您印象深刻？

周倍良校友：我曾在校党委学生部工作了一段时间，担任勤工助学分管负责人，参与自行车协管大队的组建、管理，这是一个从无到有的工作，既要探索队伍的组织管理，又要扎扎实实地把工作做好。有时经常需要加班到深夜；有时为了一个细节的完善，需要反复盯和跟；为了工作不断档，还需要中午、晚间加班，甚至寒暑假上岗，这些锻炼了我的组织领导能力，培养了我吃苦耐劳的精神，结交认识了许多一起奋斗、朴实的其他院系的同学，留下了许多难以忘怀的记忆。

我也选修了陈建民老师的《法律诊所》课程，该课程既学习实务知识，又参与具体案件办理，令我印象深刻。当时我与学长代理了一起农民工讨要工资的案件，这也是人生第一次代理案件。最初我们遭遇了很多困难，这个案件既没有书面合同，又存在转包行为，对方律师也很傲慢，多次走访调查，与对方律师交涉，最终启动诉讼程序，顶住压力办理案件，真刀真枪与对方对抗，通过持续的努力让对方感受到了压力，主动归还了工程欠款，案件得到了圆满解决。当时申诉的农民工对我们非常感谢，我的心底也有着小小的成就感。

采访者：清华法学院本科四年对您的个人发展有哪些影响？

周倍良校友：清华法学院对我成长的影响是巨大的。主要包括：

一是法学素养的培养。在学院充实的学习过程中，法律意识、规则意识深深烙印在身，虽然毕业后未从事与法律相关的工作，但法学专业的素养和意识一直陪伴着我。在工作中，我带头依法行政，依法依规行使手中的权力，按程序办事，无论到哪个岗位，都首先有这些方面的意识，当然会遇到一些阻力，但依然为自己坚持依法行政而感到骄傲。同时在工作中，我积极开展普法、用法，在门头沟区担任大学生村官时，就结合法学专长，帮助村民通过诉讼维护权益，开展农村普法宣传，帮助解决农村矛盾纠纷，受到了群众的好评，还被《人民日报》《新闻联播》宣传报道。

二是政治素质的培养。我是在清华法学院推优入党的，这也是我引以为傲的一件事。在清华法学院，我经受了正规、严格的党组织学习教育，强化了党性修养的原旨初心。身边老师们的言传身教，两弹元勋学长们“以身许国”的事例，都给我强烈的思想教育和人生启迪，改造了我的世界观、人生观、价值观，坚定了我服务祖国、服务人民的价值追求。

三是职业选择的影响。清华精神的熏陶和老师们的推动，使我坚定地选择了服务祖国、服务人民的价值方向。这是我在清华学习过程中坚定的理想信念，也是我毕业后一直坚守的初心。从最开始到农村担任大学生村官，到现在于乡镇工作，我分别经历了村、镇、县、市等不同部门的历练，其中有过磨砺与挫折，更多的则是收获与成长，更关键的是保持初心，真正在基层一线为实现人民群众美好生活的向往而不断奋斗。现在我担任乡镇主要负责人，规划建设了七百多亩的镇扶贫产业园，建成帽业出口加工、山羊规模化养殖两个产业，带动 6 个省市县经济薄弱村和 9 个低收入村脱贫，以及 1555 户，4195 名建档立卡低收入户如期脱贫，顺利完成“十三五”脱贫任务。我们开展美丽乡村建设，实现村庄绿化、美化、亮化，积极开展全镇大气、水、土的污染整治，坚决打赢污染防治攻坚战，用自身行动与坚守践行服务基层的理想和初心，展现清华人的行胜于言。

采访者：最后，请您谈谈对清华法学院的展望。

周倍良校友：我要感谢学院、老师们的培养和关心，清华法学院的教育使我终身受益。祝愿清华法学院各项事业更上一层楼，为国家治理体系和治理能力现代化做出更多、更大的贡献。

访谈整理：卓增华

访谈形式：书面访谈

周倍良校友简介：

周倍良，清华大学法学院 2002 级本科。现任江苏省连云港市灌南县北陈集镇党委书记。从清华法学院毕业之初，响应国家到基层工作的号召，作为北京市首批大学生村官，赴北京市门头沟区永定镇坝房子村任党支部书记助理兼团支部书记，发挥法律专长，用诉讼维护村集体利益，开展农村普法宣传，事迹被《人民日报》《新闻联播》宣传报道，被称为“农民律师”“眼镜律师”，获评首届全国“十佳大学生村官”，全国“五五”普法中期先进个人，工作事迹获得胡锦涛同志批示，并受到习近平同志亲切接见。

任重（04 级本科，08 级法研）

采访者：假如您是 2019 年清华法学院的学生，与 2004 年相比，您对清华法学院最大的观感是什么？

任重校友：我已经当老师好几年了，现在也担任法 7 年级的班主任，其实自己在心里面特别希望和同学们打成一片，扮演一个亦师亦友的角色，但我也能明显感觉到，老师毕竟还是老师。如果我 2019 年做学生的话，就没有这种特别明显的感触。我觉得现在的学生比当年的我们更加自信，因为我们那时候主要是以高考的方式进

◀ 任重校友

来，现在有越来越多的同学通过非常多的才艺、竞赛，还有其他自主招生的渠道进来，想必大家在课业学习之外，业余生活会比我们当时更加丰富。我在法 7 年级有一些初步的调查，发现出国的同学蛮多的。这些同学要么在高中期间就已经出国，要么在大学期间利用寒暑假的时间出国，而我们那个时候如果某一个同学出国，大家是非常羡慕他的。当然，还有一个方面是成本特别高，而且学院那时候还没有这么雄厚的财力能够满足大家出国。就当时而言，我自己觉得还是比较偏向于高中生的状态，还是在每天学习，在图书馆看教科书，去预习第二天或者第三天的课程，或者复习之前学过的课程，但我觉得有一点共性，就是大家每个人都很忙碌。

此外，我觉得现在的同学使用智能设备非常普遍。我们当时除了手机和人人网以外，没有非常多的社交手段。我们还在用 QQ，而且我记得是研究生阶段手机才装了 QQ。短信的费用很贵，所以大家不会说用短信去做现在微信这样的聊天。那时候我们很喜欢当面交流，我们会经常串宿舍去通知，与每一位同学尽可能地面对面聊天。

我总觉得随着老师们的努力，清华法学院越办越好，大家感受到的在学校和法学院的生活要远远比我们那时候更好。过去大家进行面对面的交流是比较多的，而且也没有那么多的诱惑，所以投入在学习中的时间比较多。

采访者：您认为生活方式的便捷是否会对法学教育理念或者法学教育实践产生影响？

任重校友：我们那时候虽然没有固定的 office hour，但其实每个老师都会有相当多的时间空余出来，有很多同学也愿意定期地与各位老师面谈。而现在我们交流的途径更多了，这样面谈的机会相对来说会变少。见面的机会变少以后，我自己觉得有好的地方，也有不好的地方。尤瓦尔·赫拉利最新的著作《未来简史》中提到，我们现在每个人与对方之间的交流基本是在网上，但由于欠缺面对面的交流，不是生活在一起，很有可能突然有一天你受伤了，这时候没有任何一个朋友能够帮到你。尽管这是一个普遍性的现象，但作为一个清华人，我经常会想，为什么大家一定要争取清华的名额？住在清华里，然后自己去课堂上课，为什么不是去上 MOOC（慕课）呢？MOOC（慕课）与课堂是无法替代的，你真的在清华园里面有一张床位，能接触到各式各样的人，能够真的来上课与老师接触。但是，有时候一旦进入清华以后，我们可能就会降低自己的标准，觉得这个看起来没有那么重要，我还是可以非常轻松地通过网络即时通讯。实际上只要大家想想，能够进入清华是多么不容易的一件事，而这个床位对你自己四年或者七年究竟意味着什么。我们当时在上课的时候，因为没有在线的学习方式，大家刚开始遇到抽象和很难的知识也会手足无措，但还是会继续去听、继续去想。现有的工具使得我们通过更多的方式代替即时性思考，这样就使得接触抽象思维和困难时的那种极其精细化的思考能力下降，当然我只是说有存在这样的可能性。不过，我和同学们交流时发现大家的思维非常活跃，想法也非常多，思考成果也会比较中立。

采访者：您觉得互联网教育是否会对传统法学教育产生影响？

任重校友：我觉得影响还是比较积极的。对于清华的学生而言，如果在经过四年学习之后，你的脑子里只有黑与白、对与错，在一定程度上是清华教育的失败。我觉得一个清华的学生应该能够充分地倾听和理解不同的声音，不同的老师有不同的讲授方法，不应该存在一个统一的客观标准。在清华包括在清华法学院有一个一以贯之的政策，无论你的课程有几个人，只要想开这个课程，哪怕只有一位同学的话，学校和学院都会为我们提供教室。当然从成本来说，这绝对是不划算的，但通过这个方式，却保证了一些有特殊需要的同学能够找到一个真正适合自己的老师，而且也使得一个非常小众化的老师能够去找到他的听众，哪怕听众可能只有一个或者两个人。我觉得这样才是清华之所以成为清华的原因，而且这也是今后我们建设世界一流大学的一个方向。大家接触到的信息远远多于2004年的我们，无论是网络、音频、节目视频，还是各种公开课等等，所以大家现在才会表现得那么自信，能够知道自己想要什么。

采访者：您选择研究民事诉讼法学大概是在什么时候？

任重校友：我在大一下学期就有一些想法，当时正好遇到张卫平老师，张老师和学院的很多老师都非常注重学生的学术理想。学术意味着你自己在这门课上的学习状态，不仅要达到老师的基本要求，而且还得展现出一定的天赋，让老师能够注意，并愿意在你身上花一些时间。到研究生阶段，我们与老师有了更多的接触，这时候的很多课程都是小班研讨式，我也是在研究生阶段确立了基本的学术志向。

另外，我认为身边的每一位同学都让你感觉到不能采取一种很轻松的方式读书，必须要拼尽全力。其实扪心自问，每个人的心里都觉得对方好强，我们一定要拼命地做事情，清华的老师、同学在上课的时候也会这样。就老师而言，如果某一节课没备课或者备课不充分，一个同学提出问题，老师就真的可能答不上来，为了不辜负大家，老师要尽量考虑到所有的问题，这个过程实际上也是自我提高的过程。本科生相对而言倾向于接受，很少输出，研究生就是逐步输出，然后形成独立的自我思考。你需要从前人所有的智慧和自己独立的思考中去找，然后再从每一个台阶往上走，这样就会感受到特别多的知识。同学之间应该多交流一些学术，因为学术是最深入的交流，大家想想同学之间在交流什么？你今天看过电视剧吗？你觉得电视剧怎么样？其实学术交流可以进行思维训练和概念抽象，在这个概念的基础上，再研究学说史与各国的不同观点，以及它所真正应对的问题和解决问题的方法，然后我们再来抽出这个概念，讨论这个概念，进一步地加以改进。

采访者：您觉得从事学术工作的意义是什么？

任重校友：我觉得从事学术工作需要对自己有信心，我们也可以通过学术获得生命意义的升华。

采访者：您未来的学术规划是怎样的？

任重校友：作为同学们的师兄，我觉得自己还是要把民事诉讼法教好。我也希望法 7 年级的同学都顺顺利利地完成规定动作，每个同学都不掉队，能够在清华得到比较充分的尊重，而且能够实现自己的价值。除此之外，自己也想沿着法学院诸位前辈教授所奠定的学术基础，和年轻的同事们一起把清华民事诉讼法专业发展下去。作为一位学者、一位老师，自己应该把本职工作做好，并且坚持内心的学术标准，在坚持学术标准的基础上，把课程讲得更加生动形象，让同学们更易于接受。

采访者：最后，请您谈谈对清华法学院的展望。

任重校友：我觉得清华法学院在未来应该更加强调发展的整体性。清华法学院以清华大学为依托，因此应该吸纳更多有志于此的优秀学生，也应该在清华这个平台上有更大的作为。除此之外，我认为清华法学院应该有更强的特色，目前学院已经建立起了相对完善的学科体系，在未来可以在有特色方面多下功夫。学生是清华法学院的重要组成部分，我希望清华法学院的学生可以成为有担当、有作为、有温度的优秀人才。

访谈整理：李昊　白冉冉

访谈时间：2019 年 4 月 19 日

访谈地点：清华大学法律图书馆楼（廖凯原楼）

任重校友简介：

任重，清华大学法学院2004级本科，2008级法学硕士。德国萨尔大学法学硕士、法学博士。清华大学法学院博士后。现为清华大学法学院副教授。曾获全国中青年民事诉讼法学优秀科研成果奖论文一等奖，董必武青年法学成果奖二等奖，清华大学仲英青年学者，清华大学十佳博士后，清华大学优秀硕士毕业生、优秀硕士论文等奖励与荣誉。

丁如（06 级本科）

采访者：您本科在清华法学院就读，您觉得清华法学院本科教育具有哪些特点？

丁如校友：从教学方面来看，我觉得清华法学院本科教育侧重方法论和法学理论学习，具体法条知识的学习则更多地留给学生自己，体现出精英教育的特点。在校园文化方面，清华法学院给了学生很大的发展空间、很丰富的发展平台，从而营造出一种包容、多元的文化氛围，这与清华作为一个综合性大学的多元学科背景有关。同时，清华法学院的本科教育强调家国情怀，即让学生明白做事情不仅要考虑个人的兴趣爱好，还要考虑时代的发展和中国与世界的发展方向。比如，我们法六的同学常常会提起张明楷老师说过的一

◀ 采访者与丁如校友（左）合影

句话："心中当永远充满正义，目光得不断往返于规范与事实之间。"这句话告诉我们内心要有价值追求，与此同时还要做一名务实的理想主义者，在关照具体事实的基础上用行动将理想付诸实践。总之，我感觉清华法学院本科教育很好地将理想主义与实践紧密结合，引导学生不去空想，而是做一名敢于实践、扎实工作的理想主义者。

采访者：您曾经连修何美欢老师的四门普通法课程，并以"探索中国的普通法教育"为题撰写本科毕业论文，请您谈谈何老师普通法课程给您带来的收获。

丁如校友：我在大一下学期上了《普通法概要》课程，大二上学期上了《普通法精要Ⅰ》课程，大二下学期上了《普通法精要Ⅱ》课程，大三上学期上了《普通法精要Ⅲ》课程。《普通法概要》课程是普通法的入门课，没有特别的门槛，但《普通法精要》课程需要在课前进行英语能力测试，通过后方可参加课程。何老师给我们的上一届学生开设了《普通法精要Ⅳ》课程，是模拟法庭的课程，但该门课程在我们这届没有开设。除了自己给同学上课，何老师利用暑假小学期的时间邀请哈佛大学、本杰明·卡多佐法学院等国外高校的学者给学生讲授《美国行政法》《美国侵权法》等课程。以上是我参加过的何美欢老师普通法课程系列，下面我具体谈谈何老师普通法课程给我带来的诸多收获。

在知识层面，通过参与何老师的普通法课程，我们对普通法系（对于遵循先例原则，以及一些法律规则，如英美侵权法）有了具体的了解。我们之前并不知道如何依据判例进行案例的分析与裁决，何老师的课程则告诉我们法官如何运用先例对新的案例进行重新分析并得出结论。普通法课程需要阅读大量的案例原文并对案例进行分析和解构，因此在知识层面使我们理解的内容从遵循先例这一抽象概念转向其具体的实施与应用，乃至于理解其背后蕴含的意义。我们了解到遵循先例原则既要保证法律的灵活性，也要保证法律的可预见性，其背后蕴含着类似的案件要被类似对待的公平原则。在能力层面，何老师的普通法课程有助于我们提升阅读和理解英文案例的能力，以及进行法律英文写作的能力。如果你不去读英文的专业词汇与原文表达，你可能永远不会真正理解，所以何老师在课上经常说“practice makes perfect”，这对我们影响很大，我们每天抱着一大厚本案例集，为了写好何老师要求的“树形报告”（tree report），要对案例进行五次以上的研读，对于重点的内容，反复阅读的次数更多，常常熬夜加班写报告。记得《普通法精要 III》课程的期末作业是自己写一份判决，以一个学期学习的案例为“先例”，48 个小时之内完成，我当时两天只睡三个小时去完成考试，但却非常有成就感；在研究方法层面，何老师普通法课程所强调的方法对我此后的研究工作有很深的影响。我们在大二、大三时讨论法律解释这一问题，何老师会具体列举相关案例，组织我们就文义解释、目的解释等不同解释方法的利与弊进行辩论，我们课堂全部是英文教学，但大家也辩论得很激烈（比如我当时对目的解释 purposive interpretation 很坚持，但是何老师和其他同学强调文义解释 textual interpretation，到后来我越来越明白文义解释的价值所在）。辩论帮助我们更深层次地理解法律解释方法背后蕴含的价值判断和选择。在治学态度和理想层面，何老师是一位一丝不苟、精益求精的老师，我们每次提交的作业她都要亲自修改，从标点符号、语法到行文逻辑都严格把关，作业经常被改得“一片红”，修改完后何老师会让我们去办公室与她进行交流，要修改多次后才能过关。何老师对待学生、对待学术的态度，对我们影响很大，她不是用言语而是用行为在影响着我们。同时，何老师是一位非常具有家国情怀的老师，她来清华法学院任教的初衷就是希望通过自己的努力为中国法学教育做一些贡献，进而推动中国的法治建设。但何老师很少在课堂上谈论家国情怀，我只记得她在最后一节课上提到“曲线救国”的观点，她希望中国不仅在经济上，而且在法律制度、法治理念上都成为强国，她认为从法学教育领域一点点地努力是曲线救国的过程。

除了上何美欢老师的课程，我的本科毕业论文研究的主题是何老师的教学方法，我感到何老师的教学方法值得推广，想把它记录下来。我在论文中提出，希望国内有更多的法学院推进“改进的兰德尔案例教学法”，何老师在指点我的论文时说虽然这个建议在当时还难以实现，但她相信等我们这批学生在国外学习归来之后，十年到十五年之后，就是有希望的。我本科毕业后刚到美国读硕士时得知了何老师去世的消息，内心非常难过，但我想我们还有何老师留下的使命，要努力去完成，这对我来说是一份动力。

采访者：请您介绍一下清华法学院印象深刻的几位老师。

丁如校友：除了何美欢老师，令我印象深刻的还有王振民老师、申卫星老师、车丕照老师、吕晓杰老师、张月姣老师、陈新宇老师等。

王振民老师是我本科论文的学术指导老师。虽然王老师话不多，但句句都说在关键之处。我在本科期间曾到香港特别行政区律政司实习，在实习时收集了香港在禽流感期间政府征收补偿的有关资料，便想形成一篇文章，我就去向王老师请教，王老师给了我许多具体的建议。那时我与王老师并不熟，只是发邮件问王老师是否可以请教一些问题，王老师很快回复说“可以”，这使我很受鼓舞。后来我用这篇文章参加院里的“萌芽计划”，之后还参加了全国挑战杯比赛，拿到了一等奖，而这篇文章的起点源于王老师给予我和我们研究团队（团队成员还有 2007 级本科生陈慧怡和陈汝婷）的鼓励与指导。关于王老师，还有另一件事情也令我印象深刻。我在大三时参加威廉·维斯（Willem C.Vis）国际商事仲裁模拟法庭比赛，我们队伍获得了国内亚军，并将代表中国的优秀团队参加在香港和维也纳举办的两场国际比赛。我们需要找到赞助，否则无法成行，我当时将情况向王老师进行了汇报，王老师给了我两位律所合伙人的电话，但说他不会帮我们沟通，让我们自己想办法联系。在联系的过程中，我们虽然也遇到些困难，但最终获得了赞助，这一经历让我和其他团队成员（团队成员还有2005级本科生曹丰，2006级本科生陈涵、梁植、尹晓莉、崔何珊，2007级本科生包珍珍）得到了锻炼。之后才知道王老师是特地如此安排，是为了给予我们自己面对困难和解决问题的机会，但他也在期间多次关心、了解我们找赞助的情况，如今想来这种教育理念是极为可贵的，他不是帮我们解决具体问题，而是用一个情景让我们学会自己解决问题的方法。

申卫星老师也令我印象深刻。当时申老师是负责学生工作的副院长，申老师对学生非常关心，对每一个学生都能叫得上名字，对学生的个人发展状况都很了解。我们在河北省固安县人民法院实习时，申老师去看望我们并与我们多次谈话，当时实习中有同学遇到一些困难，他悉心地帮助同学解决遇到的问题。

车丕照老师是我在国际经济法领域的启蒙老师。车老师非常注重理论的构建，他告诉我们学习规则不只是规则到规则，还要探索如何利用理论解释规则，让它们更加简明化、清晰化。车老师在我们本科教学时强调国际经济法领域的国家与国家、国家与私人主体、私人主体之间的三对关系，这一基本分析框架对我现在的教学和研究都有很大的影响。而且车老师会非常认真地修改每位同学的作业，我记得他让我们比较分析《关贸总协定》和《联合国国际货物销售合同公约》，他对我提交的作业做了很多批注，还在一些地方给予了肯定和表扬，我当时很开心，对文章重新进行了修改。

吕晓杰老师是我在世界贸易组织法方面的启蒙老师。在我大三的时候，吕老师第一次尝试全英文授课，这门课影响了我们一批人，我记得这门课的考试是“模拟法庭”，要提交书状，还要进行庭辩，非常独特，吕老师的课让我喜欢上了WTO法，产生了继续学习的兴趣。记得当时吕老师说中国是贸易大国，但在 WTO 法领域的律师和学者还不够多，她希望我们成为 WTO 法领域优秀的律师与学者。我一直记着这句话，当时上完吕老师的课就暗自决定要成为 WTO 法领域的学者或律师。

张月姣老师对我的影响很大，虽然在我本科期间，张老师还不是我们的老师，但我听过张老师来清华的演讲，也读过张老师发表的文章，她对青年如何学习 WTO 法的建议指引了我本科之后的学习。我是博士一年级在 WTO 上诉机构实习时认识的张老师，张老师一直鼓励我继续努力，给我介绍了很多发展的平台。在面对选择的迷茫时，我会向张老师请教，她有时不会告诉我答案，但会讲述她的经历和选择给我参考。张老师对理想的坚定与拼搏的精神一直激励着我。

陈新宇老师是我本科时的班主任。陈老师是一位清风朗月般的老师，他治学严谨，学术研究立意深远，而作为班主任的他“很接地气”，关心并走进同学们的生活。陈老师会经常让我们谈一谈最近在学习或生活上遇到的困难以及未来的打算，他会花时间见每一位学生，了解每位学生的情况，耐心倾听然后提供建议，还会和大家聊世界杯和唠家常。我现在自己兼职了班主任，更了解到在教学和科研之余做到如此关心学生需要多少付出，也会努力成为像陈老师一样的班主任。

清华法学院的老师都很有个人魅力，比如张明楷老师的《刑法总论》、张卫平老师的《民事诉讼法》，课堂非常精彩、互动性很强，张铭新老师的《中国法制史》课程、王晨光老师的《法学绪论》课程、韩世远老师的《债法》课程、李旺老师的《国际私法》课程、聂鑫老师的《比较宪法》课程、高鸿钧老师的《法社会学》课程等都令我印象深刻。

采访者： 请您谈谈清华法学院本科教育对您个人发展带来的

影响。

丁如校友：清华法学院本科教育决定了我未来的职业方向和人生目标。在何老师的课堂，我学到了阅读分析国际法英文案例的能力；在车老师、吕老师的课堂，我学到了国际经济法领域的理论和知识，同时也明白了国际经济法研究是我们国家需要的事情，对于我们个人而言义不容辞，于是我选择成为一名国际经济法的研究人员和教师。总之，在清华法学院的学习让我找到了自己的兴趣和责任所在，对我而言意义非凡。

采访者：请您谈谈学科竞赛和学生活动方面的印象。

丁如校友：我在大一时参加了第二届“我心中的奥运”北京市大学生英语演讲比赛，以全校第一名的身份晋级北京市的比赛，并获得了北京市第一名。那时候“奥运”是大学校园的关键词，学校组织了许多与奥运有关的课程培训，我和法学院一些同学在2008年参加了北京奥运会及残奥会志愿者的活动。我在大三时参加了清华法学院组织的“萌芽计划”，这是一个学生学术研究支持计划，我与陈慧怡和陈汝婷两位同学合作写了《紧急状态下政府征用权与财产权的平衡——以香港特别行政区在禽流感控制预防中的实践为例》一文，就是之前提到的王振民老师指导的文章，文章获得了院第一名，后又在全国“挑战杯”竞赛中获得一等奖。除此之外，我和唐啸同学（2006级本科生）合作的《学生宿舍纠纷的解决机制及相关影响因素分析》一文获得了校二等奖、院第三名的成绩，这篇文章是由王亚新老师指导的。通过参加法学院组织的“萌芽计划”，我们尝试寻找法律研究问题，并且初步尝试不同的研究方法。比如，我们在第一篇文章中基于香港禽流感预防之后政府征用和补偿的一手资料，包括立法会文件、法院判决、特区政府部门的文件、新闻报道等，分析了《香港特别行政区基本法》的具体实践和对内地的启发；第二篇文章在王亚新老师的指导下，我们设计调查问卷，并在清华大学等四所高校发放问卷、收集问卷，并通过统计与分析数据得出结论，这其中既有定量分析也有定性分析。总之，这些研究活动让我们感到理论研究不能忽视实证面向，当时王亚新老师、高鸿钧老师在本科生课堂上强调的实证研究方法对我之后的研究很有启发。我觉得本科时就能接受法学研究方法层面的教育非常可贵，学院教给我们的思考方法、研究方法乃至价值理念都是终身受益的。

关于学生活动，我本科时参加了两次模拟法庭比赛，分别是"北外－万慧达杯"知识产权模拟法庭以及 Willem C. Vis 国际商事仲裁模拟法庭比赛，对我的帮助都很大。当时模拟法庭在法学院还是一个比较新兴的事物，我感到模拟法庭对于提升学生的能力、加深学生对具体法律问题的认识有很大的帮助。在实习方面，我参加了清华法学院与香港特别行政区开展的实习项目，开阔了自己的眼界，当时来自香港的李浩然博士对这一项目的实施提供了很多支持。此外，我还代表法学院参加校辩论赛、主持院庆活动和组织毕业大戏等，这些都是大学生活中非常美好的记忆。

总之，清华法学院给我们提供了展示不同才华的机会，帮助我们探索自己、发现自己、塑造自己，较大的容错、试错空间以及多元化的平台给了我们发展的自由。

采访者：您觉得做好学术研究工作需要具备哪些因素？

丁如校友：首先，我觉得好奇心很重要，对一个学术领域或问题要有求知欲，即渴望知道它的答案。以自己为例，我当初选择读博士的原因在于想要回答一些问题，如 WTO 法律规则背后有政治和经济方面的博弈，法律、经济、政治之间的关系究竟如何？考虑到规则的复杂性，我们如何解释这些法律条文，用什么样的解释工具？我读完硕士时没办法完全回答这些问题，但又非常渴望知道更多，于是怀着这些问题向乔治城大学法学院写了申博信，开始了博士研究之路。在我看来，好奇心会不断地推动自己进行阅读与写作。

其次，韩世远老师的“种庄稼论”给了我很多启发。韩老师说做学术就像种庄稼，春天播种，夏天耕耘，秋天才会收获，学术是慢慢来的，要有耐心、有毅力且乐于耕耘，而不是以收获为乐。学术工作的确很辛苦，但只有经历了这个过程才会享受到精神上的那份快乐。此外，我觉得还要注重学术写作能力，提高写作效率，这也是我在努力提高的方面。

采访者：最后，请您谈谈对清华法学院的展望。

丁如校友：清华法学院在我心里是关于一栋楼（现在成了两栋），关于我的恩师们、我的同窗好友们的记忆，也是我的理想永远的栖息之所。我祝福你——我们的清华法学院，愿你永远年轻、充满活力地走在世界法学院发展的最前列！

访谈整理：杨同宇　南凯

访谈时间：2019 年 3 月 6 日

访谈地点：中国政法大学昌平校区

丁如校友简介：

丁如，清华大学法学院 2006 级本科。杜克大学法律硕士，乔治城大学法学博士。现为中国政法大学国际法学院副教授。本科期间曾获北京市大学生英语演讲比赛第一名，美迈斯北京法学奖学金优秀奖，担任 2008 年北京奥运会及残奥会志愿者，作为团队负责人获“挑战杯”大学生课外学术科技作品竞赛全国一等奖，作为团队队长获威廉·维斯（Willem C. Vis）国际商事仲裁模拟法庭比赛国内亚军、个人获半决赛最佳辩手，作为团队成员获清华大学校辩论赛冠军。

葛江虬（06 级本科，10 级法研）

采访者：请您谈一谈在清华法学院学习期间的总体印象。

葛江虬校友：我对清华法学院的总体印象是比较纯粹、阳光向上的。体现在三个方面：一是学风，二是集体建设，三是重视体育。

先说学风。我们的老师都特别认真，在教学的过程中完全没有敷衍了事的情况，又特别负责，教学工作做得很好，也能给同学们非常好的引导，使我们的基础打得非常扎实。同时，老师也鼓励我们就专业问题不停地思考、争论，谈自己的想法。所以，同学们的法学基础知识掌握得很好，同时也很有追求和抱负。从这个方面来讲，清华法学院的学风是非常好的。

再说集体建设。我们在一起学习，难免有一点竞争心，但学校和学院都对我们做了很好的引导。我们有很多集体活动，从一开始的团队训练营、军训，到每年的男生节、女生节、春秋游、甲团评比，还有平时的聚餐、以班级为单位参加的体育比赛等等。当然还包括最重要的与毕业有关的系列活动，如毕业大戏、毕业旅行、毕业酒会、毕业纪念册等。同学们虽然有一定的竞争，但这些集体活动让大家一直是一个比较团结和友爱的集体。这些活动给我们留下了很多珍贵和美好的回忆，直到现在同学们彼此的关系还特别紧密，毕业这么多年了，大家也没有疏离感。

最后是重视体育。体育是清华大学的特色，每个人都知道要“为祖国健康工作五十年”。我们在体育方面的要求比较高，所以同学们经常锻炼，一方面是应付体育课考试，另外一方面——或者说更重要的方面——是强健自己的体魄。与此同时，学校和学院还有很多的赛事，比如足球和篮球比赛。我觉得这些活动帮助大家构建一种凝聚力，或者说对学校与学院的认同感。所以说，清华法学院的风气是比较积极阳光的。

采访者：您对清华的法学教育有哪些体会？

葛江虬校友：我觉得清华的法学教育也可以从三个方面来谈：

第一，是重视基础，重视基本功。在我印象中，我们本科的专业基础课都是由最顶尖的教授来给我们讲授的。比如说我们法六的《民法总论》课程是崔建远老师教的，《法学绪论》课程是王晨光老师教的，《刑法总论》课程是张明楷老师教的，《民事诉讼法》课程是张卫平老师教的。这样的课程安排，让大家从一开始就可以构建一种对于相关学科完整、系统的认识。同学们的法学基本功，不管是法解释学也好，还是在法律适用过程中所应当遵循的一些基本原理，都是比较扎实的。而且，有一些同学因为这样的课程安排萌生了从事学术工作的想法，我觉得这与名师给本科生讲授基础课很有关系。

第二，是在学习过程中有大量的互动讨论。我印象最深的就是对网络学堂的使用。老师们每个礼拜都会在我们的论坛上发布他们觉得有意思的讨论题和案例，然后要求同学们针对这些案例和习题进行讨论。大家在这个过程中有很多沟通与交流的机会，各自的观点彼此碰撞，也能锻炼自己的表达能力与写作能力。大一我们就开始“与 × × 同学商榷”，“谈与 × × 同学的不同意见”。所以，对于网络学堂的使用是我觉得在学习过程中体会到的一个很有特色、很有收效的方式。

最后，是课程设置。我主要想说的是在理科方面的学习。因为我们不仅要学法学的专业课，还要学逻辑学、经济学、会计学，甚至数学、物理、生物也是我们的必修课，我觉得这也是一个很大的特色。那时候我参加学校的调研时提出过这个观点，至今我也这样认为：也许这样的课程设置不仅仅是让同学们继续学习与数学、物理有关的知识，它是在刚上大学的时候帮助大家保持一种学习的状态，每周上课、做题，然后参加习题课，这对大家保持学习的状态很有帮助。而且，从现在法学的发展来看，交叉学科是一种趋势，让我们的学生多储备这样的知识或者思维方式，无疑是一种先见之明。

采访者：请您谈一谈在清华法学院就读期间印象深刻的老师。

葛江虬校友：首先是我的两位班主任——程啸老师和陈新宇老师。他们的学术水平很高，还有不少行政方面的事务，虽然很忙碌，但对学生非常关心。我在学院的几年与他们有很多交流，直到今天也都是这样。两位老师对我从事学术工作，乃至更广义的工作以及做人方面都有很大的影响，给了我许多指导，让我觉得很受启发。在班级建设的过程中，两位老师也给了我们很多支持。

还有一位是我的导师韩世远老师。我大二上韩老师的《合同法》课程，从上那门课开始就特别崇拜韩老师，每节课我都坐在第一排，也想好了要跟他从事学术工作，所以我在本科时就请韩老师担任我的毕业论文指导老师，硕士也是跟着韩老师看书、写文章，博士的时候也是根据他的要求去荷兰求学，然后回国以后进入复旦大学任教。我的个人发展基本上是按照韩老师规划的路线来走的。

采访者：在清华法学院就读期间有哪些学生工作或课外活动令您印象深刻？

葛江虬校友：我在清华法学院参加的活动不少，有两个组织给我留下的印象是最深的。

首先是清华法学院足球队。在清华法学院本科四年、研究生两年，对我来说最有意义的、最重要的课外活动就是法学院男足。我在大二、大三和研二的时候担任法学院男足队长。六年里，我从没有缺席过任何一场“马杯”，百分之百的首发，还参加了百分之九十九的热身赛和友谊赛，总共踢的场次应该接近一百场。说到收获和影响的话，个人感觉有两个方面。第一，对个人而言，它是一种对于学校和学院的认同。我每次穿印着“清华法学”四个字的球衣要上场的时候，就特别激动，可以说是心潮澎湃。竞技体育的魅力就在这里，它是构建认同感的一种活动。你在一个团队中有你的位置，有归属感，你为团队奉献、做事情会觉得很有成就感。当你不开心或者遇到挫折时，也可以从这些活动中得到释放。第二，对学院而言，实际上本科各年级的同学之间，本科与硕士同学之间，法律硕士与法学硕士之间，国内学生与留学生之间，本科生、硕士生与博士生之间的联系是比较少的，但竞技比赛真的可以让这些同学团结在一起，再一点点地加深彼此的了解，增进彼此的交往，这对于培养学院同学之间的团结情谊是非常有帮助的。

再一个是法学院学生法学会。它的目标是培养具有学术潜质，或者说想磨砺自己学术能力的同学，让他们体验从参与读书会到带读读书会的过程。学生法学会出了很多现在走上教学岗位的校友，比如屠凯老师。我在大一时就加入了学生法学会，一直到研二毕业，在研一的时候担任会长，同时也担任时任院党委副书记廖莹老师的学术助理，一直参与院里学生学术活动的组织。学生法学会有组织各种各样的读书会，让大家能够参与。同学们在一起读书、讨论、研究学术问题，我觉得能够给大家提供这样的一个平台很有意义。

采访者：清华的法学教育对您的个人发展有哪些影响？

葛江虬校友：就像刚才说的，我现在的职业规划和职业发展基本上是在清华法学院学习的结果。学习法律是我从小的志向，这一点可能没有太大的改变，但原来我其实是想做律师的。自从上了崔建远老师的《民法总论》课程，我就萌生了走学术道路的想法，或者说完全被崔老师的授课所折服了。然后我又上了申卫星老师的《物权法》，在网络学堂上有很多与申老师交流讨论的机会，这锻炼了我提出问题、分析问题的能力。后面我又上了韩世远老师的《债法》课程、程啸老师的《侵权责任法》课程、王洪亮老师的《外国民法》课程，就完全确定下来要走学术这条路。

采访者：您在清华法学院的学习经历对您现在从事教研工作有哪些影响？

葛江虬校友：最直观的影响是我现在备课时还会用到当年的笔记。在对待学生、授课技巧等方面，毫无疑问我也是遵从清华法学院各位老师教给我的内容。除此之外，与老师建立一种沟通交流的关系对我来说也很受用。直到现在，我每次回学校都会找机会拜访各位老师，请他们在教学、学术乃至为人处世方面给我一些指导和建议，这些指导和建议真的是金玉良言。

采访者：您对教学方法有哪些思考？

葛江虬校友：我非常重视基本功的教学，在设计课程内容的时候，不会天马行空地讲，而是比较关注一种体系性的思考。我教的课程，不管是民法领域还是经济法领域，都希望一开始就给学生建立一种比较好的学科框架。对于学生来说，最基本的就是法律解释方法的应用——首先是如何找到法条，其次是如何来解释法条，再然后是如何把法条运用到案件之中。这是我在读书的时候老师们教给我的内容，我现在也把它教给我的学生，体系性、解释论在学习过程中确实非常重要。

采访者：最后，请您谈谈对清华法学院的展望。

葛江虬校友：我觉得清华法学院已经很棒了，大家也已经很牛了，希望学院能够继续保持这种领先位置，保持一直以来积累的优势，保持我们的特色。与此同时，也希望学院能够拥有越来越大的国际影响力，在世界的舞台上打出我们清华的品牌，培养出格局更大、视野更开阔的顶尖人才。在此，也祝福老师、同学、校友都能够身体健康，身体是革命的本钱，这个是最重要的。希望大家在职业发展的过程中都能称心如意、顺顺利利，有很好的发展。

访谈整理：卓增华

访谈形式：电话访谈

葛江虬校友简介：

葛江虬，清华大学法学院 2006 级本科，2010 级法学硕士。荷兰马斯特里赫特大学法学博士。现任教于复旦大学法学院。曾获江平民商法奖学金，北京市优秀毕业生，清华大学优秀毕业生、优秀硕士学位论文等奖励与荣誉。曾任清华大学法学院男足队长、学生法学会会长。

梁植（06级本科）

采访者：您当初在填报志愿的时候，为什么选择法学作为自己的专业，为什么选择清华法学院？

梁植校友：关于为什么填报法学，我确实给不出太多的原因，因为当时其实并不懂，只是觉得法律事关公平、正义，是极具使命感的一门学科，但是来到清华法学院以后，我觉得能够学习法律真的特别幸运。我在清华新闻与传播学院的博士研究方向有一部分涉及传播立法，实际上做的是交叉学科的研究。所以，法学学习对我

◀ 梁植校友

的帮助是一以贯之的，更重要的是思维模式的训练，法学学习能够帮助建立一种更加客观、历史、体系和规范式的认识社会与问题的思维方式，这一点更加珍贵。

采访者：您在清华法学院学习期间有哪些经历令您印象深刻？在学习与生活方面有哪些收获与体会？

梁植校友：我觉得在清华法学院学习期间令我印象最深刻的是法学院的人们。

首先想到的是老师们。在当年教我们的老师中，王保树老师、张铭新老师和何美欢老师已经驾鹤西去了，他们都是我们特别敬重的老师。王保树老师教我们商法、公司法，我们称呼他“保树爷爷”。张铭新老师教我们法制史，带我们认识自古以来法律制度、社会管理制度的变迁，教我们怎样认识法，怎样用法的视角触摸过去的历史。何美欢老师应当是内地第一位系统性讲授普通法的老师。何老师对我的影响很大，我现在构思和准备的一些戏剧作品中，有一些作品就是想把我在法学院学的东西、想的东西、看的东西写成一个个故事，其中就体现着何老师和每一位老师讲过的许多内容。我现在准备剧本的时候，经常会想起何老师讲课的细节。当时何老师讲过一个案子，在冬季某一天黄昏时，一个出租车司机在路上撞死了一个行人，她问我们这个案件的辩护律师应该如何在法庭上做开场陈述，她说这个案子你首先要为大家描述：这个人今年五十多岁，家里有几个孩子，他已经辛勤工作了一天，当时路灯还没有亮，天特别黑，他很困就擦了一下眼睛，瞬间被害人已经出现在车的前面。她经常会与我们介绍作为辩护人在面对陪审团时要从什么角度展开，怎样把情感与说服力揉在一起。何老师的课是全英文授课，我们上课的讨论、所有的教材和作业都是英文。何老师应该是内地普通法课程体系的开创者，是把这个课程推到最高高度的老师。我前两天收拾通讯录看到几位故去的老师的邮箱，我会一直留着。

在清华法学院学习期间还有很多老师对我有深刻的影响。比如，我记得我们班的第一堂课是崔建远老师讲授的民法总论，有一次我上课时回头与我们班的一位同学说话被崔老师点名，他问我在说什么，说我“学了一点民法的皮毛就上课说话”，从此我的外号就是“崔老师的皮毛”。我觉得我再学五十年也学不到崔老师的皮毛，因为他的知识太渊博了。我们第一节课就是崔老师讲授的民法总论真的非常幸运，这是我们接触学术的起点。同样的一个问题，崔老师与我们讲日本、德国、法国、我国台湾地区的法律规定与学术观点，我们第一次发现原来一个法条或者一个理论的背后有那么深厚的内涵，他帮助我们构筑了早期的学术意识。但是，我们也确实觉得崔老师的《民法总论》课程对当时还是大一的我们来说太深奥了，如果大四的时候能再听一遍课堂录音，也许会有更好的理解。说到刑法肯定要讲张明楷老师，那时我们有一门刑法课，每人在课上写一篇论文，最终集结成书。我觉得张老师使我们特别直接地面对现实，给了我们很多一线案例，这些案例让我们能够与社会特别贴近，能够理解司法实践中法、情与人之间的复杂关系。张老师又特别幽默，他的课非常精彩，因为张老师，我们很多同学都对刑法特别感兴趣，而且张老师在学术规范方面也对我们有很大的帮助。我当时选了很多刑法方面的课程，如黎宏老师、周光权老师、劳东燕老师等开设的课程，这些老师都对我们有很大的帮助。黎宏老师常给我们介绍他在日本的经验。劳东燕老师那时特别年轻，我们一些同学总是挑战她，针对一个案子，她说应该怎么看，我们总会与她在课堂上争论。我们也会与张明楷老师争论，因为很多时候同样的行为确实有不同的解决方案。老师们对我们都非常包容，总是让我们表达自己的观点，我们在课上非常投入。教授《国际经济法》课程的车丕照老师也是我的本科毕业论文指导老师，车老师对我很关照，对班上的同学在国际经济法方面有很大的帮助。他特别温柔，讲话娓娓道来。我记得在准备本科毕业论文的时候，正好赶上去维也纳参加威廉·维斯（Willem C. Vis）国际商事模拟仲裁庭比赛，车老师与我一直打越洋电话、发邮件沟通，我特别感谢车老师。我也想特别感谢王振民老师，在读博二时我出演学校的原创话剧《马兰花开》，作为学生来讲想的简单，也不考虑老师忙不忙，就请老师去看。后来才知道那时王老师特别忙，但还是特地来看演出，而且下午他要赶飞机，所以看了话剧以后飞奔到机场，那天时间特别紧张，差点没赶上飞机。我在新闻与传播学院研究大众传媒立法相关问题，当时写了一篇文章，研究不负责的媒体的误导性报道对司法的影响。我写这篇文章的时候与王老师沟通，我觉得美国这方面的研究成果与实际案例很多，想去美国访学研究，他问我想去什么学校，我说宾夕法尼亚大学、哥伦比亚大学都是在法学和新闻传播研究方面做得非常好的学校。令我特别感动的是，王老师亲笔为我写了英文推荐信，在美国出差时亲手把推荐信交给了宾大和哥大法学院的教授，推荐我去美国访学研究。当时我其实已经从法学院毕业到新闻与传播学院读博了，而且很冒昧地与王老师沟通，王老师非常认真地推动这件事，对我的帮助真的很大，我非常感激王老师。

陈新宇老师和程啸老师是我们的班主任，程啸老师也教我们《侵权法》课程。陈新宇老师特别鼓励我做各种各样的尝试，而且他为人温和，那时他接法六班主任的时候，博士毕业没多久，与我们年龄也很接近，他喜欢称呼我们师弟，但他肯定是我们的老师，我们始终是很亲近的关系。我还要特别感谢申卫星老师，我在法学院读书时，本科导师制的导师是申老师，所以那些年在学校的生活得到了申老师的很多关心与帮助。王晨光老师教我们法理学，对我们来讲，王老师就像都教授一样颜值超高，而且英文特别好，对国际的研究前沿特别了解。贾兵兵老师也是这样，他从牛津大学回来，在课上为我们介绍了很多英国和欧洲研究问题的视角。陈建民老师教我们《知识产权法》和《法律诊所》课程，对大家就像妈妈一样。张建伟老师特别幽默，他的《刑事诉讼法》课程和《影像中的司法》课程也令大家印象深刻。还有陈卫佐老师、朱慈蕴老师、吕晓杰老师、施天涛老师、张卫平老师、程洁老师、田思源老师、韩世远老师等等都教过我们。其实印象深刻的老师实在是太多了，因为每一位老师都给我们带来了许多难忘的回忆，我特别感激每一位老师，他们一直在影响着我们。

还想谈的是我们班的同学们。我们这届法学院本科生大一的时候一共有六十多人，男生二十多人，女生四十多人，后来加上转系和留学生至少有八十多人。我们法六的男生和法五、法七的男生都住在 2 号楼，女生则住在 4 号楼，大家来自全国各地，班里也有地区的高考状元。我们法六是一个特别团结的集体，大家的感情特别好，男生们就像亲兄弟一样，都在见证彼此人生中一个个重要的阶段，现在我们也像兄弟一样，即使毕业快十年了，我们出差到了各自的城市都会相聚，我们班男生和女生的关系也非常好。现在大家虽然都比较忙，但也会经常保持联系，前些日子我们还在聚会。我们班同学有很多不同的发展方向，有人创业，有人做实务，有人做学术，大家都很朴实、努力，互相促进，在学校时无论是学习还是生活过得都很开心。遗憾的地方就是时间过得确实太快了，如果能和大家在一起相处更长的时间就好了。所以说回之前的问题，我为什么选择清华法学院？确实在开始选择或者应该说被选择时，我没有很确切的理由，但是到了这里之后，我才知道为什么要来清华法学院，对个人而言，能够学习法学，遇到这些老师、同学是特别幸运的事情。

难忘的还有我在学生法律援助中心志愿工作的经历。不是记得很清楚了，我大概在法援中心工作了两个学期，参与了一些实际案例的法援工作，比如帮助受伤致残的农民工和他的家人与工地沟通，争取赔偿，一起想办法。我自己介入最深的是帮助一家护卫公司的二十多位司机做一个集体诉讼，涉及补偿支付加班费、补缴有关危险品运输的多项保险费用。那时候的我们其实并没有太多解决问题的能力，但是我们能去倾听和理解他们生活中发生的事情，可以成为他们一个倾诉的出口，并与他们一起寻找可能的途径，这也让我们更深入地接触社会。

我觉得清华法学院对我来说是一个美好而神圣的象牙塔，法学是一个非常值得敬重的专业，我们法学院的建筑如模拟法庭等也很令人敬重，这里非常神圣，也非常美好，使我们一生受益。

采访者：您本科毕业后在清华经济管理学院读硕，后在清华新闻与传播学院读博，可否简单谈谈您的这段经历？

梁植校友：我在法学院读本科时，参加威廉·维斯（Willem C.Vis）国际商事模拟仲裁庭比赛，我们队伍获得了全国赛的亚军，我获得了全国总决赛的最佳辩手，接着我们又去欧洲比赛，那是我最早接触国际贸易领域。所以我后来在经济管理学院读研，方向是金融与国际贸易，我们那届可能是经管学院最后一批金融与国际贸易的学术型硕士，之后好像就是应用方向的专业型硕士了，不知道现在是否有变化。我在读硕期间参加了中央电视台电视节目主持人大赛并获得铜奖，之后就到新闻与传播学院读博，博士期间也还在做法律与传播的交叉研究。

采访者：您认为在清华法学院的学习经历对个人发展产生了怎样的影响？

梁植校友：我想无论演讲、主持还是戏剧，它的核心是价值观，在法学院的学习经历教给我认识世界的方法与看待生活的态度，清华法学院给了我衡量对错的标尺与思考的方式。法学与价值判断息息相关，而且，对规则而言，真正理性的判断常常不仅是基于个案的，还是基于全局的，这也是我正在准备的作品希望表达的一个思想，法学院赋予我们这种客观理性地认识世界和理解规则的方式是受用一生的。我个人认为法学院的课业不算太重，我们有机会参加学校的一些活动，老师们也鼓励我们多去尝试，我们法学院每年的社会实践也令我们印象很深，所以这让我们的大学生活快乐又充实。在清华法学院的学习经历为我认识社会奠定了基调，这个基调不是片面的，而是具有全球视角的，是横向与纵向多角度的。如何理解我们国家从几千年前走到现在经历的变迁？我们国家未来怎样发展？有哪些地方可以改变？有哪些地方应该继续坚守？这一系列问题都是清华法学院带给我们的思考，而对清华大学的热爱之情也是在法学院本科期间最早培养起来的，这些都对个人发展产生了深刻的影响。

采访者：您对清华法学院的同学们有哪些建议？

梁植校友：我想提一些细小的建议。第一个建议是同学们上课千万别玩手机，一定要听老师讲课。因为你到社会上才会知道，这么多有智慧的人分享他对社会的理解，如果你能认真听讲是会受益一生的。这不是为了有好分数、找好工作、去好学校，而是为了用这四年构筑一个将伴随一生的价值观，这非常重要、非常珍贵。我觉得大家要有这样一个意识，比如说学刑法不是单单学刑法，而是学习如何理解社会、理解罪与罚、理解平衡、理解代价；学民法要学习如何理解平等、理解交换、理解经济社会的运作方式。我觉得大家不要束缚自己的想法，学法学实际上可以做任何事情，但你应该是所处行业中特别尊重规则、理解规则的人。第二个建议是应该有更多时间与其他同学在一起。我们法六几十个同学，互相之间成为知己的人特别多，天然没有障碍，能够互相理解。你到社会上之后会发现这其实有些困难，你需要花很长时间来构筑与其他人之间的理解，而这种关系还是脆弱的，很难与大学同学之间紧密的联系相比。第三个建议是鼓励同学们更有创造性地学习。法学包罗万象，可以将经济学等等很多内容连接起来。我鼓励大家多选其他专业的课程，例如经济学、社会学、文学等等，这些都值得了解且会反哺于法学的学习。

采访者：最后，请您谈谈对清华法学院的展望。

梁植校友：展望真的不敢当，应该说我其实对法学院当下的情况不能说十分了解，因为已经有九年的时间不在法学院了。从个人经历来看，我希望学院给同学们创造更多模拟法庭、模拟仲裁的机会，让更多同学有机会参与实务。我们学院的学术做得非常好，从整体来看每个专业方向都表现得很突出，我觉得鼓励同学们参与实务可以让大家更好地理解学术、理解实践。

访谈整理：郑中云　尹子玉　连芮桦

访谈时间：2019 年 3 月 27 日

访谈地点：清华大学校内独峰书院咖啡屋

采访对象简介：

梁植，清华大学法学院 2006 级本科，经济管理学院硕士，新闻与传播学院博士。现主要从事传媒和影视工作。曾获北京大学生戏剧节最佳男演员奖，中国校园戏剧节“校园戏剧之星”奖，中央电视台电视节目主持人大赛铜奖，北京大学生电影节全国主持人大赛冠军，北京卫视《我是演说家》全国总冠军。

唐啸（06 级本科）

采访者：您本科在清华法学院就读，请您谈谈本科四年的总体印象。

唐啸校友：我觉得本科四年是求学生涯非常关键的时期，它是塑造世界观、人生观、价值观的重要阶段。一个比较深刻的体会是，学院鼓励我们多关注时事，注重引导我们对什么是法律、法律与正义、法治精神等问题展开思考，以帮助我们更好地认识世界，更好地塑造自我价值观。作为清华法学院 6 字班的成员，我对本科阶段

◀ 采访者与唐啸校友（右）合影

的集体生活印象深刻。清华法学院是一个非常团结的集体，我所在的6字班具有很好的集体氛围。从一开始的入学报到，到集体活动的策划、举办，乃至毕业后的聚会、联系，我们都能感受到集体所带来的那份温暖与力量。

采访者：请您谈谈关于清华法学院本科教育的体会。

唐啸校友：清华法学院本科教育一方面注重厚实基础、打好底子，另一方面强调博览群书、融会贯通。我在本科期间比较热爱阅读，也积极参与实践活动，如参加江苏高院实习、“挑战杯”竞赛等。我觉得清华法学院给了我们相对自由的学习空间，告诉我们把握法律的真谛不能只靠背法条，更要对什么是法律、什么是自由等法律的基本精神进行体悟。此外，清华法学院的本科教育也具有浓厚的国际化视野，注重引导学生“放眼看世界”，如在全国法律院校中率先开设专门的《普通法精要》系列课程，该课程由何美欢老师设计，同学们普遍反映效果很好。

采访者：请您介绍一下在清华法学院就读期间印象深刻的老师。

唐啸校友：在清华法学院就读期间，老师们不同的授课风格给我留下了深刻的印象。比如崔建远老师关于知识点的细致讲解，王晨光老师组织的课堂讨论，张明楷老师对价值的强调，还有施天涛老师、程洁老师等诸位师长，我都印象深刻。

采访者：您在清华法学院就读期间有着丰富的学工经历，请您介绍一下学生工作和文体活动给您带来的收获。

唐啸校友：不只在法学院，我后来在公管学院也参加了许多学生工作。学生工作的宗旨是热心地服务同学，因此我觉得树立良好的服务精神、学会换位思考，对于做好学生工作非常重要。做学生工作不可能不犯错误，但当自己看到筹备已久的活动顺利完成时，内心也会收获一份成就感。作为“第二课堂”，学生工作带给我们能力上的锻炼是书本上学不来的，对于个人发展而言也有着持久的影响。我在清华法学院就读期间，曾任校学生会学习部部长，参与组织了首届“清韵烛光·我最喜爱的教师评选”和两届“清锋明辩”清华大学辩论文化节等活动。我也曾任班长，对班级的集体建设亦印象深刻。记得大一的时候，同学们经常一起上课，联系颇为紧密，但到了大二、大三，大家共同上的课程不多，且在学习、生活等方面有各自的关注点，就会显得比较松散。大三时班级组织秋游一起去北海，虽然没有赶上划船的时间，但同学们仍然兴致勃勃。大家手拉着手，沿着北海边散步边唱歌，很多同学都说“要回归集体”，那天的场景至今记忆犹新。

学习之余参加文体活动是一种调剂，其实文艺、体育乃至生活中的点滴都是个人发展的印记，比如足球作为对抗性运动，也注重团队的分工合作，强调服从大局，这对个人发展而言有很大的帮助。

采访者：清华法学院本科教育对您个人发展带来了哪些影响？

唐啸校友：我之前对这一问题也有所回答，我觉得本科就是“初心”，就是底层的那层土。本科阶段是开启心灵成长的时期，是培养直觉性判断的时期，是情感和理性不断交相汇合的时期。我在清华法学院所接受的本科教育、所经历的个人成长，对于自己的行为、看待问题的方式都具有深远的影响。

采访者：您觉得做好学术研究工作需要具备哪些因素？

唐啸校友：我觉得做好学术研究工作需要具备以下因素：要有好奇心，因为追求知识是为了满足我们的好奇心；要有对人类苦难的悲悯心，关注社会现实，同时对学术研究工作的艰苦性有所认识；要经过实证主义训练，不要轻易下结论，而是充分了解表面现象背后的含义。

采访者：最后，请您谈谈对清华法学院的展望。

唐啸校友：我对清华法学院一直充满感情，每次进行个人介绍时，都会提及本科在清华法学院就读的经历。可以说，本科四年的成长与转变已经融入了自己的生命历程。在此，祝福清华法学院，祝福清华明理人！

访谈整理：杨同宇

访谈时间：2019 年 1 月 9 日

访谈地点：清华大学公共管理学院大楼

唐啸校友简介：

唐啸，清华大学法学院 2006 级本科。清华大学公共管理学院硕博连读、博士后。现为清华大学公共管理学院副教授，清华大学仲英青年学者。先后承担和参与国家、有关部委及地方“十一五”规划、“十二五”规划、“十三五”规划多项重大课题，发表《国家高端智库报告》和《国情报告》等核心内参二十多篇，多次获党和国家领导人批示。曾获美国华人百人会英才奖、全国优秀博士后学术成果奖、夏书章公共管理优秀博士论文奖、清华大学优秀博士毕业生、清华大学本科生特等奖学金等奖励与荣誉。

李晟（07 级本科）

采访者： 请您谈谈在清华法学院就读期间印象深刻的学习与生活经历。

李晟校友： 我的经历可能与很多同学不一样，我参加工作比较早，而且本科期间就参与了家里企业的很多工作，做北京市密云区蔡家洼村旧村改造的投资，里面涉及了很多土地工程、合同等等法律关系，所以我是带着问题去学习。可能合同等等对很多同学来讲只是一个概念，但在我看来是很生动的场景，马上能指导实践工作，所以我对合同法、物权法等问题就特别感兴趣。我本科在清华法学

◀ 采访者与李晟校友（左）合影

院就读期间最喜欢学民法，我的本科毕业论文也是民法方向，指导老师是崔建远老师，论文题目与小产权房的法律问题有关。当时我一边读书一边帮助家里企业做生意，我们的工作是在北京市密云区蔡家洼村做旧村改造的试点项目，项目中涉及集体建设用地的开发。我毕业于2011年，2012年全国人大常委会才出台集体土地流转的试点政策，所以说我毕业那年写论文的时候还没有这方面的相关政策，都是一些学理探讨。我就是在这样的背景下写的毕业论文，当时崔老师给了我很多指导，前后改了很多次，我记得开始崔老师给我的毕业论文打了93分，后来教务老师说不能超过90分，崔老师还对我说93分不行，那你问问教务老师多少分可以，咱们就写多少分，最后崔老师当着我的面把93分划掉，改成了89分。我还记得我们请了清华人文社会科学学院政治经济学研究中心主任蔡继明教授来做讲座，蔡老师是我们国家最早倡导集体土地流转的一位专家，后来也请他到我那里去调研，我们一起研讨相关问题，对我很有启发。我那时还做了很多诉讼工作，我大二或大三那年因为家里企业的案子到北京高院开庭，都是上亿标的的案子，可能很多同学现在都不一定去过北京高院开庭。很多人可能觉得法学院学的东西和工作没关系，我觉得可能是因为他没有这种工作场景，如果有工作场景的话会觉得其实还是很有用的。所以说，现在我关于怎么写合同、诉讼有哪些程序、要怎么准备等基本问题的知识技能储备都是学校给我的。这些年来法律变化很快，出了很多新规定，但就我个人而言，基本的法律理念和观点都是在本科期间形成的。

第二个体会是，很多人觉得法学院好像就是做理论研究，我觉得其实清华法学院很多老师非常关注实践，而且有一种家国情怀，不仅仅是处理一个案子、代理一个委托，而更多是带着情怀去做。我觉得我们很多课程都是关注实践的，印象深刻的课程有车丕照老师讲授的《国际经济法》，他有一节课专门讲合同怎么写，记得那节课我发言了十几次，因为我就做这个，所以对合同条款比较熟悉。还有陈建民老师开的《法律诊所》课程，她组织我们到清华外东升大厦的一个办公室专门接待那些来寻求免费法律援助的人。因为假期很多外地同学都回家了，而我在北京，所以在那里值班的时间非常长，接待了很多来北京上访的人，那是我第一次接触这类弱势群体。我记得接触的有家里房子漏水、开发商跑了而个人无处维权之类的案子。在这个过程中我认识到，很多上访人群确实遭遇了不公，同时他们的处理方式也有一定的问题。这可以说是我了解社会的一个窗口，这种教育也很重要，它使我们意识到追求公平正义的路途不是一帆风顺的，社会上存在的问题让我们有更强的意愿去想办法使这个国家变得更好，学法律的同学应该有这种责任和担当。

在我们很多老师都很关注实践的基础上，我觉得还要继续考虑怎么能引导学生更多地参与实践工作。我的本科同学里面真正从事法律工作的人比较少，这也可以理解，从实际角度来看，做律师、法官可能没有做金融赚钱快，同时这在一定程度上也反映出我们的法学教育已经很关注实践了，但也应该更关注实践。我后来到美国读硕士，美国法学院非常注重理论与实践的结合，学校几乎百分之九十的老师都有实践背景。典型的例子是每天中午学校里都有免费午餐，赞助者都是律师楼或者一些大企业的法务部等等，他为了宣传而提供免费的午饭，也说明学校与它们有很好的联系。我们应该鼓励大家去关注实践，其实律师等法律行业如果做得好在经济等方面也是很受益的，问题是怎么给大家提供进入这个行业的渠道。

总之，本科期间我最大的收获就是努力地去理解和接触大学生活，能与同班同学保持好的关系，并结识一些师长，向他们请教学习、工作、生活上的问题。大学就是一个小型社会，不仅要搞好自己的学习成绩，更要培养自己人际交往的才干；在学习上，极大程度地提高了自己的自学才干，接受了大学的启发式教诲模式，再有就是懂得了利用学习方法的同时器重独立思考。在清华法学院的学习与生活经历，对我创立华力必维公司有很大的影响。

采访者：请您谈谈在清华法学院就读期间印象深刻的师长。

李晟校友：陈新宇老师是我最想感谢的老师。陈老师第一次教授专业课就是给我们上课，在课堂上，陈新宇老师传授给我中国法制史和近代法制研究的相关知识，给我启发，使我思考。陈老师最大的特点就是融合了现代文化和传统思想。我记得有一次去陈老师家里拜访，他一边听流行音乐一边写中国法制史论文。而且，陈老师穿得很现代，经常戴个棒球帽，很酷的样子，但实际上他又特别有传统文化的底蕴。在学习和生活中，陈老师也对学生进行着无微不至地照顾。他对学生很客气，对学生讲话也用“您”字，而且不只在外在形式上，他在内在方面也对学生很关心，我们那个时候都到他家里去过，自己有什么困难，即使不是法制史专业领域的问题，他都帮忙解决。其实他年龄比我们也没有大那么多，但像长辈一样非常关心我们，感觉特别温暖。另外，陈老师有很强烈的清华认同感，对清华大学发自内心的热爱，他传承清华学风底蕴的情怀特别真挚浓烈，我觉得这对于学者来讲是一种很宝贵的价值、很高尚的品质。他在我们读书的时候组织研究清华法政人物，在此期间我也有幸参与，通过编写工作，收集了大量资料，从而了解到清华百年历史上出了很多法政名家，通过研究他们的学术著作，我更深刻感受到了清华的人文传承。我最开始对燕树棠等学者的了解就来自陈老师。我去年入选国家“千人计划”，受组织安排到云南学习，参观了西南联合大学遗址，其中文法学院的很多学者都是陈老师组织大家写过的。陈老师做的这个工作远远超出了整理校友史料的程度，而是立足于近代史的范畴，挖掘在清华执教过的老师以及清华校友们的故事，梳理清华大学在法治现代化进程中的作用，也彰显了清华大学的人文气韵。一所大学的贡献不应该只是培养毕业生，因为学校能培养的毕业生是有限的，那么它对社会的贡献在哪里？我觉得应该体现在推动改革、倡导风气、教化民众方面。在这些方面，与清华有渊源的学者做了哪些工作、起了哪些作用？从这个角度去研究，视野就很开阔，这种思维方法是从陈老师那里学来的。陈老师教会了我如何去思考，将自己创新的要诀毫无保留地传授给我，为我的创新成才之路指明了方向。

我印象深刻的老师还有王晨光老师，他也是《法律诊所》课程的老师，我上过王老师的课，也和他一起参加过活动。王老师对学生也特别关心，很负责任，那时他还当院长，工作很忙，但我硕士、博士入学的推荐信都是王老师亲笔写的，我们《法律诊所》课程的作业也都是王老师亲自改的。

清华法学院很多老师批改作业、论文都很认真，比如崔建远老师，崔老师指导毕业论文非常用心，他告诉我同一篇论文里阿拉伯数字和汉字不能混用等等，而且连标点符号的错误都会纠正，在课堂上也讲了很多关于文字的细节问题。我觉得自己本科期间获得了比较好的学术训练，学到的知识到今天都受益，我们中国人从事母语的文字工作起码要做到规范。

采访者：您在接受中美两地多年的法学教育后回国创业，是什么原因促使您做了这个决定？您认为清华法学院的本科教育对您的创业经历和人生态度有哪些影响？

李晟校友：回国创业有以下几点理由：艺术品市场在近些年得到了越来越多的关注，目前，中国艺术品拍卖成交额占全球市场的份额高达 31%，中国成为仅次于美国的全球第二大艺术品市场。然而在艺术品收藏需求如此惊人的背后，虚假鉴定、真假难辨的现象屡见不鲜。长久以来，艺术品鉴定基本上都是依靠专家进行经验鉴定，鉴定过程不透明，结论缺乏较强的说服力，这些情况令我十分在意。留学毕业后，我在必维国际检验集团负责工艺品、珠宝、家装和包装材料检验检测标准研究和技术规范审查等，以大数据产品和检验检测标准作为目标开展了大量卓有成效的工作。针对我国艺术品图像技术空心化的市场空白，我自筹资金，历经数万次试验失败，攻克超高显色指数下色温连续调节的技术难关，自主研发大尺度高清扫描仪等十余款设备，不仅使该技术跻身世界前列，打破了外国公司长期垄断的局面，还让设备成本减少了 60%。在一百一十三年前，我的天祖父贾腾云老先生在北京琉璃厂创办了最大的古玩店“荣兴祥”，凭借权威的进货渠道、公正的市场信誉和专业的文玩经验，“荣兴祥”誉冠京城，驰名中外。此后的三十年间，“荣兴祥”发展成为北京最大的古玩商，我的天祖父也当选为北京古玩商会会长。如今一百多年过去了，“荣兴祥”早就不在了，但在我的成长中，除了鉴赏艺术品，也常听到祖辈们讲述的天祖父诚信创业的故事，作为后辈的我也传承了先祖创业的精神和对艺术市场诚信价值的追求，坚持为诚信艺术市场而创业。所以我从美国加州大学戴维斯分校硕士毕业三年后，放弃了在美国优渥的工作，和几个大学时的同学，回国创办一家专业从事艺术品鉴证的企业——华力必维。我在清华攻读的专业是法律，虽然看似与艺术品没有关系，但其实法学和艺术品鉴定是有相通之处的，法律的精髓就是建立规范，我现在做的事情也是给艺术品鉴定设立规范，通过艺 +1 艺术品鉴证让艺术品有序传承。

谈到清华法学院的本科教育对我的人生态度和创业经历的影响，我觉得主要体现在三个层面。第一，学院的教育培养了自己对于学术的向往和敬畏，在概念理解、行文规范等方面使我获得了基本的学术训练，这些知识是不会过时的。第二，清华法学院的教育是很注重理论联系实际的，它让我对社会有了更多的了解，对民主法治有了更深的认同感，也给了我一种理性的思维态度。我记得王振民老师的宪法课布置作业让我们查人大代表的背景，查他们是怎么选举产生的，这些工作让我从法律的角度去审视这些制度，对此有了更清楚的认识。本来我对政治不是很关心的，在清华学习法律后，我对社会有了更美好的愿望，会希望它变得更好。中国社会当然还存在问题，但我们仍应保持一种对社会的美好憧憬，并且想办法做一些力所能及的工作去推动社会发展。我现在是北京市朝阳区政协委员，提出最多的就是民生提案，就垃圾分类、交通拥堵等政府想做还没做的事给出一些建议，帮助它变得更好。我觉得清华法学教育对我这方面的影响就是理性公民的思考方式，我们要以实际行动去建设社会，而不是空谈。第三，我本身从事检验检测工作，工作的主要内容是编制艺术品的检验规范，进行检测方法的创新，也涉及知识产权、专利知识等等，很多技巧和方法都来自清华法学院的学习。像企业创业之初，我们很注重知识产权管理，在最开始做研发的时候就申报专利，到现在我们有 26 项发明专利、48 项实用新型专利，有上百项软件著作权，这些都得益于我们有知识产权保护的意识。我们还参与制定国内第一个艺术品鉴证标准《艺术品鉴证质量溯源规程总则》，后来又参与制定了两个国家标准、十三个团体标准和企业标准。我觉得法学教育是一个潜移默化的过程，很多人说我的工作与法律没关系，但其实还是很有关系的，如果没有法律学习的经历，就不会有我们今天的这种意识。

采访者：请问您如何评价清华的法学教育？

李晟校友：法学教育在清华有着很长的历史，清华法学院成立于 1929 年，是清华首批成立的学院之一，1995 年 9 月复建清华法律学系，1999 年 4 月复建法学院。复建二十多年来，清华法学院立足中国特色社会主义法学理论的实践与创新，积极参与国家法治建设的各个环节，主动承担推进依法治国的社会责任，始终以人才培养为根本，以培养中国特色社会主义法治建设者为己任，着力培养学生的责任担当。宝剑锋从磨砺出，梅花香自苦寒来。在正确的育人理念指引下，清华法学院为社会培养了大批杰出的法律人才，获得了社会的高度肯定。今天的清华法学院正站在新的起点，它承载着一个世纪的法意与学思，有着跨越式的发展，也寄寓着中国法治的蓝图与希望。

清华法学院秉承“学术为天下之公器，法律以明理为己任”的理念，广泛借鉴国内外优秀法学院的办学理念，力图把“经院式”的法学教育转变为融理论和实践为一体的培养高素质法律人才的职业教育模式，即不仅要传授给学生必要的、精深的法学知识和理论，而且要培养学生在现实社会中灵活运用法律的技能、方法和综合素质，学会如何像律师那样思考，培养法律人良好的职业道德；把提高学生的全面素质和培养学生的创新能力放在突出位置，注重培养学生批判性思维和法律推理能力，使学生接受知识的过程同时成为参与法学研究和法律实践的过程。

清华的法学教育是很务实的，我们既注重理论学习、培养扎实的学风和严谨的治学态度，同时也关注实践，鼓励大家通过法学学习学以致用，创造价值。我希望清华法学院的同学们可以将大学期间所学的法律知识学以致用，母校可以为即将毕业的法学学子提供更多的就业机会和就业保障，使清华更多的法学学子走上工作岗位后能以母校为纽带，以法学院为依托，续写法律事业的篇章。但从更广阔的视野来看，我觉得清华法学院有许多毕业生从事其他行业，也说明我们有包容开放的态度，至少我们为社会培养了很多人才，无论他是不是从事法律工作，都在他那个领域为社会做出了贡献，从这个角度看我们的教育是成功的。

采访者：最后，请您谈谈对清华法学院的展望。

李晟校友：清华法学院如今复建二十余年，从 1929 年初建时算也只有九十年，与意大利的博洛尼亚大学、美国哈佛大学等相比，我们的法学院还很年轻，但从我们国家的历史来看，清华法学院在国家近代化和现代化的进程中一直发挥着主力作用。其实清华法学院很多品格是清华大学品格的缩影，我们有家国情怀和社会责任感，同时我们又非常务实，厚德载物、行胜于言。我觉得未来清华法学院会持续发展，也肯定会在我们国家发展转型的进程中发挥更大的作用。

悠悠百载，清华大学在时代大潮中乘风破浪，砥砺前行；百年辉煌，它承载着一代又一代清华学子的青春与梦想。祝愿清华法学院能够成为国内顶尖、世界一流的法学院，为全面推进依法治国做出更大贡献！

访谈整理：尹子玉

访谈时间：2019 年 3 月 29 日

访谈地点：北京理工大学国家大学科技园

李晟校友简介：

李晟，清华大学法学院 2007 级本科。美国加州大学戴维斯分校法学硕士，北京大学法学院博士研究生。现为北京华力必维科技股份有限公司董事长、总经理，艺 +1 智能大数据创始人，清华校友总会法学院分会第五届理事会理事，广西师范大学历史文化与旅游学院专任教师，致公党中央法制建设委员会委员、北京市朝阳区委委员，朝阳区政协委员。国家“千人计划”特聘专家，中国检验检疫学会常务理事，中国版权协会艺术品鉴证中心负责人。北京市海聚工程特聘专家，北京市优秀青年人才。曾获“北京青年五四奖章”。

刘信一（07级本科，11级法研）

采访者：清华法学院有哪些老师和同学令您印象深刻？

刘信一校友：我印象深刻的老师有几位，特点都不一样。

第一位是陈新宇老师，大一下学期陈老师给我们讲授《中国法制史》课程，那时候他刚刚从日本回来，上课的形式比较特别。我觉得大一上学期的专业课与高中没什么区别，都是老师讲、学生记，最后考试，以考试为中心。大一下学期各种偏向性的课程变多了，陈老师讲课喜欢通过历史故事挖掘人的性格，他与书上讲得很不一样，感觉有大学的样子。再加上我个人对于法律感兴趣在于一个偶然的机缘，我在上中学时看到《南方周末》的《被遗忘三十年的法律精英》一文，觉得学习法律挺有意思，后来到清华法学院就读，发现陈老师也重点讲那批法政人的故事，觉得很有共鸣，与陈老师的关系也就比较深。

后来认识了我的硕士导师何海波老师，何老师是一开始接触觉得很严格的老师，很多同学觉得很难与何老师打交道，但是接触多了会觉得他很有原则感，给自己画的线非常清楚，他知道怎么去教育学生，怎么去关心学生，很多老师其实分不清其中的区别。两件事情其实不大一样，你要有个度，这是我从何老师那里学习到的地方。陈老师更像是朋友、兄长，与何老师真的算是师生了，后来我跟着何老师学习行政诉讼法。

然后是王晨光老师。我刚来清华法学院读书时，院长还是王晨光老师，他真的是一个长者，他跟你讲作为一个“老三届”是怎么上学的，怎么去美国的，印象最深的是我跟着他连着两年去贵州做赤脚律师，可能现在已经没有这个项目了。这算是学校的活动，不过是王老师自己争取来的，他觉得我们毕业后大多会留在大城市做公务员、当律师、公司职员，是一个三门培养体系，家门、校门、官门，生活太标准化，他希望大家接触社会的另一面。我们都在讲法律，法律大多运用在商业社会，但对于农村和偏远地区如何实践法治，社会又是什么样子，王老师希望我们去看看，他也愿意带我们去看。我到那里还是觉得很震撼，真的体验到文字意义上一家人穿一条裤子是什么样的。你要从县城坐三四个小时车，再步行一个钟头到一个贫苦山村去了解当地人。那是一种刷新世界观的教育，真正深入中国最贫困地区以后，发现很多东西不一样。王老师既能阳春白雪，也能与我们的学历背景完全不一样或者不识字的人沟通，这就是王老师的艺术，也是他的心态，直到现在我都觉得很受用。

印象深刻的还有冯象老师。上冯象老师的课会发现他的思维很“奇怪”，其实这对学生来说是一种锻炼，而且是纯学术上的锻炼。

采访者：您在清华法学院就读期间有哪些有趣的事情？

刘信一校友：主要是 2011 年清华大学百年校庆，正好是我们本科毕业那年，见到了许多校友，参加了一些活动，确实不大一样。印象深刻的事情不会有很多共情的地方，我自己印象深刻，别人未必有同感。比如，在陈老师的课上有学生向同学求婚。

采访者：您在清华法学院就读期间有哪些自我规划？

刘信一校友：这点感触挺深。最近两年我开始带实习生，发现清华、北大的实习生越来越低龄化，一开始带的实习生与我类似，是研二实习，慢慢地变成研一，现在带的北大实习生都是大二，大三的实习生都没有。你们现在和我们那时真是不一样，我们那时没有什么规划，至少不会很细，大多数人还是更多地按照学校流程走，没有特别强烈的职业规划，只有泛泛的职业目标。似乎我们少做了一些东西，但蛮有意思，我大三暑假时跟着王晨光老师去做赤脚律师，没有想过要找投行、金融机构实习之类的，我是从研一才开始实习。可能是我们那届比较反常的地方，又或许是时代变化了。其实，现在的实习生对于很多知识还不太了解，至少是书本对书本，还不理解商业的运作模式。

我自己也没有特别明确的职业目标，一开始是在董事会办公室上班，算是金融行业的后台业务，涉及信息披露、公司治理、股权结构等，与公司法务有些类似。但是做了两三年以后，我发现自己的性格和目标使我不喜欢做后台业务，我希望自己在前台把业务做好，而不是接别人的活，完善他们的文案。这是后来形成的变化，而不是上学时就有的。

采访者：您觉得清华法学教育给个人发展带来了哪些帮助？

刘信一校友：自己真正的视野是在清华法学院本科四年建立起来的。我来自北方的三线城市，可能比较早地树立了世界观，但见世面、见天地不多，清华法学院本科四年，再加上研究生三年，让我见了不少的世面。对自己的职业来说，第一是意识到自己不是万能的，我高中之后有点骄傲，两年之后骄傲不再，会实事求是地想些事情。第二是让我视野变得广阔，有些事根本不是事，在处理上更加从容。

采访者：您曾经担任清华法学院学生法学会会长，这段经历对您有哪些帮助？

刘信一校友：学生法学会就是法学院的学生科协，是一个表面上与学生会、团委并列的学生组织，而实质上是个自娱自乐的社团。法学院的学生对某些事情有共同的爱好，凑在一起去玩儿。我们会组织一些读书会、电影赏析，是自娱自乐的，但我感觉到很受益，这就是志同道合。上了大学之后，找到与自己有共同志趣的人并不容易，但学生法学会这一平台给了我们这样的机会。至少在法学院的小圈子，你能找到一群人一起玩儿，一起分析共同的读书品味、电影风格，就一个话题进行探讨，没有什么功利心。作为会长，我就是组织活动，我们定期的活动是读书会，非定期的活动比如远足等等。法律援助这样的公益活动倒是不多，这也只是个小圈子，对社会的贡献倒谈不上。不过，学生法学会的历史比较长，法学院复建之初没有团委和学生会，只有学生法学会，后来团委、学生会建成后，学生法学会就有些边缘化了。最早的学生法学会会长是屠凯老师，之后还有葛江虬老师、左亦鲁老师、刘洋老师，还有许多高校教师和律所合伙人，确实与学生会的发展方向不同。

采访者：您觉得在清华法学院的本科学习与硕士学习有哪些不同？

刘信一校友：我觉得如果自己重新选择，可能本科毕业后会直接工作。这是个人的选择，因为自己在学校待了四年以后，后面三年能教给你的东西是非常有限的，这与学校教育没有关系，主要是自己需要换一个环境。我们本科四年是清华法学院教育方式在全国领先的时间段，当时何美欢老师健在，《普通法精要》课程全国独一份，我自己虽然听不懂，还是去听了几次，觉得很受用。我当时接触的老师有着各不相同的教学风格，但许多老师对我的影响都很大，除了前面提到的老师，还有高鸿钧老师、赵晓力老师、江山老师，以及一些来访学的老师如甘阳老师等。我本科时对职业想得少，觉得以后还要读研出国，完全沉浸在学校里，理想化的东西很多，那四年觉得很幸福。到了硕士阶段，其实方向会越来越窄，上课倾向于一个方向，自己也越来越现实，面临读博与工作的选择，理想化的东西变少了，研究生三年过得非常紧张，过得非常快。

采访者：您对清华法学院有哪些祝福？

刘信一校友：我希望清华法学院越办越好，听说法学院有新楼了，我虽然住得近，但上次回去还是半年前。希望学院的硬件能上去，软件也能上去。希望同学们也多多享受上学的日子，这种日子其实是一去不复返的，大家要努力完善自我、追求自我。

访谈整理：徐逸尘

访谈时间：2019 年 5 月 3 日

访谈地点：北京市海淀区华润五彩城购物中心

刘信一校友简介：

清华大学法学院 2007 级本科，2011 级法学硕士。现为国信证券投资银行事业部业务经理。曾任清华大学法学院学生法学会会长。

曾钰峰（07 级本科，12 级法研）

采访者：您在清华法学院就读期间有哪些收获？

曾钰峰校友：我在清华法学院待了八年时间，除了出国读硕和赴台交换一年半时间、支教一年时间，五年半的时间都待在园子里，即使是在外学习和支教也和法学院有着紧密的联系。以前不觉得，认为和法学院的联系理所当然，认为不论在哪里短暂度过总是要回到明理楼，现在真正“离家远行”，将生活安顿下来，回想起求学时光，才深刻感觉到清华法学院这八年是自己生命经验里十分重要的一段时间，是我从一个“小镇青年”到努力想要成为一个合格的“清华明理人”——尽管今天仍然不敢界定自己是否合格——很关键的转折阶段。可以说，是清华这些年的时光改变了我，让我看到了更大的世界，接触到了以前不敢想象也完全没有概念的知识、视野和格局，当然我也在学业、生活等等方面经历了许多挑战、困难和成长。我遇到了很多我认为注定要影响我一生的人，老师们的言传身教自不必多说，我的同侪们形形色色的优秀也对我影响极大。我觉得自己的价值观和对许多问题的看法基本上都是在那八年里逐渐形塑起来的，包括今天对生活、工作的态度和阅读、欣赏的风格，或多或少都打下了明理楼的烙印。

在我看来，法学院在清华园里既深刻受到整个园子风格的影响，又在许多方面自成一体，这可能是在理工科文化氛围浓厚的大学里文科院系的共同感受。就像我后来参与一些招生工作时对推介清华法学院所分享的看法，在清华读法学某种意义上来说具有作为少数的优势，在许多问题上会受到完全不同的氛围和观念的影响，甚至也会面对不同理念和角度的挑战，兼听则明的同时会更加塑造起明理人的法律共同体的归属感，对一些问题的看法和理解也自然会有更多的反思和警醒，不至于过于偏颇，并且可能趋向于更加务实。

采访者：您的硕士研究生导师是王振民老师，可否谈谈王老师对您的指导和影响？您在清华法学院就读期间印象深刻的师长还有哪些？

曾钰峰校友：我的导师王振民老师对我影响非常之大，我常常在想某种程度上他一个人可能就是我在法学院里读的又一所法学院。王老师不是一个仅仅只待在象牙塔的儒雅学者，他的很多时间精力或是为了清华法学院的事业在奔走，或是投身在法学理论与实践的紧密结合之处——从早期参与港澳基本法的立法与实践，到后来涉台法政研究、党内法规、国家安全法、粤港澳大湾区国家战略实施等方面都有他活跃的身影。

其实我在进入清华之前就已经知道王老师，因为我的表哥早我数年进入清华法学院学习，他是王老师比较早教过的学生，在我进入大学前就与我分享过许多在清华的求学故事，多次跟我讲到王老师对他的教育和影响。我入学后很遗憾必修宪法课的时候，王老师正好没有开课，到大三时我就斗胆去旁听他给研究生开的《港澳基本法》的课程。我还记得第一次去旁听这门课近距离见到王老师，因为研究生上课人数都不会太多，他很快就发现我这个闯入者，我介绍自己是本科生想要旁听，他欣然同意，开始继续讲课。那堂课的具体内容至今已经模糊了，但是那一堂课上王老师综合运用法律、政治、历史等许多学科知识的纵深广博的风采令我记忆犹新，也让我开始对宪法学，尤其是国家结构方面产生了直到今天仍然具有的浓厚兴趣，王老师在课上提及的台湾法政研究也成为我从大四到后来读研期间主要的兴趣领域。

读研期间，王老师定期给我们研究生开读书会，再加上参与一些课题和项目，近距离接触王老师的机会更多了。他鼓励我扩大阅读面，多写东西，多研究真问题，支持我担任辅导员，支持我和台湾各界打交道、多次赴台访学交流，支持我选择将台湾法政研究作为自己的努力方向，也支持我中断学业一年去国外读书，支持我毕业以后到地方工作。我觉得王老师对学生是比较开放的，他不会灌输和强加给我们一个论题或者学习、发展的方向，他会引导我们发现自己内心想要的方向，并且不断校准航道，从旁给我们很多的支持。我记得当时我要去瑞士读一年书的时候，我去问王老师的意见，我说出我的担心，因为支教一年，如果再出国读一年书，我的硕士阶段就太长了，感觉以后做工作可能年龄就比较大了，王老师鼓励我经历就是财富，所谓年龄、时间等等优势都不是绝对的，只有丰富扎实的经历才能成就一个人。我受益良多。直到今天在职场遇到困难，或者面临快一点还是慢一点的选择时我都会想起这句话，选择坚持和把握自己的节奏。

除了王老师，我修读课程以及各种场合接触的老师有很多，老师们的学识、为人都对我影响深远。林来梵老师也是我在法学院接触和求教最多的一位老师。我第一次见到林老师是他刚从浙大到清华任教的时候，当时因为林老师还没有在清华指导的学生，王老师让我和同门一位师兄去帮林老师搬书、整理办公室。我的第一印象就是林老师那一大卡车的书，让我第一次感叹大学者的浩瀚书海，而这也是我后来跟随林老师上课、听讲座以及参加学术会议所感叹林老师深厚学术功底的开端。林老师和王老师都是胸怀广阔的大家，林老师从未因为我不是他的亲传弟子而拒我于门外，他在学业和生活上都将我“视若己出”，因此我也和林老师门下的师兄师姐交往紧密。在我毕业选择 offer 去福建实地考察时，林老师还请当时正在家乡的林师母招待我并带我认识当地朋友、了解各方面情况，并给予我中肯的意见建议。

余凌云老师、何海波老师和田思源老师教我行政法，程洁老师、聂鑫老师教我宪法，他们都给我许许多多的指导和帮助。我印象特别深刻的事有很多。例如我斗胆写了关于香港警察权的小文章请余老师指正，他给我热情的鼓励和指导，两次冒着“生命危险”挑战何海波老师每周都要读书写报告以及课堂上犀利发问的研讨课，并且还获得了不错的分数，田思源老师幽默通达的语言，程洁老师温柔中严肃认真的治学态度，聂鑫老师在涉台研究方面都给予我很多直言不讳的意见与建议。

除了读研专业内的老师，法学院群星璀璨的星空给了我们难得的求学和人生体验。老院长王保树老师亲切随和又幽默的大家风范，总是微笑着和所有老师、同学在明理楼偶遇，有时还会和你调侃一两句。何美欢老师瘦小的身影、匆匆的脚步和锐利的眼神，我虽然因为程度不够没敢挑战《普通法精要》的课程，但有幸在《普通法概论》课上聆听感受了何老师的风采，还歪打正着以一篇中文的结课 essay 获得了第一名的成绩，这也是本科阶段为数极少的第一名。还有何美欢老师在法学院最后一次公开演讲，题目就叫“商法救国”，言之肯肯，切中今天中国日益走向世界舞台所面临诸多法律挑战的现实，每每读到相关新闻时脑海里就有那个神情坚毅、满满家国情怀的小老太太。当然，还有很多老师，例如民法课上老崔（崔建远老师）照澜院卖鸡蛋的比喻，刑法课上张明楷老师逻辑缜密的连珠妙语等等都是法学院本科求学生活中难忘的记忆。在生活中，我们和陈新宇老师等青年学者也有着亦师亦友的难得缘分，我们私下里都愿意称翩翩君子风范的陈老师“新宇君”。还有担任学生干部和辅导员时，我受到王晨光老师、车丕照老师、黎宏老师、廖莹老师等诸多指导和教诲，也让我在学业之余有了更加丰满的成长。我在法学院待的时间不长但也不短，此间打过交道、求教请益过的老师不在少数，实难一一历数往事点滴。虽然离开学校，置身外地工作生活，但每有法学院的消息、法学院老师的文章我都习惯地点开来看，倍感亲切。

采访者：您曾参与清华法学院院史研究工作，有哪些工作经历可以与我们分享？

曾钰峰校友：说来惭愧，院史研究的过程我其实出力较少。当时记得参与编纂《法学清华一百年》一书的时候，我负责的是史料较少的院系调整后到法律学系复建这部分。记得有个小插曲，在当时讨论会上，大家都对清华法学院一百年教育史的提法有不同看法，坐在后排的我受到老师们的讨论启发，斗胆建言何不采取更宽大的概念，称法学一百年，而不是法学院一百年。这个提法后来好像也得到了王振民老师和大家的支持。在整理这段没有法学院系建制的历史阶段时，我们在王振民老师和陈新宇老师的指导下逐渐理清了思路，以这一期间在清华其他专业培养但是却走上法律工作岗位的校友的学思经历来把握薪火相传的法学教育和清华法学精神的内在脉络。

采访者：可否谈谈您在清华法学院的学工经历？

曾钰峰校友：我在清华八年的学生工作经历基本上都是在法学院，也有幸收获了这个重要的第二课堂，认识了很多志同道合的朋友、给我很多教诲帮助的师兄师姐，也让我与清华法学院的感情更深。

大一刚刚入学，我有幸被选为了班长，尽管我的团支书黄琴凌和我搭档十分愉快，也帮衬我很多，但是说实话我这个班长当得并不太成功，这也是我一直很遗憾的地方，往后的本科阶段去做其他社工，实际上为班级服务也越来越少。后来我的第一份社工是加入院学生会学习部，结识了一批志同道合的好朋友，当时的学习部长惠江师兄（后来成为学生会主席）——他出众的能力和人格魅力值得我一直学习。由于他的信任和发掘，我后来接手梁植师兄担任第二任外联部部长，也得以让我充分发挥了自己的开拓能力，那一年联合在京多校共同举办模拟法庭大赛等等，也做出了一点小成绩，有了一定的成就感，慢慢在院学生会和学院得到了更多的认可。从学习部到外联部，我与黄琴凌、赵怡园、曹成程、邹欣睿、陈力等同学一起奋斗，也成为一直以来的好朋友，现在虽然大家的工作地天各一方，但总是相互鼓励支持。也因为这段经历，我后来得到了很多开拓的机会，去做一个新的部门或去新的领域，我的社工经历也因此比较全面，从院学生会到团委的组织、宣传、实践、志愿、科创等部门都做过。结束外联部的工作后，我就去院团委做了改组后的新的干部组组长，我们按照提升领导力的目标组织了一系列高端论坛，也建立起比较完整的学生干部培训体系，编写了一个实用的《小红书》——汇总了所有能用到的社会工作的文本规范，甚至包括了活动宣传所需海报张贴的数量、位置等基础信息，后来沿用了几年，直到微信时代。大四的时候，我担任院团委副书记，又从组织线切换到实践志愿工作，同时开始走向校团委，担任了校团委实践部的宣传组长，参与了千名校友访谈录的编辑和全校学生社会实践的新闻发布、信息报送等工作。

也是在这一年，我选择加入清华大学第十三届研究生支教团，本科毕业后到甘肃武威支教一年，这是人生一段奇妙的际遇。担任支教团团长的时候正好是学校百年校庆，有个插曲，我本来按照计划是要去西藏支教的，这也是我加入支教团的初心，想去雪域高原奋斗一年。当时校庆前夕，时任全国人大常委会委员长、清华大学校友吴邦国同志返校座谈，我还向他提问，他勉励我们到民族地区尤其要注重民族团结。后来由于我们这一届支教团新增设了甘肃为支教点，为了表达重视，改派团长到甘肃支教并担任甘肃支队队长，我因此也和西藏擦身而过。但是，甘肃武威这一年对我的锻炼和成长帮助特别大，我也很感谢这样的人生际遇，我现在想来，或许在甘肃这样一个新开拓的地方得到的锻炼会比西藏更大。和我一起在甘肃武威支教的有法学院的同学吴安琪，还有两名其他专业的同学，我们在武威六中教课的同时为支教点的开拓和社会氛围营造做了大量的工作，很忙碌也很充实。在一年的时间里，我们走遍了大部分凉州区的乡镇学校开展巡回课堂，和校友及当地青年志愿者种下了一批清华林暨青年林，联合西藏青海支队的小伙伴募集了一批善款物资。一起支教的小伙伴大都是各院系的学生干部、艺术团体育代表队的骨干，大家各显其才，为当地素质教育做了一定的努力。我们的努力也得到了武威当地干部群众和学校师生的认可，我当时的几位学生到现在也一直有联系，有的考上北京、上海的大学，现在也都找到了很好的工作，后来时隔七八年我再回武威见到当时的同事、朋友，还觉得往事历历在目，这一年青春无悔。

结束支教回到学校后，我担任辅导员，负责法学院团委的工作。这一年我们也特别重视发挥实践育人的功能，我们改革创新了社会实践风采展示，结合当年法学院申报卓越法律人才培养计划的中心工作举办了首届实践盛典和实践育人研讨会，邀请了各地合作单位的法检两长、地方领导、业务单位负责同志等来明理楼共同推进实践育人工作。由于王振民老师多次提到哈佛、耶鲁法律人结合社会实践和公益服务在东非等地开展女童权益保护立法调研等例子，我们也在思考如何更好地让思政教育、社会实践、志愿服务与法律人的专业及社会责任结合起来，让实践育人、公益育人更接地气、更有实效。我们当年就联合正在开展预防青少年犯罪工作试点的甘肃团省委合作，在武威做了一个时长三年的青少年犯罪防治调研的合作项目，作为社会实践的示范项目，后来相关成果也反馈给当地作为工作参考，得到了较好的评价。

我们还在那一年争取学院的资金支持启动了法学院兴趣社团的工作，成立了一大批院系级社团和兴趣小组、读书会，我记得当时做这件事的初衷是廖莹老师有一次给我们看了在国外著名法学院学习工作的原来的学生干部对法学会学生工作的建议和思考，我们因此下决心做这件事，并且得到了王振民老师、黎宏老师、廖莹老师的指导支持。我们也改组强化了志愿者协会的工作，得到了陈建民老师及其负责的《法律诊所》课程的支持，努力让法学院的志愿服务更加专业化、社会化、实效化。所有这些理念，我感觉某种程度上受到王振民老师所讲的一个故事的触动，他在院长茶座上和同学们提到哈佛大学等国外知名法学院的学生工作、社会服务都具有很强的真问题意识，不是自娱自乐。王老师说有一天突然收到一封信，这封信来自哈佛大学的一个学生社团，他们一批青年学生发起成立了一个世界青年领袖论坛，致力于发现和整合全球具有公益精神的青年代表来建立共同交流和相互促进的机制，尤其是想要促进东西方文化的交流，所以邀请王老师去哈佛介绍中国的司法改革和法治发展，和他一起的还有在非洲坚持多年做公益服务的草根青年组织，王老师感叹这样的学生活动品质之高、立意之高以及组织协调能力的高效出色。这个故事让我们一直在反思当时我们的一些团学工作实际上很多时候过于自娱自乐，也缺乏一定的真问题意识和务实的家国情怀，像清华大学这样的平台，想要做事情的同学实际上是可以做成很多有意义的事情，团学组织和辅导员更应该支持这样的努力和尝试，这也是后来我们不断开拓资源建立实践基地合作，以及匹配资金场地支持学生兴趣社团的初心。这一年我也有幸加入学校团委“挑战杯”竞赛筹备工作组，负责人文社科项目的初审和支持跟进，法学院王小何同学的项目入围，当时我和负责相关工作的虞鑫（现为清华大学新闻与传播学院老师）交流时都认为他的项目具有坚实的案例数据支撑和很好的理论研究方法，一定可以获得很好的成绩，因此我们也重点支持这几个项目。后来没想到超出预期，我们当年真的实现了“挑战杯”竞赛人文社科项目特等奖的历史性突破，获奖的正是王小何的项目。

我很感谢清华法学院的领导、老师和学院的整体氛围，很感谢清华“双肩挑”辅导员制度和育人体系，可以让我们在自己求学成长的同时，多一些锻炼和经历，还可以跳脱学生干部和辅导员的思维，站到整个学院育人的格局中来做一些事情，也得到了自身的锻炼成长。

采访者：您曾作为参访团团长，带领清华大学学生海峡两岸交流协会青年骨干参访团在台湾地区参观交流和学习，曾被评价为“这可能是清华百年校史中第一次完全由学生自发组织的赴台参访团”。您认为清华法学院在这次活动中提供了怎样的帮助？可否分享一下这段经历的故事和体会？

曾钰峰校友：这是我大学生活里很自豪的一件事，我和小伙伴们一起干了一件了不起的事。大三的时候，我已经立定志向以台湾法政研究作为自己的方向，当时距离原国民党主席连战“破冰之旅”并不久，两岸逐渐恢复各领域的交流和人员往来，但是两岸人员往来仍然限制较多。我和同样对两岸问题很感兴趣的曹成程、陈力等同学一起商量，是否可能以学生社团的名义去我国的台湾地区，让台湾各界能够看到新生代大陆学生这种自发自主的能力，也破除当时已经深受李登辉、陈水扁时代“去中国化”教育的台湾青年一代对大陆固有的刻板印象和冷漠观感。所以，我们在策划这件事的时候做了很多功课，除了和高校师生交流，还联系了一些很有社会影响力的组织机构，例如智库、慈济、科创园区等。我们想要一方面深入了解台湾、走近台湾，一方面也能够更多地和不同领域的人，特别是青年一代交流。当然一开始是很困难的，我们本来想以清华法学院的学生组织平台做一个社会实践活动，但是没有合适的身份，因此我们和清华大学学生海峡两岸交流协会合作，大家觉得虽然很困难，但是也都愿意尝试。我们向学校港澳台办老师请示看看可行性，得到了中肯的指导意见和肯定支持。前期我和曹成程、陈力等同学分头行动，我去联系对方的各个单位和协调出去的手续办理，老曹和陈力负责具体的团队组建、资料整理以及后勤赞助等事宜。我们联系台湾政治大学等相关单位都进展顺利，但是最困难的是还没找到合适的邀请单位和接待单位，我们那段时间一起分析和了解大陆和台湾地区有往来的各种基金会组织，不少去信都石沉大海，经过许多尝试，我们最后确定了和中国宋庆龄基金会有长期合作的统派团体——夏潮基金会，终于得到了他们的支持，尽管他们仍有疑虑担心我们是否能够办好相关的手续，但是愿意配合我们一试。因为在他们和大陆交流的固有经验里，不是自上而下的活动，尤其是一帮学生自己开展的活动肯定是得不到批准的。

在全部落实好每天的行程安排和相关线路行程准备后，我们面临最不可知的问题就是赴台审批件。当时距离原定出发的行程已经很紧张了，学校领导和老师几乎对我们是一路绿灯——这也是我觉得清华最宝贵的地方，真正顶级大学具有的教育情怀，愿意为学生的成长成才做一切能够做的事情——但是，港澳台办的老师也诚恳告诉我们按照以往经验，时间非常紧张，而我们这样的团组可能领导审批会更加慎重，很大可能时间上会来不及。我回来和老曹、陈力等商量，大家最后都达成一致意见，就是试试看，实在不行再重来一次，所有行程重新安排。我记得那时已经是北京的深秋，送完件回来颇有点寒风萧瑟和悲壮的感觉，但我一向都十分乐观，坚信吸引力法则，一定是可以的。忐忑等待一段时间后，在出发前不到一周终于拿到了批件。后来随着参与对台研究和相关工作越来越多，和一些台办的同仁有很多交流时，我也更加了解到实际上对于有正向价值的两岸交流活动，大家都是乐见其成、愿意助力。

在台湾的行程最终也超出了我们的预期，著名法学家、时任台湾地区“最高司法机构”负责人的苏永钦教授也在百忙之中和大陆的青年法科学生进行了交流，后来我每次赴台都会去拜访他，向他请教，后来也专门对他进行了访谈，连载刊发在《中国法律评论》和《法治周末》等媒体上。这次行程也为我后续的涉台研究结交了一大批前辈、同侪，直到今天依然保持着紧密的联系。许多当时结识的台湾同学后来也都致力于两岸交流，有不少后来都来大陆学习工作。尽管后来由于涉台研究的便利结交的各界人士更广、更多，但当时第一次赴台攒下的缘分和互信更弥足珍贵。

采访者：您从清华法学院毕业后曾作为选调生挂职浙江省义乌市佛堂镇，您为何选择了基层工作？请您介绍一下毕业后的工作情况。

曾钰峰校友：选择到基层工作既有偶然也有必然。当时我正在台湾政治大学法学院交换学习，完成我的毕业论文。由于我当时准备继续深造，在准备读博的申请，进展也很顺利，国外的两所知名大学也都有初步的消息，所以毕业那年上半年密集的招聘我都没怎么关注。但是，2014 年底台湾地区“九合一”选举改变了我的想法，我在观察这次选举的时候看到了国民党的大溃败，认识到国民党过度精英主义脱离群众的弊端，也促使我转变想法，提前结束求学生活去基层工作。当时我先看到了浙江金华人才引进的消息，因为浙江在经济社会发展很多方面走在前列，我感觉去了可以开阔视野，在基层工作也能得到锻炼，我就报名了。所以，我说自己去基层工作有偶然的成分，但必然因素在于我本来也打算读博回来投身公共服务或相关领域的工作。

寒假回到学校后，我开始准备就业，这时有一些师长推荐过来的机会，包括参与清华海峡研究院的筹建并留下来工作，我自己也报名了中国兵器装备集团总部的招考和福建省引进生的考试，后来都顺利拿到了 offer，坦白说兵装集团当时对我的吸引力是很大的，这是大型国企，岗位也很重要，当年全国只招了不到二十个人，福建的政策也很好，经过慎重的考虑，我还是去到最基层，就这样来到金华报到。到了金华，我被安排去世界小商品之都义乌市的乡镇挂职锻炼两年，两年里我先后负责过佛堂镇作为全国经济发达镇行政管理体制改革试点、“四个平台”建设和智慧治理等相关工作，还负责过一段时间“五水共治”工作，参与过征地拆迁、信访维稳、环境综合整治、农村电商等工作。佛堂镇在各方面来说都是一个超大型的镇，我常跟同学开玩笑，从经济总量以及各项工作的繁重复杂程度来说，佛堂镇不亚于中西部的县，甚至是一些地级市，义乌又是改革开放的前沿地区，两年来我感觉自己收获很大，也开阔了眼界。

结束在义乌的工作，我先是到金华市委组织部工作了一段时间，参与首届金华发展大会和金华海内外人才总会的筹备工作。可能是因为自己的个性和过去习惯开拓性做事情的想法，在征求意见时尽管有机会留下来，但我还是选择去参与金华理工大学这样一个新单位的筹建，做点具体的事情。于是我就到了金华职业技术学院工作，才去没多久就碰到群团改革的机缘，被选派到团省委学校部挂职副部长，主要协助部长负责青年思想政治引领、大学生创新创业、社会实践和校园文化活动、两项大学生志愿者计划等方面的工作，某种程度上又有种回到了在法学院当辅导员的感觉，不过这次的面更广也更宏观，看问题的角度和工作内容也有很大的差别。挂职将近两年来，我碰到了几个大的活动，在组织协调中感觉自己的个人能力提升很大，同时也有机会参与推动了一些项目创新。这段时间重新参与青年工作，我的感受体会是：青年工作实际上和教育工作具有很大的重合性和契合点，一方面是思想政治引领，一方面是资源支持和赋能，还要解放思想，用社会组织的方式来开展工作，不能把自己定位为机关单位而变得禁锢保守、失去了应有的青年气息和活力，要相信青年，依靠青年，支持青年发展来真正赢得青年，也要通过利用各级团委的能级优势来整合和培育各领域的优秀青年，搭建朋辈教育平台，精准匹配资源给青年赋能。

我感受特别深刻的是，在挂职后半段参与长三角一体化的相关活动，兄弟省市，特别是上海团市委给了我很多的启示和思考，像“地标设计大赛”等新想法，就是抓住了上海城市青年工作的特点，让最具青春活力、知识能力和参与热情的高校青年师生来参与最具有创造创意性的城市设计和塑造环节，这个过程也正是让青年产生和拥有参与到城市管理和治理中来的获得感、成就感，这不正是共青团团结组织青年、引领赢得青年的出发点和目标嘛！也正是这样的参与，让我更多了解和关注到长三角一体化国家战略，又在挂职结束时有了合适的机遇，我就做出了一个自己觉得很重要的人生选择，加入浙江清华长三角研究院，接下来更多做一些科技赋能、产业创新的工作，推动校院地合作，促进地方经济社会进步，为长三角区域发展和一体化战略实施贡献自己的青春力量。这就是我工作以来的情况。

采访者：最后，请您谈谈对清华法学院的展望。

曾钰峰校友：作为离家远行的游子，肯定是希望清华法学院越办越好，能够真正成为世界一流的法学院，为国家的法治建设、治理现代化和人民的幸福生活多做贡献。我始终以身为明理人为荣，也会时刻勉励自己在生活、工作中做得更好一点，不辜负明理人的称谓。

访谈整理：尹子玉　乞雨宁

访谈形式：书面访谈

曾钰峰校友简介：

曾钰峰，清华大学法学院 2007 级本科，2012 级法学硕士。瑞士日内瓦大学国际争端解决法学硕士，台湾政治大学法学院博士研究生。现任职于浙江清华长三角研究院国内合作部（智库中心）。中国法学会香港基本法澳门基本法研究会会员。曾任共青团浙江省委学校部副部长、省学生联合会副秘书长、金华职业技术学院就业指导中心副主任、义乌市佛堂镇党委委员、清华海峡研究院筹建工作组成员、清华法学院两岸法政问题研究中心主任助理、法学院团委书记等。曾任《法治周末》《方圆》杂志等特约撰稿，参与编写《台湾百科（法律卷）》和多项涉台课题及对策研究。在校期间曾获蔡定剑宪法学优秀学生奖等荣誉。

程耀扬（11级法硕）

采访者： 请您谈谈在清华法学院就读期间对于学院的整体印象。

程耀扬校友： 清华法学院是一个不仅有大楼更有大师的地方，同时还有来自五湖四海最优秀的同学。首先，法学院硬件设施很不错，给同学们提供了良好的学习环境。其次，法学院有一批法学名家，比如张明楷老师、章程老师、申卫星老师、冯象老师等。虽然清华法学院起步比较晚，但是成功实现了弯道超车，大楼并不是法学院成功最关键的部分，关键得益于多位大师给学生们传道授业解惑。最后，法学院有非常优秀的同学可以交流学习，只有与同学们交流之后才能更好地认识自我、反省自我，从而不断地寻找差距、提升自我，明白无论求学问还是做人都要坚持严谨、求实、谦虚、谨慎的作风。一句话总结，清华法学院的精神内核，不论是老师还是同学为人为学的方式、态度，都使我终身受益。

采访者： 您硕士毕业后为什么选择选调？清华法学院的教育对于您的选择有哪些影响？

程耀扬校友： 首先定义一下选调生，这是为国家基层储备优秀年轻干部的一条路。第一，选择做一名选调生是因为身为一名清华人，家国情怀和责任担当是我们的使命；第二，国家和社会需要一点改变的地方，尤其是基层，去给老百姓做实事、办好事能让我们感到极大的满足；第三，刚提到选调生的定义是培养优秀的年轻干部，所以选择去基层、去西部、去祖国最需要我们的地方打磨成长、增长见识、提高本领。

采访者： 您在清华法学院就读期间有哪些老师对您影响最大？

程耀扬校友： 我想重点谈一谈程洁老师和张明楷老师。程洁老师是我的导师，她很注重社会调研，可能也明白我对于社会治理的兴趣，常让我有倾向性地做一些课题调研。我的硕士论文第一次没过，深入调研并有大量实证分析之后，就很顺利地通过了。她从不同的侧面告诉我一个问题该怎么思考和处理，如何从不同的角度切入，我就慢慢懂得了国情和现实应该怎样结合。从这一点看，清华法学院的老师往往有大的格局，除了传道授业解惑还有很强的人格魅力。

再谈一谈张明楷老师，他是目前刑法学领域最顶尖的人物，听张老师的课程是非常享受的，既让人觉得博学，又能够听得懂。他是真正的刑法学专家，不仅是一个好老师也是一个好作者，他那本“太黄太厚”的著作就是不断地为读者考虑，擅长通过大量的案例解析他的观点，让大家方便理解。至今，这本宝贝还放在我的枕边，常翻常新。

采访者： 您在清华法学院就读期间参与了哪些学生工作？这些学工经历对您产生了什么影响？

程耀扬校友： 我主要参与了法学院研究生会的一些工作，同时也参与了学校的学生领导力“唐仲英计划”以及学生基层公共部门发展研究会等社团的组织和管理工作。另外我比较多的实践经历就是带队去各个省份短期挂职或学习调研，或者跟着其他团队实践调研，例如2012年暑假我就曾在广西壮族自治区贺州市八步区挂职，这也奠定了我毕业后到广西工作的信心。这些调研实践的过程让我对中国大地有了更深的解读，有些地方真的很穷，需要你出把力，需要注入活力与努力作出一些改变。在这个过程中，我同样意识到清华有一群人有这种家国情怀，致力于为社会作出改变，这些精英的觉悟让人感叹，他们身上那种舍小我为大我的情怀非常感染人，也是从那个时候，让我坚定想走选调生的路线。在这个过程中我最大的感悟是，能做出成就的人往往是勤奋的人，而不是聪明的人。在工作后，我感觉到好记性不如烂笔头，不要觉得自己聪明睿智都能记住，工作后千头万绪、事无巨细，要及时将自己的所见所闻以及心得体会记录下来，这些都是人生的财富。

采访者：您为什么选择去广西工作？在广西基层工作有什么体验？

程耀扬校友：在选择去广西之前，我去过很多省份调研，了解各省的选调生政策，广西属于落后地区，这些地区才更需要我们用所学的知识带给当地一些改变。我们想要一些平台把我们的思想付诸行动，在其他地区我们能发光发热的地方相对有限，而在像广西一样的西部地区反而更容易得偿所愿，为最贫苦的老百姓做些实事、办些好事。在广西工作首先面临的问题是精神上的孤单，由于信息渠道变窄，身边能够交流学习的朋友较少，在广西很容易感觉到自己的视野窄了，知识缺失了，这就会有一种精神上的空虚寂寞冷。然后就是如何在基层做工作的问题，要做好工作，首先要学会主动融入，要先适应环境，向干部、同事甚至是身边的群众学习为人做事的方式，只有融入集体、融入群众，才能进一步带领大家考虑怎么寻求突破、实现创新发展。盲目的年轻冲动，靠一腔热情什么都不懂是干不成事情的。

采访者：您在广西马山县古零镇里民村担任驻村第一书记期间主要参与了哪些工作？

程耀扬校友：从 2012 年开始，在广西全区的贫困村，每个贫困村派驻一个第一书记，由自治区和市一级的机关事业单位选派进驻，其最终目的就是为了扶贫攻坚。我理解扶贫的着力点主要包括教育扶贫和产业扶贫。扶贫要扶“智”和扶“志”，前者是指解决教育问题，后者是指村民思想解放的问题。首先，谈一谈教育的问题。我在里民村成立了扶贫教育基金，其钱款主要来自社会各界的捐赠，特别是清华校友的捐赠，每个孩子，只要不是残疾和智障，就不会让他在读书路上掉队。同时我还邀请清华在校本科生每年开展高考经验交流会，与马山县的高三学生进行经验交流，收效甚好。之所以这么做，是因为我们都是过来人，高中的孩子们需要一些偶像，因为偶像的话会让他们充满力量，容易对他们产生精神上的感染和学习方法的传导，马山县现在每年都有好几名学生考上清华北大，这在之前是难以想象的。其次，谈一谈带领群众解放思想的事情。我在马山县将近三年，产业扶贫是我重点发力的点，其中成立了九家合作社，成立了一家钢制品加工厂，这都是一些“造血”的扶贫方式，不仅能让村民从中获得劳务收入，还有机会学习经验技术，实现自力更生。农民尤其是贫困户往往有从众心理，所以要充分挖掘致富带头人，只要带头人赚钱了，贫困户马上就愿意跟进，这样就能让带头人起到头雁作用。正是抓好了我们哲学上的主要矛盾和矛盾的主要方面，才让贫困村的产业扶贫之路变得有条不紊。2017 年，里民村以村集体收入 27 万余元获得了马山县贫困村集体经济收入第一名。

采访者：如果师弟师妹也希望走基层选调生的道路，您会对他们在能力培养方面有哪些建议？

程耀扬校友：第一，多多参与社会实践，不要等着毕业之后才去尝试，可以尝试学校的短期挂职或社会实践项目，很多工作只有参与进去才能认识到其中最真实的内容，才能明白自己到底适不适合走这条路；第二，学生工作要用心参与，你是去学习和交流的，而不是蜻蜓点水跟着玩的，其中最重要的是你要觉得做这个学生工作是有意义的，不要太功利，而是要发自内心的期待，并认真向别人学习经验、组织管理团队的技能；第三，不建议死读书，如果将来想做社会治理，在学好基本知识的同时，也需要博学一点，去其他专业蹭蹭课，从不同的侧面了解这个社会是什么样的，有的时候在社会治理中有多学科的知识比仅有专业知识重要得多。我们学习法律最重要的是学习逻辑推理能力、辩证思维能力，因为无论做事为人，这一能力是不可或缺的，这是我们解决问题的基础能力。

采访者：最后，请您谈谈对清华法学院的展望。

程耀扬校友：九十年风雨沧桑，二十载铸就辉煌；真心祝福你，我的明理，愿你盛世再续华章。

访谈整理：路旸

访谈形式：电话访谈

程耀扬校友简介：

程耀扬，清华大学法学院 2011 级法律硕士。现于广西壮族自治区党委组织部工作。2014 年 7 月毕业后到广西壮族自治区公务员局工作，2015 年 10 月至 2018 年 4 月受组织委派，担任南宁市马山县古零镇党委副书记兼任里民村驻村第一书记，被授予广西壮族自治区“全区优秀贫困村党组织第一书记”称号。曾在清华大学法学院 2017 年毕业典礼上作为校友代表发言。

余宗洋（12 级法硕）

采访者：您选择来清华法学院就读法律硕士是基于怎样的考虑？

余宗洋校友：其一，是对清华的向往，"自强不息、厚德载物"的精神气质和宏大格局吸引了自己；其二，是榜样的影响，梅汝璈是清华法学院的杰出校友，也是江西人的骄傲，是我从初中开始的学习榜样，也在很大程度上影响了自己；其三，清华法学院作为一所年轻的法学院所展现出的独特魅力和活力，对自己具有特别大的吸引力。

采访者：清华法学院有哪些老师和同学令您印象深刻？

余宗洋校友：在清华法学院的学习非常辛苦，法律硕士专业内安排的课程，我基本上都是坐第一排，学得很认真，也感觉到很有压力。回想起来，每一位老师的风格都历历在目。研一结束后确定去基层，更多地选修如冯象、许章润、江山等老师的课程，给了我更加开阔和深刻的思考。

印象深刻的同学是同届的女同学们，学习尤其厉害，男生们怎么努力都比不过。当前中美贸易战反映出我国在国际法学人才方面的短板，我对辅修国际知识产权和国际仲裁与争端解决的同学们刻苦攻读的记忆也非常深刻。

采访者：清华法学院有哪些党团班活动和社会实践项目令您印象深刻？

余宗洋校友：从我自身角度而言，党团班活动和社会实践项目是专业知识学习外丰富生活的重要补充。我印象深刻的党团班活动是法硕21班有一次去照澜院拜访清华老校友，他们分享的学习和工作经历给了我们年轻人非常大的启发和收获。

校内和院内组织的社会实践在安全的前提下，建议多出去走走看看，我是在学校组织的一次去新疆的社会实践之后，体会到还是要多看看祖国各地。在毕业之前，我差不多走遍全国，感受到国家的地大物博和丰富多彩，也是在这个过程中，让我决定选择西部、选择基层去实现自己的成长和价值。

采访者：您在媒体采访中曾经提到，在贵州苗寨的工作中会遇到很多现实的难题，是书本上没有答案的。那么在清华法学院的学习经历以及获得的知识，是否会以某种间接的方式对您产生帮助？

余宗洋校友：在学校更多的是积累各方面的知识和学习能力，相对自由。在基层工作面对的是一线的各种问题和情况，具体事情的发生往往具有突发性、随机性和复杂性，非常考验基层干部的工作能力和水平，很多时候需要在第一现场面对问题、分析问题、解决问题。清华法学院的学习给了我们一种责任感，不能去逃避看到的这些事情和问题，同时又要求我们高水平地处理，在处理不下的时候，还要经常去做功课、摸索和请教，从而形成工作能力上的积累。现在想来，如果在学校对这些事情有准备就好了，但是基层又是千变万化、与时俱进的。学校的学习教给了我们基本的素养和习惯，工作能力的提高还是要在具体的工作环境中不断积累。

采访者：您怎样看待中国乡村的人才流失现象？

余宗洋校友：我在贵州苗寨扶贫的感受是，由于学习环境和基础条件的薄弱，西部的乡村相对于城市和中东部地区，人才的培养更难。受生活压力、外界诱惑等影响，很多孩子往往在高中结束前就放弃学校教育的机会，他们大多选择外出打工，过早地进入社会，这是西部基层这一两代年轻人的命运。另外，就是父母培养一个孩子不容易，读书有出息了，也希望他们离开，不要再回到“穷乡僻壤”。

处在当前发展阶段的中国社会，城市可以更加有效地集聚资源、创造财富，对乡村人才和财富有很强大的向心力。在乡村的生产、生活其实是很难的，当一个人在城市能够立足，可能会将家人也带离，乡村人才流失在大范围内还是一种趋势。

采访者：您对有志于投身祖国农村和基层建设的学子有哪些建议？

余宗洋校友：基层经历给我个人的体会是：不是基层需要我，而是我需要基层。在基层的锻炼和实践，对我的成长非常有益。我并不建议每位学子都投身农村和基层的建设，也不是每个人都适应在基层的工作。基层干部的主要精力是在一线去帮助小范围的老百姓解决生产、生活上的问题，外界的信息和帮助可能会发挥非常大的作用。我非常感谢同学和校友，通过我知道所在地的困难，给了很多的支持。我更多地希望大家多关注农村和基层，力所能及地去提供一些帮助，当然也可以选择进入基层。我们国家在由弱变强的发展过程中还有很多短板，各方面都需要大量的优秀学子。在选择人生努力方向时，将个人的成长服务于国家和社会需求，我认为非常有价值。比如，当前中美贸易战反映出的各方面，如高端芯片制造和国际贸易法律人才缺乏等短板，也急需大量的优秀人才去应对。

采访者：您对清华法学院有哪些建议和展望？

余宗洋校友：个人建议学院在培养学生成才方面：其一，使学生成长具备更强的社会责任感；其二，使学生成长更贴近国情和社会需求；其三，建立多平台加强校友间的交流。

作为清华法学院的毕业生，我祝清华法学院越来越优秀！清华法学院不断取得的成绩让每一位毕业学子都感到非常自豪，也激励我们更加努力地学习和工作，我们同清华法学院一起成长。

访谈整理：徐逸尘

访谈形式：书面访谈

余宗洋校友简介：

余宗洋，清华大学法学院 2012 级法律硕士。现于贵州省黔东南苗族侗族自治州州委组织部工作。从清华法学院毕业后，余宗洋选择深入基层，以黔东南作为事业的起点，从施秉县到台江县，在县、村都有工作经历。2016 年 12 月至 2019 年 4 月，余宗洋被黔东南州委组织部派到台江县排羊乡排扎村担任驻村第一书记，致力于乡村扶贫发展和苗族文化宣传工作，为排扎村的美丽乡村建设做出贡献。

跋

2018年年底，为了迎接2021年清华110周年校庆，更好地完成清华大学“学科院系部门发展史编纂工程”，我们开启了这项法学院口述历史的工作。希望通过对三类群体的部分代表，即民国时期老校友的后人，参与20世纪90年代法律学系和法学院复建工作的学校和院系领导、老师和社会各界贤达，复建以来在此传道授业、恪尽职守的教职员工和潜心向学的莘莘学子开展访谈活动，实现还原历史、探索规律、提炼理念的目标。一个学院的历史一方面是一群志同道合者共同的历史，有着“众人拾柴火焰高”的叙事，另一方面也是每一个独立个体的历史，有着“一千个人就有一千个哈姆雷特”的特质，因此既凝聚共识，亦展示个体，同样是我们所追求的目标。

口述历史既是一项学术研究的事业，其为院史编纂提供了生动鲜活的素材与故事，也是一项教书育人的活动，采访的同学事先接受培训，了解历史，做好功课，在采访过程中用心聆听，如实记录，借用萧公权先生的座右铭，“以学心读，以平心取，以公心述”，这是课堂之外的另一种学习方式。通过这种无形的课堂，一方面培养了他们的学术能力和沟通能力，另一方面使他们在润物细无声中接受了一次清华校史文化的教育与洗礼，提升了精神境界。这项口述历史工作的进程根据时间节点，简单介绍如下：2018年11月29日，我们拟定了采访提纲和初步访谈对象名单。2018年12月，通过清华法学院官网和“法学学术前沿”微信公众号发布了采访团队成员招募公告。2019 年 1 月初，确定了采访团队成员。2019 年 1 月 9 日上午，团队成员在清华邺架轩书店举行第一次会议，介绍项目准备情况、开展计划以及采访的注意事项。2019 年 1 月 9 日下午，开始第一次采访。2019 年 3 月 7 日，在清华胜因院 22 号的周一良先生故居（现清华大学英华学者之家）举行阶段总结交流会。2019 年 10 月 18 日，完成最后一次采访，至此访谈活动总共采访了 60 位老师和校友（最终有 53 位采访对象同意发表其访谈稿）。2019 年 10 月底至今，进行后期的整理、编排和核校。

采访团队除了教师外，共有来自清华大学、北京大学、中国人民大学、中国政法大学、中国人民公安大学和河北工业大学的 20 位同学，分别是杨同宇、翟家骏、常悦、尹子玉、张式奇、路旸、徐逸尘、郑中云、南凯、乞雨宁、黄飞翔、卓增华、连芮桦、李嘉彧、曹文潇、李昊、白冉冉、刘书凯、卢晓航、张一民。他们有博士生、硕士生和本科生，分为四组展开工作，各组组长分别是杨同宇、翟家骏、尹子玉、张式奇。在与他们关于法学院历史的讨论中，我能够感受到这些可爱年轻学子的学术热忱和历史责任感，让人有吾道不孤的欣慰。尤其需要指出，作为这项工作的主要组织者之一，杨同宇同学参与了策划、遴选、联络、访谈、写作、反馈、修订等所有事务，尤其在疫情期间，他毫不松懈，克服困难，认真细致地完成最终稿件的整合工作。

感谢在百忙之中拨冗接待，甚至是在工作间隙见缝插针接受采访的老师们和校友们。有些访谈历经数次畅聊才最终告成，时长最多者达 5 个小时，有些稿件经过多次往返、反复斟酌修订才得以定稿，可以说他们的高度重视、充分信任与支持配合是口述历史活动得以顺利开展的关键。在访谈中，我们能感受到他们对中国法律教育的殷殷期望和对清华法学院的深厚感情，这种感同身受的炙热情感同样是激励我们开展口述历史工作的动力。

历时一年又半载，尽管疫情延缓了进程，这本口述历史终于要付梓面世了。我们知道，它只是这所“古老而又年轻”的法学院的部分记录，因为采访团队能力所限，会存在种种不足。因此，我们希望可以进一步完善与丰富这段历史，敬祈方家批评指正，期待同好共同参与。

“流光容易把人抛，红了樱桃，绿了芭蕉”，我们记录历史，亦会成为历史，是为跋。

陈新宇

2020 年 7 月 2 日于清华法律图书馆温格居

访谈团队成员简介

（为 2019 年 1 月访谈团队组建时的身份）

陈新宇　清华大学法学院副教授，博士生导师，近代法研究中心主任

杨同宇　清华大学法学院硕士，中国人民大学法学院博士生

翟家骏　清华大学法学院博士生

常　悦　就职于清华大学校机关，清华大学法学院硕士，清华校友总会法学院分会第五届理事会理事

尹子玉　清华大学法学院博士生

张式奇　清华大学法学院硕士生

路　旸　清华大学法学院博士生

徐逸尘　清华大学法学院硕士生

郑中云　清华大学法学院博士生

南　凯　中国政法大学比较法学研究院硕士生

乞雨宁　河北工业大学法学系本科生

黄飞翔　中国人民公安大学法学院硕士生

卓增华　北京大学法学院硕士生

连芮桦　清华大学外国语言文学系本科生

李嘉彧　清华大学法学院本科生

曹文潇　清华大学法学院本科生

李　昊　清华大学法学院硕士生

白冉冉　清华大学法学院硕士生

刘书凯　清华大学法学院硕士生

卢晓航　清华大学法学院本科生

张一民　北京大学法学院博士生

访谈团队部分成员在清华胜因院 22 号的周一良先生故居

（现清华大学英华学者之家）合影